奉些李省稻威先生的著書名

知识产权思维四十讲

方玉傑書

（题字：方玉杰）

山川秀色（张思源）

知识产权思维的本质是开发并独享真善美的商业价值

知识产权思维 40讲

季　节◎著

知识产权出版社

全国百佳图书出版单位

—北京—

图书在版编目（CIP）数据

知识产权思维 40 讲/季节著. —北京：知识产权出版社，2022.8
ISBN 978 - 7 - 5130 - 8186 - 3

Ⅰ.①知… Ⅱ.①季… Ⅲ.①知识产权—文集 Ⅳ.①D913.04 - 53

中国版本图书馆 CIP 数据核字（2022）第 090505 号

内容提要

本书以知识产权思维为主题，对知识产权思维的内涵、外延、本质等进行系统阐述，提出知识产权学十大基本原理、知识产权行业六大技能，以鸟瞰的视角审视知识产权行业，从政府、高校和科研院所、企业、服务机构、创新创业五个模块，对知识产权行业进行了深入的剖析。

责任编辑：卢海鹰	责任校对：潘凤越
装帧设计：卢海鹰	责任印制：刘译文

知识产权思维 40 讲

季 节 著

出版发行：知识产权出版社有限责任公司　　网　　址：http://www.ipph.cn
社　　址：北京市海淀区气象路 50 号院　　邮　　编：100081
责编电话：010 - 82000860 转 8122　　　　责编邮箱：lueagle@126.com
发行电话：010 - 82000860 转 8101/8102　发行传真：010 - 82000893/82005070/82000270
印　　刷：三河市国英印务有限公司　　　经　　销：新华书店、各大网上书店及相关专业书店
开　　本：720mm×1000mm　1/16　　　印　　张：24.5
版　　次：2022 年 8 月第 1 版　　　　　印　　次：2022 年 8 月第 1 次印刷
字　　数：360 千字　　　　　　　　　定　　价：99.00 元
ISBN 978 - 7 - 5130 - 8186 - 3

序 目

序 / 吴汉东

非常高兴为季节的大作《知识产权思维40讲》写序。

2007年6月国家知识产权局在北京举办全国知识产权执法高级研修班，我受邀做了题为《知识产权制度与创新型国家建设》的报告，当时季节作为主办单位的工作人员，负责会务工作，我就认识了这位年轻人。多年以来，特别是华发七弦琴国家知识产权运营公共服务平台成立以来，季节向我咨询问题，共同参加一些行业论坛、活动，加上我在横琴担任发展咨询委员会委员等因素，我对季节这些年工作、学习等方面的情况比较了解，可以说是见证了季节从大学刚毕业的有志青年到不惑之龄的有为中年的成长历程。当季节邀请我为他凝结18年工作经验的新书作序时，我欣然应允。

我国用了短短数十年时间走完了西方发达国家几百年的发展历程，将知识产权这个舶来品的制度典范逐步纳入中国特色发展道路，使其符合中国国情以实现本土化，进而积极参与全球知识产权治理，为全球知识产权游戏规则刻上"东方烙印"。2021年9月，中共中央、国务院印发《知识产权强国建设纲要（2021—2035年）》，强调加强知识产权保护是完善产权保护制度最重要的内容和提高国家经济竞争力最大的激励，打通知识产权创造、运用、保护、管理和服务全链条，更大力度加强知识产权保护国际合作，建设制度完善、保护严格、运行高效、服务便捷、文化自觉、开放共赢的知识产权强国。

知识产权强国建设需要更多的人关注知识产权、了解知识产权、理解知识产权、重视知识产权、投入知识产权。唯有如此，才能形成良好的知识产权保护环境、政策环境、市场环境、文化环境，才能形成充沛的知识产权人才资源，才能满足知识产权强国建设的迫切需要。2008 年 6 月《国家知识产权战略纲要》颁布实施以来，社会公众对"知识产权"这四个字已经耳熟能详，全社会关注知识产权、了解知识产权的水平大幅提高，但在理解知识产权、重视知识产权、投入知识产权等方面依然任重道远，离知识产权强国建设的要求还有较大差距。这就需要在一般性的知识产权宣传教育之外，大力加强知识产权规律、方法、逻辑、思维等内容的深度普及。季节的《知识产权思维 40 讲》，正是这样一本恰逢其时的深度普及知识产权的好书。

《知识产权思维 40 讲》以知识产权思维为主题，对知识产权思维的内涵、外延、本质等进行系统阐述，提出知识产权学十大基本原理、知识产权行业六大技能；跳出知识产权看知识产权，以鸟瞰的视角审视知识产权行业，从政府、高校和科研院所、企业、服务机构、创新创业五个模块，对知识产权行业的认识论和方法论进行了全面、系统、深入的剖析。该书对知识产权行业的基本规律、方法、逻辑进行了简明扼要、通俗易懂、结构清晰的阐述，可以帮助知识产权行业之外的人士快速把握知识产权行业的特点和精髓。

在我看来，该书有以下几个特点。一是主题新颖。据我所知，该书应该是国内以知识产权思维为主题的一本新著。二是视野宏大。要在一本小部头书中将知识产权申请代理、无效诉讼、导航分析、运营交易、金融创新、管理咨询六大技能，同时将政府、高校和科研院所、企业、服务机构、创新创业等知识产权行业主要主体和场景的相关规律阐述清楚，驾驭难度是相当大的。实践出真知，这与季节的工作、学习经历是分不开的。季节先后在国家知识产权局、地方知识产权局（挂职）、服务机构（华发七弦琴国家知识产权运营公共服务平台）工作过，先后从事过专利审查、行政执法、政策规划、管理咨询、运营平台经营管理等业务，攻读过包装工程、行政管理、民商法学、工商管理等学位。这些宝贵的经历和学历，加上季节爱学习、善思考、勤总结的品质，才成就了这样一本视野宏大，既可以作为向外行深度普及，也可以作为知识产权从业者工具书的好书。三是契合需求。该书的体例、表达角度及内容非常适合作为教材。此外，该书中政府、高校和科研院所、企业、服务机构、创新创业等模块，每个模块下面都有专门的一讲探讨人才成长的内容。当然，该书也存在一些不足，宏观战略层面、中观模式层面的内容比较全面，但微观实操内容、案例较少，希望能够在以后的再版中予以完善。

我郑重向知识产权界推介此书。

是为序。

中国法学会知识产权法学研究会名誉会长

中南财经政法大学文澜资深教授、腾讯讲席教授

吴汉东

2022 年 2 月 21 日

序 / 宋柳平

季节博士是我认识多年的青年才俊。2015 年 8 月，他刚到珠海不久，专程到深圳来找我，探讨知识产权运营工作思路。当时谈到"做难事必有所得"，我勉励他大胆探索。2017 年 3 月，我到华发七弦琴国家知识产权运营公共服务平台进行交流，看到平台逐渐找到商业模式，稳健发展，由衷地高兴。近日，看了季节博士的专著《知识产权思维 40 讲》，书中的很多观点引起了我的共鸣，甚是欣慰。经过近七年的艰苦奋斗，季博士不仅将平台发展得成绩突出，还将艰苦探索的市场一线经验上升为理论，奉献给整个行业，难能可贵，可喜可贺！

知识产权学离不开法学，但知识产权学又不仅仅是法学。知识产权是一个实务性的学科，知识产权问题，其实是跟工业企业实践密切关联的。除了法学属性，知识产权更重要的属性是商业属性。正如书中所述，知识产权思维的本质是开发并独享真善美的商业价值，商业价值应该成为知识产权学的出发点和落脚点。

让知识产权制度和工作回归初衷。对于创新主体而言，知识产权的目的就是用市场化方式获得经济利益，无论是商标、专利，还是著作权，各种形式的知识产权都是如此。按照世界的普遍惯例，有三种通过市场实现经济利益的途径。第一种是通过垄断性产品经营权利间接获得经济利益。因为知识产权是排他性权利，权利人享有独占使用的权利，没有得到权利人许可，任何组织或个人都不能使用，这种独占使用的权利就可以产生高产品附加值和知识产权溢价的经济收入。第二种是通过交换（交叉许可）实现产品销售无障碍来间接获得。例如，工业标准行业的企业要全球化做生意，就一定要按照国际标准做产品，就需要用到国际标准中大量（如几十件）的标准必要专利权利人的专利。如果单纯地通过双边谈判向这些权利人获取许可，则会承担无法承受的成本。这时候为了取得全球经营产品的资格就必须使这些权利人的产品也需要使用自己的专利，从而可以进行交叉许可。这就是知识产权的核保护能力。核保护能力就是保护自己的产品在全球市场经营时没有知识产权障碍和不可见市场空间，通过获得在全球卖产品的经营自由而获得经济利益。第三种是直接交易。权利人把自己的知识产权许可或转让给别人从而直接获得许可或转让的收益。获得政府资助、高新技术企业资格、职称等都不是普遍的知识产权动机。

发自内心地认可并尊重知识产权规则是知识产权强国建设的前提。20 世纪 80 年代我国建立知识产权制度，是在一种外部压力的环境之下开始的。今天我们应该重新思考这一关乎国家长远发展的重大问题。经过深入分析，我们会发现不保护知识产权，受损害最大的，其实不是外国公司而是本国优秀企业，因为这些企业的根在中国。

落实有效保护是知识产权强国建设的基础。知识产权作为一种无形财产权，如果离开了公共权力的保护，商业价值就无从谈起。只有公共权力保护好了，权利人获得了合理回报，形成氛围，产业才会有动力去创新、去获得知识产权。知识产权制度的精髓就是用法律的形式给予发明创造者、创新者足够的回报，给予侵权者足够的惩罚。给创造者足够回报的目的，是使创造者能够创新、愿意创新。通过足够的惩罚让侵权者付出巨大的代价，使侵权行为不再继续发生。

可喜的是，2021 年 6 月 1 日，新增惩罚性赔偿条款的《专利法》和《著作权法》修正案同日开始实施。2021 年 9 月，中共中央、国务院印发《知识产权强国建设纲要（2021—2035 年)》。知识产权强保护时代已经到来，这一行业进入前所未有的发展机遇期。

　　构建适合企业全球化发展的配套制度是知识产权强国建设的重要内容。知识产权是一个全球化企业进入世界竞争、参与世界市场分割的基本门槛，没有这个能力则没有资格参与世界竞争。我们把知识产权能力看成是一种核保护能力，要建立起这种强大的核保护能力，使全球的业务没有不可见的市场空间。全球化时代，国家的知识产权能力和法治能力也是一个国家企业的竞争能力之一。知识产权制度有两个重要的功能：第一个功能是保证本国的公平竞争能力，使创造者得到足够的回报，侵权者得到足够的惩罚，建立公平的市场竞争秩序；第二个功能是保证本国企业的全球竞争力，获得公平的竞争地位。

　　实践出真知，对于知识产权这个典型的实践性学科更是如此。《知识产权思维 40 讲》是第一本以知识产权思维为主题，以知识产权思维的本质——开发并独享真善美的商业价值为线索，创造并将知识产权行业十大基本原理、六大技能的原理、六大行为主体的工作经验和人才进阶大纲的认识论、方法论梳理成相对严谨理论的专著。能做到这一点不容易，需要独特的机缘，需要能够同时熟悉知识产权各个种类、各种技能、各个行为主体的场景。季节博士在专利审查岗位工作 2 年，在国家知识产权局执法管理岗位工作 4 年，在政策、战略岗位工作 5 年，在地方知识产权局挂职工作 1 年，在华发七弦琴国家知识产权运营公共服务平台工作 7 年，加上本人多学科知识背景、较强的理论水平以及十几年如一日的学习钻研，才成就了这本难能可贵的知识产权实务认识论和方法论的集大成之作。我愿意向知识产权从业者推荐这本书！

宋柳平

2022 年 3 月 4 日

序 / 马维野

随着经济全球化的进程，知识产权资源对国家的发展越来越重要。有学者甚至借知识产权具有地域性特征，提出了知识产权是领土、领海、领空之外的"第四国土"的论点，也是不无道理的。

2008年6月，国务院颁布实施《国家知识产权战略纲要》，要求按照激励创造、有效运用、依法保护、科学管理的方针，着力完善知识产权制度，积极营造良好的知识产权法治环境、市场环境、文化环境，大幅度提升我国知识产权创造、运用、保护和管理能力。13年后，中共中央、国务院又于2021年9月印发《知识产权强国建设纲要（2021—2035年）》，要求牢牢把握加强知识产权保护是完善产权保护制度最重要的内容和提高国家经济竞争力最大的激励，打通知识产权创造、运用、保护、管理和服务全链条，更大力度加强知识产权保护国际合作，建设制度完善、保护严格、运行高效、服务便捷、文化自觉、开放共赢的知识产权强国。

知识产权强国建设的号角已经吹响，未来知识产权事业发展的蓝图已经绘就，之后最需要、最重要的就是知识产权界人士的共同奋斗、长期奋斗。为实现《知识产权强国建设纲要（2021—2035年）》确定的各项任务和奋斗目标，需要广大知识产权界人士，特别是政府知识产权行政管理人员、高校和科研院所知识产权管理人员、企业知识产权管理人员、知识产权服务机构工作人员各方面的共同努力，尤其是他们要不断提升知识产权思维能力和技能水平。

去年 12 月在珠海见到季节先生，他跟我说自己写了一本书让我指导。我向来不敢为人师，"指导"绝不敢当。今年 1 月底看到书稿，不禁惊喜：《知识产权思维 40 讲》正是提升知识产权思维水平的逢时之作，或许会引起知识产权界和创新主体的不小震动，或许能够在知识产权强国建设的人才支撑方面发挥重要作用。

季节和我共事多年。他自 2005 年 8 月从国家知识产权局专利局外观设计审查部调到国家知识产权局专利管理司工作，2015 年 6 月调到珠海工作。其间，我担任国家知识产权局专利管理司司长。在与季节的共事中，我发现他善于学习、勤于思考、理论水平突出。他在 2006 年国家知识产权战略征文中获得了二等奖，是全国知识产权局系统参与人员中获得的最高奖项，当时给我留下了较深的印象。季节做事执着，总是想尽千方百计保质保量完成工作。他也很有魄力，2015 年初他向我汇报计划调到珠海工作，我感觉到这是一个大胆但很有意义的思路。目前看来，如果季节没有在珠海这 7 年市场一线工作的经历，可能就不会有《知识产权思维 40 讲》这本书的问世。

宝剑锋从磨砺出，梅花香自苦寒来。也许正是因为季节长期勤于思考，将 18 年的工作经验持续总结提炼；过人的魄力和理论勇气，敢于举重若轻，将整个知识产权行业六大主体（政府、高校和科研院所、企业、服务机构、创新者、创业者）、六大技能（代理、诉讼、导航、运营、金融、管理）融会贯通；加上坚持不懈的执着精神，才能形成这本力作。

诚挚祝贺季节新作的出版。希望更多的人通过这本书掌握和拥有知识产权思维，通过知识产权思维获得知识产权的强大力量。

中国专利保护协会副会长兼秘书长
国家知识产权局专利管理司原司长

马维野

2022 年 2 月 14 日

序 / 韩秀成

季节在国家知识产权局工作时，我们既是同事又是好朋友。我们的真正相识是在 2006 年国家知识产权战略征文活动，我是评委，他参加征文的文章《试论专利制度的中国化》给我留下了深刻印象。文章站位高远、视野宽广、逻辑严谨、见解独到，评委们给予了一致肯定，特别难得的是文章出自一个刚刚参加工作三年的年轻人之手。该文获得战略征文二等奖。时隔 16 年，季节邀请我为其专著作序。看完《知识产权思维 40 讲》，颇多感触。此书与获奖文章相比，文风未变、热爱依旧、激情依然，对行业的认知更全面、更系统、更深刻。不禁感叹，思想成就人、时代成就人、时间成就人、实践成就人、努力成就人！

时光荏苒如白驹过隙。我于 1984 年从山东大学毕业进入中国专利局（国家知识产权局前身）法律政策部工作，到 2021 年 8 月从国家知识产权局知识产权发展研究中心退休，不知不觉已经过去 38 个春秋。往事依稀若素月流空。在我的知识产权人生中，作为知识产权事业的亲历者、实践者，我有幸见证了我国知识产权事业发展的许多重要事件和历史性时刻，从新中国一号专利申请受理到 TRIPS 缔结，从美国对华六次重要的"特别 301"调查到三次中美贸易争端，从《专利法》的第一次修正到第四次修正，从《国家知识产权战略纲要》研究制定到《知识产权强国建设纲要（2021—2035 年）》颁布实施……这些场景依然历历在目。我还见证了我国知识产权事业发展取得的举世瞩目的成就：2020 年，我国发明专利申请量连续第 10 年居世界首位、商标申请量连续第 19 年居世界首位、PCT 国际专利申请量连续两年居世界首位、马德里国际商标申请量居世界第三位、全国著作权自愿登记总量高达 504 万件；2019 年全国专利密集型产业增加值为 114631 亿元，占国内生产总值（GDP）的比重为 11.6%；2019 年我国技术合同成交额首次超过 2 万亿元，涉及知识产权的技术合同成交额为 9286.9 亿元，占全国技术合同成交总额的 41.5%；2019 年中国网络版权产业市场规模达 9584.2 亿元；2020 年核准使用地理标志专用标志企业 1052 家，使用地理标志专用标志企业直接产值总计 6398.06 亿元；2020 年全国专利、商标质押融资总额达到 2180 亿元，知识产权保险的保障金额突破 200 亿元，惠及 4295 家企业；2020 年知识产权保护社会满意度上升到 80.05 分；2021 年世界知识产权组织发布的《2021 年全球创新指数报告》中，中国排名上升到第 12 位；世界银行发布的《2020 年营商环境报告》中，中国的总体排名上升到第 31 位。

知识产权的黄金时代已经到来。2020 年 11 月 30 日中共中央政治局就加强我国知识产权保护工作举行第二十五次集体学习。习近平总书记在主持学习时强调，我国知识产权事业不断发展，走出了一条中国特色知识产权发展之路，知识产权保护工作取得了历史性成就；创新是引领发展的第一动力，保护知识产权就是保护创新；知识产权保护工作关系国家治理体系和治理能力现代化，关系高质量发展，关系人民生活幸福，关系国家对外开放大局，关系国家安全；全面建设社会主义现代化国家，必须从国家战略高度和进入新发展阶段要求出发，全面加强知识产权保护工作。习近平总书记的讲话将知识产权的地位和作用提到了前所未有的高度。2021 年 6 月 1 日，新增惩罚性赔偿条款的《专利法》和《著作权法》修正案同日开始实施。2021 年 9 月，中共中央、国务院印发《知识产权强国建设纲要（2021—2035 年）》。我们呼唤已久的知识产权强保护时代已经到来，知识产权行业进入前所未有的发展机遇期。

思维升级是把握时代机遇的前提。思想有多远，路才能走多远。我们在大脑中走得越远，在现实中就走得越稳。《知识产权思维 40 讲》是一本关于知识产权认识论和方法论的专著，既有宏观层面的视角，也有中观模式上的构建，还有微观操作经验上的提炼。难能可贵的是，该书提出了一个包含六大知识产权类型、六大实操技能、六类行为主体在内的系统化、结构化的体系，读者能够通过一本书把握知识产权行业的全貌和框架。更加难能可贵的是，该书提出了知识产权思维的本质是开发并独享真善美的商业价值的独特见解，并将这一核心理念贯穿全书。在这个基础上融会贯通相关行业，该书提出了创新的本质是创造真善美，学习的本质是塑造并强化真善美，管理的本质是放大真善美等观点，进而提出知识产权思维点亮人生的美好理想。无论是知识产权从业者，还是科技、经济、文化领域的人士，如果希望能够有效把握知识产权黄金时代的历史机遇，就需要尽快升级知识产权思维。无疑，这是一个积极有益的探索和思考。

《〈国家知识产权战略纲要〉实施十年评估报告》显示，超过 60% 的公众认为知识产权与自己的生活紧密相关。社会公众对国家知识产权战略的认知率由 2008 年的 3.7% 提升至 2018 年的 85.3%，公众知识产权意识不断增强。《知识产权强国建设纲要（2021—2035 年）》作出重大部署，提出了更高的要求——培养新时代知识产权文化自觉和文化自信。这就需要将知识产权宣传培训工作提升到更大范围、更深层次、更高标准，从知识产权意识教育升级到知识产权思维教育。季节提出的让四亿读书人拥有知识产权思维的呼吁，与《知识产权强国建设纲要（2021—2035 年）》的要求有机契合。

时代造就英雄，伟大来自平凡。愿所有的读者积极提升知识产权思维，牢牢把握知识产权黄金时代的机遇，认真深入工作实践，坚持长期奋斗，做思想的朋友、时代的朋友、时间的朋友、实践的朋友，就一定能够在平凡的工作岗位上作出不平凡的贡献。

高质量发展，知识产权强国建设，需要一大批从战略和策略层面熟练运用知识产权的实务型、实战型人才，需要基于实战经验方面深刻分析总结的读物及教材。季节基于十几年工作实践，对知识产权创造、运用、保护、管理和服务中的一些重要问题作出的深刻思考和独到见解，一定会对广大从业者以及有关社会各界的热心读者有所裨益！

国家知识产权局知识产权发展研究中心原主任

韩秀成

2022 年 2 月 27 日

序 / 刘 佳

1992 年 3 月，珠海在全国首开重奖科技人员先河，成为珠海经济特区改革创新的亮丽名片，也为珠海吸引了大批的科技创新人才，涌现了一大批颇有竞争力的科技型企业。多年前我在调研中发现，由于缺乏专业人才，不少科技型企业深受知识产权保护问题困扰。当时金山软件公司负责人反映的"做正版软件的住破楼、做盗版软件的住洋楼"的问题，至今我还记忆犹新。那时起我就认识到知识产权的重要性，就有意识地加强这方面工作。经过积极争取，2014 年底，财政部、国家知识产权局批复在珠海建设国家知识产权运营公共服务平台金融创新（横琴）试点平台。项目、资金、配套保障条件很快就到位了，就缺一位专业化的团队带头人。2015 年初，我带队到国家知识产权局求助。就这样，在国家知识产权局的大力支持下，季节同志被我们聘请到珠海负责国家知识产权运营公共服务平台金融创新（横琴）试点平台的建设工作。如今，一晃 7 个年头过去了。7 年来，季节同志带领平台团队攻坚克难、艰苦创业、开拓创新，取得了平台社会效益和经济效益双丰收，品牌知名度和相关指标达到同类平台前列的良好成绩。近期，他还将这些年在一线实践的经验和思考凝练成书，实在难能可贵。因此季节邀请我为书作序时，我欣然答应了。

知识产权强国建设时代，知识产权成为国家重要发展战略。2020 年 11 月 30 日，习近平总书记在中央政治局第二十五次集体学习时指出：创新是引领发展的第一动力，保护知识产权就是保护创新。2021 年 9 月，中共中央、国务院印发《知识产权强国建设纲要（2021—2035 年）》，强调进入新发展阶段，推动高质量发展是保持经济持续健康发展的必然要求，创新是引领发展的第一动力，知识产权作为国家发展战略性资源和国际竞争力核心要素的作用更加凸显；要求牢牢把握加强知识产权保护是完善产权保护制度最重要的内容和提高国家经济竞争力最大的激励，打通知识产权创造、运用、保护、管理和服务全链条，更大力度加强知识产权保护国际合作，建设制度完善、保护严格、运行高效、服务便捷、文化自觉、开放共赢的知识产权强国，为建设创新型国家和社会主义现代化强国提供坚实保障；明确到 2035 年，我国知识产权综合竞争力跻身世界前列，知识产权制度系统完备，知识产权促进创新创业蓬勃发展，全社会知识产权文化自觉基本形成，全方位、多层次参与知识产权全球治理的国际合作格局基本形成，中国特色、世界水平的知识产权强国基本建成。知识产权强国的建设需要更多的人拥有正宗的知识产权思维，《知识产权思维 40 讲》正是这样一本全面剖析知识产权思维的深度科普书，可以作为党政领导干部、高校院所管理者、企业管理者、科技研发人员了解、理解、把握知识产权的辅助教材。

区域经济的高质量发展离不开知识产权的有力支撑。有关研究表明，创新活跃度决定地区经济发展程度，区域创新驱动能力深刻地影响着区域经济发展的规模速度与质量效率。区域知识产权保护力度和工作水平对地区创新活跃度有着直接的影响。知识产权对于经济增长的重要作用在资本市场也有明显的体现，有关机构对标准普尔 500 家上市公司市场价值的测算表明，无形资产价值占比已经从 1985 年的 32% 上升到 2010 年的 81%，其中知识产权资产占无形资产的价值由 10% 上升到 40%。2021 年 4 月修订的《上海证券交易所科创板企业发行上市申报及推荐暂行规定》规定具有一定专利实力、符合科创属性要求的企业才能在科创板申报发行上市。这些都进一步说明了知识产权在产业发展、区域发展中的重要作用和地位。

书如其人。这是我读《知识产权思维 40 讲》的主要感受。一是真诚。与季节同志的为人一样，这本书从头到尾、字里行间流露着满满的真诚，有一说一、开门见山，直截了当、一针见血。二是视野宽广。季节同志在国家知识产权局工作多年，对全国知识产权行业的方方面面有着广泛的了解，正因如此，这本书的内容才能够做到全面、系统、视野开阔。三是思想性强。季节同志热爱思考、善于思考，将多年的理论研究与一线实践相结合，在本书中奉献了多个知识产权方面的原创理论。

祝愿此书能够帮助更多人拥有知识产权思维并利用知识产权思维充分发挥知识和智慧的力量，祝愿此书能够为知识产权强国建设贡献更多的思维能量。

珠海市委原常委、横琴新区第一任党委书记

刘　佳

2022 年 3 月 6 日

序 / 郝志峰

　　2021 年 9 月，中共中央、国务院印发《知识产权强国建设纲要（2021—2035 年）》，提出到 2035 年，我国知识产权综合竞争力跻身世界前列，知识产权制度系统完备，知识产权促进创新创业蓬勃发展，全社会知识产权文化自觉基本形成，全方位、多层次参与知识产权全球治理的国际合作格局基本形成，中国特色、世界水平的知识产权强国基本建成的宏伟目标。该纲要对高校知识产权工作也作出了战略部署：改革国有知识产权归属和权益分配机制，扩大科研机构和高校知识产权处置自主权；建立完善财政资助科研项目形成知识产权的声明制度；建立知识产权交易价格统计发布机制；深入开展知识产权试点示范工作，推动企业、高校、科研机构健全知识产权管理体系，鼓励高校、科研机构建立专业化知识产权转移转化机构；支持学位授权自主审核高校自主设立知识产权一级学科；推进论证设置知识产权专业学位；实施知识产权专项人才培养计划；依托相关高校布局一批国家知识产权人才培养基地，加强相关高校二级知识产权学院建设。在知识产权强国建设这一时代背景下，高校知识产权工作任务艰巨、使命光荣。而其中，高校科技成果转化和专利运营工作既是重点，更是难点，说易行难，亟待思路、模式和方法的创新与突破。

　　习近平总书记 2020 年 4 月 10 日在中央财经委员会第七次会议上讲话强调，要创新科技成果转化机制，发挥企业主体作用和政府统筹作用，促进资金、技术、应用、市场等要素对接，努力解决基础研究"最先一公里"和成果转化、市场应用"最后一公里"有机衔接问题，打通产学研创新链、价值链。"最先一公里"和"最后一公里"的问题都需要高校发挥更大的作用，都是高校科技成果转化和专利运营能力建设的有机组成。

党中央、国务院历来重视科技成果转化工作，早在1996年我国就出台了专门的法律《促进科技成果转化法》。党的十八大以来，更是高度重视并大力加强科技成果转化工作。2015年，修正了《促进科技成果转化法》；2016年，国务院颁布《实施〈中华人民共和国促进科技成果转化法〉若干规定》，国务院办公厅出台了《促进科技成果转移转化行动方案》，业界称之为科技成果转化"三部曲"。

2020年2月，教育部、国家知识产权局和科技部联合印发《关于提升高等学校专利质量促进转化运用的若干意见》，强调树立高校专利等科技成果只有转化才能实现创新价值、不转化是最大损失的理念，突出转化应用导向，倒逼高校知识产权管理工作的优化提升。2020年5月，科技部等9部门印发《赋予科研人员职务科技成果所有权或长期使用权试点实施方案》，通过赋予科研人员职务科技成果所有权或长期使用权实施产权激励，完善科技成果转化激励政策，激发科研人员创新创业的积极性，促进科技与经济深度融合。2020年5月，科技部、教育部印发《关于进一步推进高等学校专业化技术转移机构建设发展的实施意见》。业界称以上三个文件为"小三部曲"，它是"三部曲"的延伸，是高校全面推进科技成果转化和专利运营工作的重要举措。

经过不懈的努力，我国高校科技成果和专利运营工作取得了明显的成绩。《中国科技成果转化2019年度报告》显示，2019年，全国共1378家高等院校的科技成果转化报告被纳入统计，包括中央部属高校99家和地方高校1279家，总合同数达19.97万项，总合同金额超过706.37亿元。2017～2019年的三年时间里，我国高校共签订了数十万笔科技成果转化合同，以许可、转让、作价投资的项目中，共有30个单笔合同金额过亿元的项目。《2020中国专利运营状况研究报告》显示，2020年高校运营专利总数为25573件。其中，共有 23236 件专利进行了转让，2447 件专利进行了许可，有 110 件专利既涉及转让也涉及许可。2020 年高校专利运营涉及专利类型中，发明专利为 21171件，占比 82.8%；实用新型专利为 4264 件，占比 16.7%；外观设计专利为138 件，占比 0.5%。

我国高校科技成果转化和专利运营工作与自身过去相比，取得了不俗的成绩，但跟建成创新型国家的目标、满足人民日益增长美好生活的需要以及发达国家的科技成果转化和专利运营水平相比还有不小的差距。这主要表现在：尚未建立有效面向市场需求的科技创新机制，科技创新成果产权化能力和水平还不够高，科技成果转化和专利运营人才缺乏，科技成果转化和专利运营效率不够高，可复制、可推广的科技成果转化和专利运营模式缺乏等。

季节博士的专著《知识产权思维 40 讲》，是他本人扎根一线、理论与实践完美融合的好书，让人眼前一亮。他在书中孜孜以求地阐述了改革开放 40多年知识产权和成果转化的切肤之痛。该书用了较大的篇幅剖析了高校的科技成果转化和专利运营的相关工作，创造性地提出了科技成果转化和专利运营"四部曲方法论""红娘理论""生态赋能模型"，在借鉴德、美、英等国高校和科研院所成功经验的基础上提出了高校和科研院所知识产权管理的七弦琴模式，还阐述了高校和科研院所知识产权管理的使命、主要工作环节、人才培养等问题。这些内容符合高校知识产权工作的实际，有力地解释了高校科技成果转化和专利运营工作的诸多问题，对于高校提升科技成果转化和专利运营水平提供了很好的借鉴和思路。因此，我为能向所有关心高校科技成果转化和专利运营工作的人推荐这本书而感到荣幸。

季节博士带领的团队长期致力于粤港澳大湾区高价值专利培育布局大赛承办等的工作，扶持全国高校科技成果和专利来到粤港澳全球创新人才高地快速实现转化落地，抓落实有载体。我现在工作学校的"MicroLED 制备、巨量转移及色彩变换""微纳跨尺度大尺寸氧化铝陶瓷基板的国产化"，都成了上佳的范例。同时，季节博士针对国家知识产权试点示范高校、世界知识产权组织（WIPO）技术与创新支持中心（TISC）项目、高校知识产权贯标、大学科技园的组建和发展，也都有深刻的心得体会。

知识产权思维融入产教、科教、创教融合，生逢其时。以为序。

汕头大学校长

郝志峰

2022 年 3 月 2 日

序 / 李光宁

　　季节同志自 2015 年 6 月从国家知识产权局调入华发集团，一转眼将近 7 年了。这期间，季节同志会同横琴国际知识产权交易中心有限公司经营班子，带领干部职工践行创业奋斗、勇于担当、忠诚奉献、追求卓越的企业精神，从零到一将华发七弦琴国家知识产权运营公共服务平台打造成为国内领先的知识产权运营公共服务平台。难能可贵的是，季节同志在繁忙工作之余，还能将这么多年的实践经验、思考总结提炼出来。近日季节邀请我给他的新书《知识产权思维 40 讲》写序，我欣然答应了。

　　知识产权是企业高质量发展的战略需要。进入新发展阶段，推动高质量发展是保持经济持续健康发展的必然要求，创新是引领发展的第一动力，知识产权作为国家发展战略性资源和国际竞争力核心要素的作用更加凸显。实施知识产权强国战略，回应新技术、新经济、新形势对知识产权制度变革提出的挑战，全面提升我国知识产权综合实力，乃大势所趋。《知识产权强国建设纲要（2021—2035 年）》强调：引导市场主体发挥专利、商标、版权等多种类型知识产权组合效应，培育一批知识产权竞争力强的世界一流企业。《"十四五"国家知识产权保护和运用规划》强调：推动中央企业建立完善知识产权工作体系，打造一批具备国际竞争优势的知识产权强企；深化实施中小企业知识产权战略推进工程；分级分类开展企业、高校、科研院所知识产权优势培育和建设工作。

　　知识产权是企业无障碍发展的现实需要。在珠海华发集团有限公司的发展过程中，特别是近些年，时常出现全国布局时公司名称已被注册、跨行业发展时商标已被注册、自有商标被人傍名牌、发起专利侵权诉讼等情况，有效布局和应对各种知识产权的议题需要提上企业经营管理的重要日程。企业在发展壮大过程中，特别是在国际化进程中，知识产权是需要面对的重要课题。主动做好知识产权工作，事半功倍；被动解决知识产权问题，事倍功半。

知识产权是企业跨越式发展的内在需要。世界 500 强企业产值的70% ~ 80%都是由科技和文化所创造的。企业核心竞争力主要体现在定价权，而定价权主要来自技术、品牌、工业设计等创新及其所形成的知识产权。在某种意义上可以说，企业未来的竞争就是知识产权的竞争。企业要想走出"卖出八亿件衬衫才能进口一架空客 380"的泥沼，必须高度重视创新和知识产权工作。

《知识产权思维 40 讲》以鸟瞰的战略视角，对知识产权基本概念、类型、性质、功能，知识产权学基本原理，知识产权基本技能的原理，特别是对企业知识产权管理的使命、基本原则、基本要求、水平层次、主要工作及人才培养等方面的认识论和方法论，进行了深入浅出的讲解和剖析。对于基本上都是非知识产权专业的企业经营管理者来说，这是一本快速、有效掌握企业知识产权管理的好书。我推荐广大企业经营管理人员早日阅读。

珠海华发集团有限公司总经理
珠海华发实业股份有限公司董事局主席
李光宁
2022 年 2 月 28 日

序 / 陶向南

新型冠状病毒肺炎疫情已经肆虐全球两年有余，人类社会面临百年未有之大变局，全球经济形势依然不容乐观，我们每个人的工作生活或多或少、或明或暗已经或将受到国际、国内宏观形势的影响。"沧海横流，方显英雄本色"，无论是国家、区域，还是企业、个人，克服困难、化危为机、逆势上扬才是上上之策。纵观世界经济的发展趋势，人类已经进入知识经济的深水区，第四次工业革命方兴未艾，创新和知识产权已经成为经济竞争力的核心。

习近平总书记指出，创新是一个民族进步的灵魂，是一个国家兴旺发达的不竭动力，也是中华民族最深沉的民族禀赋。他进一步深刻指出，保护知识产权就是保护创新，从而清晰地阐明了知识产权保护与创新之间的关系。所以一个好的知识产权制度作为知识产权保护的基石，是涉及国家能否将知识产权保护落到实处的大问题，是值得学者们关注并加以研究的大课题。美国前总统林肯曾说：专利制度就是将利益的燃料添加到天才之火上。这句话至今仍镌刻在美国商务部的大门口上。

2021 年 9 月，中共中央、国务院印发《知识产权强国建设纲要（2021—2035 年）》，知识产权工作正式被提升到国家战略层面进行部署和推进。在这个背景下，季节博士的《知识产权思维 40 讲》一书出版发行，可谓应运而生、恰逢其时。季节博士深耕知识产权行业 18 年，在其中不断实践、深入思考、不断学习、持续精进，而本书就是凝结他 18 年所学所思的倾心之作。

该书第一个也是最大的特点是，作者发挥独立深度思考、宏观战略经验和思维，创建了一套原创性、结构性、系统性的行业理论框架。该书紧紧围绕行业本质，通过五大需求金字塔模型、十大行业原理、六大行业技能方法论、六大行业主体工作经验及人才培养路径等，描绘了一个立体化的行业理论框架体系，为从业者提供了丰富的理论工具，为外行人提供了清晰的导航地图。

该书的第二个特点是站在工商管理视角。书中强调，各类知识产权的作用和价值，在大多数情况下需要通过产品化、产业化才能得以最终实现。在大多数场景下，脱离产品讲知识产权是不负责任的。书中多次强调，不以砍柴为目的的磨刀是假把式，不以企业发展、产业发展为目的的知识产权工作是瞎折腾。作者认为，知识产权思维的本质是开发并独享真善美的商业价值；知识产权行政管理的使命是发展知识产权经济；高校和科研院所知识产权管理的使命是让好技术变成好专利、让好专利成就好企业；企业知识产权管理的使命是为企业插上技术、艺术和品牌三个"翅膀"，持续提升助力企业腾飞的效率和效果；知识产权服务机构的使命是帮助客户做好知识产权工作、实现知识产权对于客户的价值。从该书的核心理念和核心观点中，可以看出明显的工商管理思维和逻辑。

该书的第三个特点是善于把握事物的本质。作者提出，技术专利和商业秘密的核心价值导向是求真，商标和地理标志的核心价值导向是求善，版权和外观设计的核心价值导向是求美，从而简洁而巧妙地将真善美引入知识产权的定义，进而形成知识产权思维的本质是开发并独享真善美商业价值这个全书中心思想。这句话深刻揭示和把握了知识产权行业的本质，可以说在某种程度上重新定义了知识产权行业。该书还创造了知识产权需求金字塔、翅膀论、七要素生态模型、发明专利的一生、专利代理师的五个层次、专利运营四部曲方法论、企业知识产权水平五个层次等多个原创理论模型，可谓匠心独运、直击本质。

海尔创始人张瑞敏说过，没有成功的企业，只有时代的企业。在我看来，研究企业经营管理的工商管理学科同样如此，没有一成不变的工商管理学，只有符合时代需要的工商管理学。如同适应信息化时代的需要，管理信息系统学科纳入工商管理学课程范围一样，知识产权管理应早日纳入工商管理学的课程范围。《知识产权强国建设纲要（2021—2035 年)》强调：完善以企业为主体、市场为导向的高质量创造机制；引导市场主体发挥专利、商标、版权等多种类型知识产权组合效应，培育一批知识产权竞争力强的世界一流企业。知识产权管理在企业管理中的重要性、必要性、紧迫性日益凸显，知识产权管理纳入工商管理学课程已经成为企业创新发展的现实需求。

学习知识产权思维是企业管理者把握知识产权工作的捷径。思维产生行动，行动养成习惯，习惯变成性格，性格决定命运。因此，良好的思维是取得良好的管理效果的源头。知识产权管理同样如此。良好的知识产权思维是企业取得良好的知识产权管理效果的源头，学习知识产权管理从学习知识产权思维开始很可能是一条捷径。

头脑就像肥沃的大地，你种什么就生长什么。知识产权思维就是一颗种子，如果在头脑中种下了，就会逐渐成长为一棵大树，就能够有效应对工作和生活中遇到的知识产权的机遇和挑战。在该书即将出版之时，衷心祝愿更多的工商管理专业学生、创新创业人士通过这本书在头脑中种下一棵知识产权之树。

澳门科技大学商学院教授

陶向南

2022 年 3 月 4 日

序 / 王峻岭

200多年前的第一次工业革命，引发了人类历史上规模宏大的产业升级，创造了空前繁荣。当前，一场新的产业升级正在进行，这就是知识经济的兴起。一场知识经济风暴席卷、震撼全球，人类正在经历着广泛、深刻的变革。在这个变革的过程中，知识创新就是生产力，是生产要素，而知识产权则是知识创新的高度"凝结"，得以让知识创新以非常具体的方式作用于我们的经济、社会，成为经济发展、科技进步以及文化繁荣的强劲动力。

很高兴在这个时候，我看到季节先生的《知识产权思维40讲》。这本书视角独特，以鸟瞰的视角审视知识产权行业，用政府模块、高校和科研院所模块、企业模块、服务机构模块、创新创业模块五个模块，对知识产权行业进行了深入的剖析。我也很荣幸受邀为这本书写序。初读样本，被其广博所摄，缘其深湛而系，方感责任之重大，遂抚卷长思，任思绪奔涌。

由于自身的专业研究和工作经历，我更加清晰地感知着中国这种"知识化"进程和"信息化""数字化"趋势。透过知识产权我们看到的是一个民族的创新能力，是一个国家的发展新动能，是一个社会的知识力觉醒。社会生活的众多领域都在汹涌的知识产权浪潮中发生着剧烈的变化。我们要用新的眼光去审视经济、科技、社会发展，充分认识知识成为生产要素后所引发的一系列新观念、新规律、新变革。

知识产权思维的本质是开发并独享真善美的商业价值。创新主体的优势在于拥有知识和技能，核心的竞争优势在于知识产权，保护知识产权就是保护自己的创新力、创造力。在知识经济时代，善于经营知识产权的企业将会成功，而不善于经营知识产权的企业将被淘汰。知识产权是知识经济的血液。企业知识产权数量不足，就会得贫血症；企业知识产权质量不高，就会得败血症。重视知识产权，事半功倍；轻视知识产权，事倍功半，甚至功亏一篑。

从党的十八大报告提出实施创新驱动发展战略、十八届五中全会把创新放在五大发展理念之首、十九大提出创新是引领发展的第一动力，到十九届五中全会提出坚持创新在我国现代化建设全局中的核心地位，创新在我国经济社会建设中的作用愈发凸显。无论是总结过去发展经验，还是为"十四五"时期乃至更长远阶段谋篇布局，创新都是贯穿发展的鲜明主线。

我相信大家通过阅读这本书，可以洞察当今时代的发展趋势，明悟知识产权的重要性，能够从新趋势、新定义、新观念、新方法中，整合思维，以复合的、动态的、灵活的方式，为当下、为未来作出新的判断和选择。

展望未来，我们面临崭新的机遇和广阔的发展空间，也面临前所未有的复杂国内外环境和挑战，我们要用科学、务实的态度谋划我国新一轮以知识产权为核心引领的自主创新高质量发展，面向世界科技前沿、面向经济主战场、面向国家重大需求、面向人民生命健康，以知识产权思维为深入实施科教兴国战略、人才强国战略、创新驱动发展战略赋能，完善国家创新体系，加快建设科技强国，为实现中华民族伟大复兴的中国梦贡献我们的创新智慧。

广州奥凯信息咨询有限公司董事长

广东省专利信息协会会长

王峻岭

2022 年 2 月 28 日

满江红·知识产权思维

（代自序）

　　遥想当年，蓟门外、兢兢业业。战略下、维权执法，运营初写。十载机关公与务，七年企业商和业。不惑年、著知产思维，初心切。

　　大国策，知产热。学科设，争执烈。挖逻辑道法，技能剖解。独享开发真善美，运营保护人心血。再出发、科普智思维，心如铁。

季　节

2022 年 2 月 8 日

目 录

第 1 章
基本原理模块

清风正气（张思源）

第 1 讲
知识产权概念的范围

一、知识产权的外延

知识产权是一个外延复杂且动态变化的概念，在不同的使用场景下其所指代的范围有所不同，较难精准界定。

在此，本书借用《民法典》以及知识产权领域的两个国际条约中对知识产权概念的范围界定，来理解知识产权概念的外延。

《民法典》第 123 条规定："民事主体依法享有知识产权。知识产权是权利人依法就下列客体享有的专有的权利：（一）作品；（二）发明、实用新型、外观设计；（三）商标；（四）地理标志；（五）商业秘密；（六）集成电路布图设计；（七）植物新品种；（八）法律规定的其他客体。"

1967 年 7 月 14 日，世界知识产权组织（WIPO）签订的《建立世界知识产权组织公约》[1] 第 2 条规定，"知识产权"包括有关下列项目的权利：（一）文学、艺术和科学作品；（二）表演艺术家的表演以及唱片和广播节目；（三）人类一切活动领域内的发明；（四）科学发现；（五）工业品外观设计；（六）商标、服务标记以及商业名称和标志；（七）制止不正当竞争；（八）在工业、科学、文学或艺术领域内由于智力活动而产生的一切其他权利。

---

[1]　建立世界知识产权组织公约［EB/OL］.［2020 - 10 - 07］. https：//wipolex. wipo. int/zh/text/283806.

　　《与贸易有关的知识产权协定》❶ 第 1 条第 2 款规定："就本协定而言，'知识产权'一词指作为第二部分第一节至第七节主题的所有类别的知识产权。"具体而言，知识产权包括：（一）版权和相关权利；（二）商标；（三）地理标识；（四）工业设计；（五）专利；（六）集成电路布图设计（拓扑图）；（七）对未披露信息的保护。

二、本书讨论范围

　　为避免因为知识产权概念外延的复杂性而引起不必要的误解和麻烦，也为了提高本书的严谨性，在此，明确本书的讨论范围。本书讨论的范围一共包括六类知识产权，具体参见表 1 - 1。

表 1 - 1　本书讨论范围

分类序号	知识产权类型
1	技术专利（发明、实用新型）
2	商标
3	外观设计
4	著作权（版权）
5	地理标志
6	商业秘密

　　在本书的表述中，知识产权原则上指的是以上六类，但很多规律其实不是六类通用的，可能要么三类适合，要么两类适合，甚至一类适合。如果只有一类适合的时候，本书会明确到具体类型。

---

　　❶ 与贸易有关的知识产权协定［EB/OL］.［2020 - 10 - 07］. http：//ipr. mofcom. gov. cn/zhuan-ti/law/conventions/wto/trips. html.

三、本书所讨论六类知识产权的定义

技术专利（发明、实用新型）的定义。《专利法》第 2 条第 2 款、第 3 款规定："发明，是指对产品、方法或者其改进所提出的新的技术方案。实用新型，是指对产品的形状、构造或者其结合所提出的适于实用的新的技术方案。"

商标的定义。《商标法》第 3 条规定："经商标局核准注册的商标为注册商标，包括商品商标、服务商标和集体商标、证明商标；商标注册人享有商标专用权，受法律保护。本法所称集体商标，是指以团体、协会或者其他组织名义注册，供该组织成员在商事活动中使用，以表明使用者在该组织中的成员资格的标志。本法所称证明商标，是指由对某种商品或者服务具有监督能力的组织所控制，而由该组织以外的单位或者个人使用于其商品或者服务，用以证明该商品或者服务的原产地、原料、制造方法、质量或者其他特定品质的标志。集体商标、证明商标注册和管理的特殊事项，由国务院工商行政管理部门规定。"第 8 条规定："任何能够将自然人、法人或者其他组织的商品与他人的商品区别开的标志，包括文字、图形、字母、数字、三维标志、颜色组合和声音等，以及上述要素的组合，均可以作为商标申请注册。"

外观设计的定义。《专利法》第 2 条第 4 款规定："外观设计，是指对产品的整体或者局部的形状、图案或者其结合以及色彩与形状、图案的结合所作出的富有美感并适于工业应用的新设计。"

著作权（版权）的定义。《著作权法》第 3 条规定："本法所称的作品，是指文学、艺术和科学领域内具有独创性并能以一定形式表现的智力成果，包括：（一）文字作品；（二）口述作品；（三）音乐、戏剧、曲艺、舞蹈、杂技艺术作品；（四）美术、建筑作品；（五）摄影作品；（六）视听作品；（七）工程设计图、产品设计图、地图、示意图等图形作品和模型作品；（八）计算机软件；（九）符合作品特征的其他智力成果。"第 10 条规定："著作权包括下列人身权和财产权：（一）发表权，即决定作品是否公之于众的权利；（二）署名权，即表明作者身份，在作品上署名的权利；（三）修改权，即修改或者授权他人修改作品的权利；（四）保护作品完整权，即保护作品不受歪曲、篡改的权利；（五）复制权，即以印刷、复印、拓印、录音、录像、翻录、翻拍、数字化等方式将作品制作一份或者多份的权利；（六）发行权，即以出售或者赠与方式向公众提供作品的原件或者复制件的权利；（七）出租权，即有偿许可他人临时使用视听作品、计算机软件的原件或者复制件的权利，计算机软件不是出租的主要标的的除外；（八）展览权，即公开陈列美术作品、摄影作品的原件或者复制件的权利；（九）表演权，即公开表演作品，以及用各种手段公开播送作品的表演的权利；（十）放映权，即通过放映机、幻灯机等技术设备公开再现美术、摄影、视听作品等的权利；（十一）广播权，即以有线或者无线方式公开传播或者转播作品，以及通过扩音器或者其他传送符号、声音、图像的类似工具向公众传播广播的作品的权利，但不包括本款第十二项规定的权利；（十二）信息网络传播权，即以有线或者无线方式向公众提供，使公众可以在其选定的时间和地点获得作品的权利；（十三）摄制权，即以摄制视听作品的方法将作品固定在载体上的权利；（十四）改编权，即改变作品，创作出具有独创性的新作品的权利；（十五）翻译权，即将作品从一种语言文字转换成另一种语言文字的权利；（十六）汇编权，即将作品或者作品的片段通过选择或者编排，汇集成新作品的权利；（十七）应当由著作权人享有的其他权利。著作权人可以许可他人行使前款第五项至第十七项规定的权利，并依照约定或者本法有关规定获得报酬。著作权人可以全部或者部分转让本条第一款第五项至第十七项规定的权利，并依照约定或者本法有关规定获得报酬。"

地理标志的定义。《商标法》第 16 条规定："商标中有商品的地理标志，而该商品并非来源于该标志所标示的地区，误导公众的，不予注册并禁止使用；但是，已经善意取得注册的继续有效。前款所称地理标志，是指标示某商品来源于某地区，该商品的特定质量、信誉或者其他特征，主要由该地区的自然因素或者人文因素所决定的标志。"《地理标志产品保护规定》第 2 条规定："本规定所称地理标志产品，是指产自特定地域，所具有的质量、声誉或其他特性本质上取决于该产地的自然因素和人文因素，经审核批准以地理名称进行命名的产品。地理标志产品包括：（一）来自本地区的种植、养殖产品。（二）原材料全部来自本地区或部分来自其他地区，并在本地区按照特定工艺生产和加工的产品。"《农产品地理标志管理办法》第 2 条规定："本办法所称农产品是指来源于农业的初级产品，即在农业活动中获得的植物、动物、微生物及其产品。本办法所称农产品地理标志，是指标示农产品来源于特定地域，产品品质和相关特征主要取决于自然生态环境和历史人文因素，并以地域名称冠名的特有农产品标志。"

商业秘密的定义。《反不正当竞争法》第 9 条第 4 款规定："本法所称的商业秘密，是指不为公众所知悉、具有商业价值并经权利人采取相应保密措施的技术信息、经营信息等商业信息。"

第 2 讲
重新认识知识产权学

　　2001 年中国加入世界贸易组织（WTO），特别是 2008 年《国家知识产权战略纲要》颁布实施以来，全社会知识产权意识大幅提高，"知识产权"这个名词在社会上几乎是家喻户晓、耳熟能详了。但由于知识产权本身的复杂性，以及全社会知识产权"人口"较少等原因，知识产权学科还是一个比较小众的学科，目前还只是一个二级学科，知识产权学科的研究还不够深入系统，知识产权的内在属性和规律在社会上知晓度还比较低，很有必要从更加深入的层面重新认识知识产权学。可喜的是 2021 年 9 月，中共中央、国务院印发《知识产权强国建设纲要（2021—2035 年）》，提出：支持学位授权自主审核高校自主设立知识产权一级学科，推进论证设置知识产权专业学位。

一、知识产权的核心价值导向

　　笔者于 2003 年进入知识产权行业，对知识产权行业进行了 18 年的研究。通过不断深入的思考，笔者发现了一些规律，这些规律可能是之前没有发现的，或者至少是在之前的文献里找不到的，本书后面将陆续展开。本节先讲知识产权的核心价值导向，具体参见表 2 - 1。

表 2 - 1　知识产权的核心价值导向

知识产权类型	核心价值导向
技术专利（发明、实用新型）、商业秘密	求真
商标、地理标志	求善
著作权（版权）、外观设计	求美

笔者发现，技术专利（发明、实用新型）和商业秘密的核心价值导向是求真。技术专利所保护的技术方案，以及商业秘密所保护的经营信息或技术信息，其追求的是真实、有效、契合事物自身的规律。主观认识与客观规律的统一，只有达到"真"的层次，才能实现好的技术效果，才能发挥所期望的作用。

商标和地理标志的核心价值导向是求善。为什么是求善？《商标法》和地理标志法规相关条款给予了明确的回答。《商标法》第 1 条明确指出，其立法目的是加强商标管理，保护商标专用权，促使生产、经营者保证商品和服务质量，维护商标信誉，以保障消费者和生产、经营者的利益，促进社会主义市场经济的发展；第 42 条规定，转让注册商标的，受让人应当保证使用该注册商标的商品质量；第 43 条第 1 款规定，商标注册人可以通过签订商标使用许可合同，许可他人使用其注册商标。许可人应当监督被许可人使用其注册商标的商品质量。被许可人应当保证使用该注册商标的商品质量。

著作权（版权）和外观设计的核心价值导向是求美。著作权（版权）包含的范围比较广泛，其中文学作品主要的价值导向是求善，计算机软件主要的价值导向是求真。但著作权（版权）所包括的音乐、舞蹈、美术、建筑、摄影、电影等主要艺术形式，其核心价值导向是求美。外观设计所保护的客体是针对产品的整体或者局部的形状、图案或者其结合以及色彩与形状、图案的结合所作出的富有美感并适于工业应用的新设计。

二、知识产权的核心属性

深刻把握知识产权的核心属性，对于深入理解和贯彻执行知识产权政策法规具有重要的意义。《专利法》明确，技术专利的核心属性有三个：新颖性、创造性、实用性。为了让非专业人士更好地理解和把握知识产权的核心属性，本书用大家普遍熟悉的词语来表达，参见表 2 - 2。新颖性可以表达为标新立异。创造性可以表达为更上层楼。实用性可以表达为一针见血。商标的核心属性可以表达为扬名立万。外观设计的核心属性可以表达为婀娜多姿。著作权（版权）的核心属性可以表达为别出心裁。地理标志的核心属性可以表达为正宗地道。商业秘密的核心属性可以表达为独门绝技。

表 2 - 2　知识产权的核心属性

序　号	知识产权类型	核心属性
1	技术专利 （发明、实用新型）	标新立异（新颖性）
		更上层楼（创造性）
		一针见血（实用性）
2	商标	扬名立万
3	外观设计	婀娜多姿
4	著作权（版权）	别出心裁
5	地理标志	正宗地道
6	商业秘密	独门绝技

在此，一方面用八个大家耳熟能详的词语概括了六类知识产权的核心属性，降低了全社会了解、理解知识产权的门槛，为更多的人利用较少的时间掌握知识产权行业的精髓、正宗地道的知识产权思维创造了可能。

另一方面，可以将知识产权的核心属性与真善美的价值导向进行对照：标新立异、更上层楼、一针见血、独门绝技主要对应求真的价值导向，扬名立万、正宗地道主要对应求善的价值导向，婀娜多姿、别出心裁主要对应求美的价值导向。

三、知识产权的本质作用

知识产权对于企业竞争力、经济社会发展的重要作用，已经有太多的论证和论述了。本书想从一个新的、接地气的、更加务实、更加生动、更加本质的角度，来阐述一下知识产权对产品意味着什么。如果把产品比作一个人的话，产品的技术专利相当于人的心脏，产品的商标品牌相当于人的脸蛋，产品的外观设计相当于人的身材，产品的著作权（版权）相当于人的衣服，产品的地理标志相当于人的底蕴，产品的商业秘密相当于人的内涵，参见图 2－1。

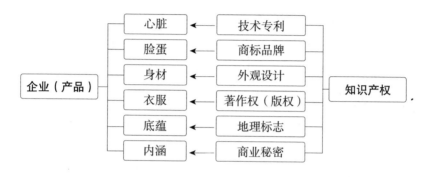

图 2－1　知识产权的本质作用❶

　　结合生活常识，如果一个人有心脏病，脸蛋不好看，身材不佳，衣服穿得也邋邋遢遢，没有底蕴，没有内涵，那么在社会交往中不受欢迎是必然的。类比可知，如果企业产品的这六个方面表现比较差，卖不出去、卖不上价钱也是必然的。反之，如果一个产品的这六个方面表现比较优秀，那么受欢迎、卖得好，进而获得高市场占有率、高利润率也是大概率事件。

　　这个简单的类比模型，比较明了地表达了知识产权对于产品、对于企业的意义和作用，较为系统地回答了企业对于知识产权应该怎么看、怎么干的问题。

四、知识产权的一个新定义

　　基于上述分析，本书认为，知识产权可以定义为：为鼓励经济、技术、

---

❶ 制作人：杨彩珺。

文化领域真善美的发扬，国家或地区政府给予创新、创造、创意、创作、创业成果所有人的特定地域、特定时间、特定权能的独占权利。

五、知识产权学的学科特征

知识产权学最大的学科特征就是其跨学科性。根据国务院学位委员会和教育部印发的《学位授予和人才培养学科目录（2011 年）》（2018 年更新版），我国设置的学科目录中一共有 13 个学科门类和 111 个一级学科。13 个学科门类分别是：哲学、经济学、法学、教育学、文学、历史学、理学、工学、农学、医学、军事学、管理学、艺术学。这 13 个学科门类中，知识产权直接涉及的有 9 个，分别是经济学（知识产权涉及技术经济学、制度经济学）、法学（涉及知识产权法）、文学（涉及版权）、理学（涉及技术专利）、工学（涉及技术专利）、农学（涉及技术专利）、医学（涉及技术专利）、管理学（涉及知识产权管理）、艺术学（涉及版权、外观设计）。

截至 2020 年 4 月，全国共有 45 所高校设有知识产权学院、93 所高校设有知识产权本科专业，国家知识产权局共设立 26 个国家知识产权培训基地。❶ 目前，知识产权学仍不是一级学科，仅仅是二级学科。加上不同高校依托不同的一级学科专业建设知识产权学科，导致知识产权学科内涵、外延、课程设置五花八门，对知识产权学科建设和人才培养产生了较大的不良影响。知识产权学应该尽早升级为一级学科，以更好地促进知识产权学科建设和人才培养，与国家创新驱动发展战略的实施和知识产权强国建设的需要相适应。2021 年 9 月，中共中央、国务院印发的《知识产权强国建设纲要（2021—2035 年）》提出：支持学位授权自主审核高校自主设立知识产权一级学科，推进论证设置知识产权专业学位。这为知识产权学升级为一级学科提供了政

---

❶ 陶鑫良. 全国高校内知识产权学院、国家知识产权培训基地与知识产权本科专业［EB/OL］.［2020 - 10 - 08］. http：//www. iprdaily. cn/article_24783. html.

策依据。我们期待早日设立知识产权学一级学科。

一个可喜的消息是，2020 年 7 月 29 日召开的全国研究生教育会议上，决定新增交叉学科作为新的学科门类❶。也就是说，交叉学科将成为我国第十四个学科门类。如前所述，由于知识产权学的高度交叉性，未来将知识产权学升级为一级学科，并设置于新设的交叉学科门类下，将是一个实事求是、众望所归的妥当安排。

六、知识产权学的外延

讨论知识产权学的外延，可以从研究知识产权行业需求的角度去探索。知识产权行业一共有五类需求，本书根据需求大小将其建立为金字塔模型（如图 2 - 2 所示）。金字塔第一层是挖掘布局代理的需求，主要指技术专利、商标、外观设计、版权、地理标志、商业秘密等创新成果产权化的需求。金字塔第二层是复审无效诉讼的需求，主要指技术专利、商标、外观设计、版权、地理标志、商业秘密等知识产权的确权、维权等方面的需求。金字塔第三层是导航检索分析需求，主要指通过专利、商标大数据检索分析，为专利和商标确权、用权、维权以及相关商业决策提供大数据支持的需求。金字塔第四层是运营交易的需求，主要指知识产权资产的流通、交换、运营、配置、产业化等方面的需求，包括知识产权金融创新相关需求。金字塔第五层，也就是最高层，是战略管理咨询的需求，一个主体大到一级政府，小到一个企业，其知识产权管理中都有战略规划、政策体系、管理咨询、解决具体问题、架构设计、人才培养、策略制定等方面的需求。

---

❶　重大调整！交叉学科将成第十四个学科门类，新增集成电路一级学科［EB/OL］．（2020 - 08 - 05）［2020 - 10 - 08］．https：//baijiahao. baidu. com/s？id = 1674187954330453213& wfr = spider&for = pc.

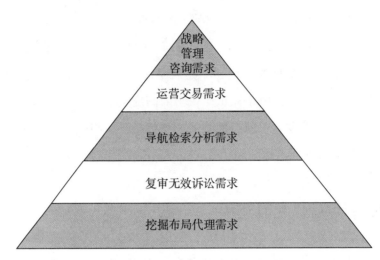

图 2 - 2　知识产权需求金字塔❶

深刻把握知识产权需求的金字塔模型，对知识产权行业从业人员的意义还是比较大的。第一，在个人能力提升的层面，要一专多能，想五个方面都很厉害是不大可能的。第二，金字塔模型对服务机构商业模式设计也有重要的指导作用。根据国家统计局批准执行的《知识产权服务业调查统计调查制度》，国家知识产权局知识产权运用促进司于 2020 年 6 月至 9 月对全国知识产权服务业发展情况进行了统计调查并形成了相关报告。报告显示，截至 2019 年底，我国从事知识产权服务的机构数量约为 6.6 万家，与 2018 年底相比增长 8.2%。2019 年从事知识产权服务的机构中，专利代理机构有 2691 家，商标代理机构有 45910 家；代理地理标志商标注册申请的机构有 276 家，代理集成电路布图设计申请的机构有 365 家，从事知识产权公证服务的公证处有 1103 家，从事知识产权法律服务的律师事务所超过 7000 家，从事知识产权信息服务的机构超过 6000 家，从事知识产权运营服务的机构超过 3000 家。截至 2019 年底，我国知识产权服务业从业人员约为 82 万人，较 2018 年底增长 2.6%。2019 年全国从事知识产权服务的机构共创造营业收入约 2100 亿元，

---

❶　制作人：杨彩珺。

同比增长 13.2%；其中，专利代理机构总营业收入为 405.2 亿元，同比增长 18.8%。❶ 2019 年全国的知识产权服务业 2100 亿元的市场规模中，根据笔者的从业经验估计，金字塔第一层的挖掘布局代理业务大概的产值是 1000 亿元，第二层复审无效诉讼业务大概是 500 亿元的产值，第三层导航检索分析业务的产值大概是 400 亿元，第四层运营交易业务的产值大概是 100 亿元，第五层战略管理咨询业务的产值大概是几十亿元。第三，金字塔模型对企业知识产权部门架构设计也有一定的指导作用。

深入研究我国知识产权的需求，笔者发现在当前及今后一段时间内知识产权不是刚需，而是通需。笔者基于这一发现，提出了知识产权通需论。从广泛意义上讲，在当今中国，一个中专以上学历的人，在其一生之中都可能会对知识产权产生需求，由于所处情境的不同，这个需求或大或小，或强或弱，或高端或低端，或高频或低频，或自知或不自知；一个企业，在经营发展过程中都可能会对知识产权产生需求，由于所处情境的不同，这个需求或大或小，或强或弱，或高端或低端，或高频或低频，或自知或不自知。知识产权全行业面临的最大问题就是很多企业对知识产权有需求但不自知。2019 年全国从事知识产权服务的机构共创造的营业收入仅有 2100 亿元。这是因为大量潜在的需求没有被挖掘出来。如果能够挖掘出来，我国知识产权服务业的市场规模可能在几万亿元。这个就是知识产权行业未来发展的一个基本的逻辑和现实基础。

---

❶ 我国知识产权服务业发展再上新台阶 [EB/OL]．（2020 – 12 – 23）[2021 – 01 – 03]．https：//www. cnipa. gov. cn/art/2020/12/23/art_53_155790. html.

第 3 讲
知识产权思维的内涵

一、人类认识世界的四个层次

图 3 – 1 显示的是智慧层次理论，每一个读书人都非常有必要了解，这张图对学习会有很大的帮助。智慧层次理论认为人类认识世界的过程共有四个层次。最低层次叫数据：由人通过感官或者计算机软件调用，是关于标的或者客体的所有数据。但这个数据是散乱的，而且是做布朗运动的，这些数据有往东的又有往西的，有往南的又有往北的，比较混乱，对决策不太有用。倒数第二个层次是信息：对数据进行科学的整理加工，然后提炼和萃取之后，产生了信息，信息是有方向的。倒数第三个层次是知识：结构化的、能够解决对应问题的信息体系，就是知识。倒数第四个层次是智慧：结构化的、立体化的、自圆其说的知识体系，就是智慧。

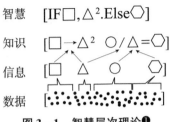

图 3 – 1　智慧层次理论❶

---

❶ 佩奇. 模型思维 ［M］. 贾拥民，译. 杭州：浙江人民出版社，2019：13.

这四个认知层次可以类比几何学上的点、线、面、体来理解。数据好比几何学中的点，没有方向，没有长度。未经整理的一批数据就好比许多杂乱无章的点，没有规律，对决策参考作用不大。信息好比几何学中的线段，线段由众多点组成，有起点，有终点，有方向，有长度，信息对于决策能够发挥较大的作用。知识好比几何学中的面，有大小，有边界，能够直接解决特定的问题。智慧好比几何学中的体，是由很多面组成的立体结构。智慧是系统化、结构化的知识，能够精准解决一个领域内的复杂问题。

二、人类认识知识产权的七个层次

根据智慧层次理论，结合知识产权行业实际，本书将人类认识知识产权的层次划分为如表 3－1 所示七个层次。最低一层是知识产权数据，对应智慧层次理论的数据层次。倒数第二层是知识产权意识、情报、分析等，对应智慧层次理论的信息层次。倒数第三层是知识产权法条及阐释，属于知识产权行业的理论知识。倒数第四层是知识产权技能，属于知识产权行业的实务、隐性知识。倒数第五层是知识产权综合能力，属于知识产权行业的综合知识。倒数第三、第四、第五层对应智慧层次理论的知识层次。倒数第六层是知识产权规律。倒数第七层，也就是最高层，是知识产权哲学。倒数第六、第七层对应智慧层次理论的智慧层次。

表 3－1　人类认识知识产权的七个层次

序　号	内　容	层　次
7	知识产权哲学	智慧
6	知识产权规律	智慧（思维）
5	知识产权综合能力	综合知识（思维）
4	知识产权技能	实务、隐性知识
3	知识产权法条及阐释	理论知识
2	知识产权意识、情报、分析等	信息
1	知识产权数据	数据

本书知识产权思维这一概念的范围主要指上述倒数第五层（知识产权综合能力）和倒数第六层（知识产权规律）。

三、知识产权思维的定义

要把"知识产权思维"这六个字解释清楚，首先要把"思维"这个词解释清楚。《现代汉语词典》中"思维"有两个含义❶：一是作为名词时，思维的含义是在表象、概念的基础上进行分析、综合、判断、推理等认识活动的过程。思维是人类特有的一种精神活动，是从社会实践中产生的。二是作为动词时，思维的含义是进行思维活动。

百度汉语对"思维"有三个解释❷：（1）也作思惟。思维在实践的基础上产生和发展，是人脑对客观事物间接的、概括的反映，是认识的理性阶段。思维以语言为物质外壳，只有借助于语言工具才能进行，其基本的形式有概念、判断和推理等。（2）哲学范畴。思维是意识、精神的同义语，与"存在"相对。（3）进行思维活动。

百度百科对"思维"的解释❸是：思维最初是人脑借助于语言对事物的概括和间接的反映过程。思维以感知为基础又超越感知的界限。通常意义上的思维，涉及所有的认知或智力活动。它探索与发现事物的内部本质联系和规律性，是认识过程的高级阶段。思维对事物的间接反映，是指它通过其他媒介作用认识客观事物，及借助于已有的知识和经验、已知的条件推测未知的事物。思维的概括性表现在它对一类事物非本质属性的摒弃和对其共同本质特征的反映。

---

❶ 中国社会科学院语言研究所词典编辑室. 现代汉语词典 ［M］. 6 版. 北京：商务印书馆，2012：1230.

❷ 思维 ［EB/OL］. ［2020 – 10 – 08］. https：//hanyu. baidu. com/s？wd = % E6% 80% 9D% E7% BB% B4&device = pc&from = home.

❸ 思维 ［EB/OL］. ［2020 – 10 – 08］. https：//baike. baidu. com/item/% E6% 80% 9D% E7% BB% B4/475？ fr = aladdin.

综上可知，思维具有如下特点：（1）人脑对客观事物间接的、概括的反映；（2）以语言为物质外壳；（3）思维以感知为基础又超越感知的界限；（4）探索与发现事物的内部本质联系和规律性，是认识过程的高级阶段；（5）间接性表现在借助于已有的知识和经验推测未知的事物；（6）概括性表现在它对一类事物非本质属性的摒弃和对其共同本质特征的反映。

根据上述思维的六个特点，结合知识产权行业实际，本书将知识产权思维定义为关于知识产权能力、规律、思维方式、思维模式的理性认识。

四、知识产权思维的本质及其推论

根据前述知识产权的定义——为鼓励经济、技术、文化领域真善美的发扬，国家或地区政府给予创新、创造、创意、创作、创业成果所有人的特定地域、特定时间、特定权能的独占权利，以及知识产权思维的定义——关于知识产权能力、规律、思维方式、思维模式的理性认识，结合笔者 18 年知识产权行业的实践、探索、认知和洞察，笔者归纳总结知识产权思维的本质是开发并独享真善美的商业价值。

知识产权的本质，是产权化的真善美，或者是对真善美的产权化和商业化。

知识产权能力的外延包括五点。第一，是创造真善美的强烈意识，即创新意识。第二，是产权化真善美的能力。第三，是发现和评价真善美的能力。第四，是保护真善美的能力，其实就是保护产权化了的真善美的能力。第五，是开发和利用真善美的能力。

第 4 讲
知识产权学十大基本原理

知识产权学有十大基本原理，具体参见表 4 - 1。

表 4 - 1　知识产权学十大基本原理

序　号	原　理
1	四大支柱原理
2	四大功能原理
3	要素本质原理
4	皮毛依附原理
5	时间价值原理
6	空间价值原理
7	无中生有原理
8	多元平衡原理
9	生态系统原理
10	服务本质原理

一、四大支柱原理

知识产权学有两大理论支柱和两大实践支柱。

知识产权学的第一个理论支柱是技术经济学（品牌经济学、艺术经济学）。技术经济学是一门应用理论经济学基本原理，研究技术领域的经济问题和经济规律、技术进步与经济增长相互关系，研究技术领域资源最佳配置，寻找技术与经济的最佳结合以求可持续发展的科学。技术经济学与专利制度关系密切，是专利制度的理论支柱之一。专利制度调整的其实就是技术，特别是产权化了的技术作为生产要素，在生产力发展过程中的利益分配和利益调整、利益平衡的相关问题。技术经济学主要涉及技术专利和技术秘密，但是对其他类型的知识产权有较强的参照性。对商标、地理标志来讲，第一个理论支柱应该是品牌经济学。对版权、外观设计来讲，第一个理论支柱应该是艺术经济学。

知识产权学的第二个理论支柱是制度经济学。因为知识产权不具有"天然性"，是基于法律法规等制度人为创设的权利。知识产权体系是制度经济学的典型应用和体现。例如，专利制度本质上是一个产权设计制度，是国家公权力对技术创新所带来的经济利益进行的分配。诺贝尔经济学奖获得者道格拉斯·诺思指出，创新可能在没有所有权保护创新者的社会里发生过。不过，发生只是因为成本（或损失的风险）太小，小得使收益率超过了创新成本。如果创新成本太大（或存在大损失的可能性），创新便都不可能发生，直到收益率增长到足以使冒险活动值得一试。❶ 这应该就是专利制度得以产生并长期存在的内在原因。

知识产权学的第一个实践支柱是市场经济。知识产权制度本身是市场经济的产物，新技术、新产品的商品化和市场化不仅是科技创新中的关键环节，也是知识产权制度的重要出发点和目的。❷ 知识产权制度离不开市场经济制度的土壤，并伴随着市场经济的发展不断完善。市场经济使知识作为商品成为可能。❸

知识产权学的第二个实践支柱是知识经济。知识经济，亦称智能经济，

❶ 诺思，托马斯. 西方世界的兴起［M］. 厉以平，蔡磊，译. 北京：华夏出版社，2017：194.
❷ 梁宏辉，龙在飞. 创新型国家建设与我国知识产权制度的完善［J］. 科技进步与对策，2013，30（12）：114 - 117.
❸ 袁峥嵘，杜霈. 试论知识产权制度与市场经济的关系［J］. 特区经济，2014（1）：29 - 31.

是指建立在知识和信息的生产、分配和使用基础上的经济。它是和农业经济、工业经济相对应的一个概念。知识经济的特点表现在：知识经济是促进人与自然协调、持续发展的经济，其指导思想是科学、合理、综合、高效地利用现有资源，同时开发尚未利用的资源来取代已经耗尽的稀缺自然资源；知识经济是以无形资产投入为主的经济，知识、智力、无形资产的投入起决定作用；知识经济是世界经济一体化条件下的经济，世界大市场是知识经济持续增长的主要因素之一；知识经济是以知识决策为导向的经济，科学决策的宏观调控作用在知识经济中有日渐增强的趋势。● 只有在知识经济条件下，知识产权这一生产要素在经济增长中才居于核心地位，成为经济发展中不可或缺的配套机制。

这四大支柱是当今全球主要国家或地区高度重视知识产权以及知识产权行业发展壮大的客观现实基础。如果没有这四大支柱，全球知识产权行业不可能是目前的状态。根据四大支柱原理，可以预判随着市场经济和知识经济的深入发展，知识产权在经济社会发展中的作用还将进一步加强和深化，知识产权制度对经济、生活的影响广度和深度将持续扩大。

二、四大功能原理

知识产权学的第二大原理是四大功能原理。四大功能原理概括性地表达知识产权制度的四个主要功能：评价创新，界定产权；保护创新，刺激投入；导航创新，配置资源；实现价值，支撑产业。

评价创新，界定产权。有效的创新评价、清晰的产权界定是创新系统良性发展的基石。知识产权不是自然权利，而是法定权利，知识产权审查过程既是权利产生的过程，也是对创新进行评价的过程，根据对创新成果的评价

● 知识经济 ［EB/OL］.［2021 - 10 - 04］. https：//baike. baidu. com/item/% E7% 9F% A5% E8% AF% 86% E7% BB% 8F% E6% B5% 8E/22646？ fr = aladdin.

结果界定合理的产权范围。与其他创新评价手段相比，知识产权制度是公认的更为系统、科学、稳定的手段。

保护创新，刺激投入。知识产权制度赋予权利人在一定时期对创新成果市场利益的独占权，保障创新者能够收回创新成本并且获得高额回报，从而吸引、鼓励、刺激更多的资本和人才投入创新。前述新制度经济学代表人物道格拉斯·诺思在《西方世界的兴起》中提出，如果创新收益无法覆盖创新投入，就会严重扼杀创新投入的动力，整个社会的创新就难以为继。通俗地讲，在市场化技术领域中，假如研发投入 100 万元，最后不赚钱或者只能赚 10 万元，这种情况下没人会再投入创新；假如研发投入 100 万元能赚 1000 万元，就会有很多企业争先恐后加大研发投入，这就需要做好知识产权保护，使权利人切实获得知识产权产品市场独占权。

导航创新，配置资源。知识产权制度规定，作为权利人获得独占权的对价，其创新成果有关信息必须向社会公开。根据世界知识产权组织的有关研究，专利文献中包含了世界上 90%～95% 的研发成果，其他技术文献仅包含 5%～10% 的研发成果。如果能够有效地利用专利情报，不仅可以缩短 60% 的研发时间，更可以节省 40% 的研发经费。商标、版权制度也有类似的功能。一方面，对知识产权大数据的分析利用，能够有效地对创新行为进行导航，并对创新资源进行配置；另一方面，随着知识产权要素对产业的控制力不断提升，知识产权已经成为产业资源配置的重要依据。

实现价值，支撑产业。知识产权是创新与市场的桥梁，一头连着创新，另一头连着市场。一方面，知识产权天生具有将创新转化为现实生产力的冲动、使命和能力。知识产权是一种生产资料，是企业的重要生产要素；知识产权更是一种渗透在终端消费品中的无形资产，对产品竞争力产生重要的影响。知识产权所拥有的无论是作为生产资料的交换价值，还是渗透在终端消费品中的无形价值，都是创新实现价值的主要方式，更是创新支撑产业发展的主要路径。另一方面，支撑产业发展是知识产权资产和制度的出发点和落脚点。知识产权起源于市场，服务于市场。不以砍柴为目的的磨刀是假把式，

不以企业发展和产业发展为目的的知识产权工作是瞎折腾。❶

三、要素本质原理

知识产权学第三大原理是要素本质原理。要素本质原理的主要内容在于强调知识产权资产的本质是一种生产要素，是一种独占性且日益重要的生产要素。

马克思历史唯物主义理论指出：历史发展是有其特定规律的，即生产力决定生产关系，生产关系对生产力有反作用，生产关系一定要适应生产力的发展。生产力是推动社会历史前进的根本动力。

生产力的发展是由什么决定的呢？构成生产力的基本要素是以生产工具为主的劳动资料，引入生产过程的劳动对象是具有一定生产经验与劳动技能的劳动者。围绕劳动资料、劳动对象、劳动者三个方面的发展变化形成了社会生产经营活动所需要的各种生产要素。在社会经济发展的历史过程中，生产要素的内涵日益丰富，不断有新的生产要素进入生产过程，如科学、技术、管理、信息、品牌、无形资产等。

生产要素具有典型的时代特征，不同时代居于核心地位的生产要素会发生重大变化，具体参见表 4 - 2。原始社会的母系氏族时期，一个部落或族群的生存发展主要依赖于繁衍能力，因此居于核心地位的生产要素是女性的生育能力。原始社会的父系氏族时期，一个部落或族群的生存发展主要依赖于应对部落对抗及捕获猎物的能力，因此居于核心地位的生产要素是男性的体力。在奴隶社会，居于核心地位的生产要素是被视为生产工具的奴隶；谁拥有的奴隶越多，谁在社会上就越有地位。在农业社会，居于核心地位的生产要素是土地；谁的土地多，谁更有发言权。工业社会上段，其特征是商品供

---

❶ 季节. 知识产权是创新驱动的核心支柱 [EB/OL]. (2016 - 03 - 01) [2021 - 10 - 13]. http：//static. nfapp. southcn. com/content/201603/01/c50535. html.

不应求，居于核心地位的生产要素是机器、厂房；谁拥有更多的机器、厂房、设施，谁就能够生产更多的产品（包含服务，下同），就能获得更多财富。这个时期的社会竞争力集中体现在产品的数量。工业社会中段，其特征是商品供求基本平衡，居于核心地位的生产要素是产品的质量、成本控制。这个时期的社会竞争力集中体现在产品的质量、价格。工业社会下段，也就是当今我国所处的阶段，人类进入知识经济社会，其特征是几乎所有商品都进入供过于求的状态，居于核心地位的生产要素是知识产权等无形资产；谁拥有核心知识产权，谁将在激烈的市场竞争中获胜。这个时期的社会竞争力集中体现在产品的"魅力"。

表 4-2　核心生产要素的时代变迁

时　代	核心生产要素	原　因
母系原始社会	女性的生育能力	一个部落或族群的生存发展主要依赖于繁衍能力
父系原始社会	男性的体力	一个部落或族群的生存发展主要依赖于应对部落对抗及捕获猎物的能力
奴隶社会	被视为生产工具的奴隶	奴隶是财富的源泉
农业社会	土地	财富来自土地
工业社会（上）	机器、厂房	商品供不应求，机器一响，黄金万两（人无我有）
工业社会（中）	产品的质量、成本控制	商品供求基本平衡，质量、价格取胜（人有我优）
工业社会（下，知识经济社会）	知识产权（排他性）	几乎所有商品都进入供过于求的状态（人优我特）

运用马克思历史唯物主义理论从生产要素的角度考察社会历史的变迁，进一步揭示社会生产力发展的规律，有利于把握实施创新驱动发展战略进程的方向、着力点和路径。

当今世界，国家竞争力、区域竞争力、产业竞争力、企业竞争力归根结底取决于产品竞争力（魅力）。2020 年末，美国苹果公司市值接近 2.3 万亿美元。❶ 假设将苹果公司按一个国家的国内生产总值（GDP）衡量，它的经济总量在世界上排名第八。❷ 苹果公司的成功归根结底来自 iPhone、iPad 等若干产品的成功。

那么，构成产品竞争力的要素到底有哪些？本书认为构成产品竞争力的要素主要有十个，具体参见表 4–3。

表 4–3 当代产品竞争力十要素

序 号	要 素	要素体现
1	技术	产品的发明、实用新型、软件著作权等知识产权
2	品牌	产品的商标、商号、域名、地理标志等知识产权及其所凝结的情感、信誉，文化等附加价值
3	设计	产品的外观设计、版权等知识产权
4	渠道	产品营销能力
5	质量	产品的性能、使用寿命等方面
6	服务	在产品售前、售中、售后过程中帮助客户解决问题的及时性、有效性、友好性以及客户体验等
7	价格	产品的生产效率及定价策略
8	资本	产品资金及资源整合能力和抗风险能力
9	人才	产品研发、设计、制造、流通等环节的人才保障及其执行能力
10	管理	产品战略、规划、要素整合质量和效率及持续创新等方面的能力

在上述十个要素中，知识产权占了三个，而且是具有排他性的、独占性

---

❶ 2020 年，苹果市值突破 2.25 万亿美元后，今年市值或突破 3 万亿美元？［EB/OL］.（2021 – 01 – 02）［2021 – 12 – 04］. https：//new. qq. com/rain/a/20210102A05IG000.

❷ 最新数据：2020 年世界各国 GDP 排行［EB/OL］.（2021 – 07 – 08）［2021 – 12 – 04］. https：//www. sohu. com/na/476286680_100182943.

的，其他七个要素基本不具有独占性。由此不难理解知识产权为何成为当今时代核心生产要素，是决定生产力发展的主要因素。但是知识产权不是万能的，不能代替构成产品竞争力的其他要素；十个要素必须全面、协调、可持续发展，产品才能在市场竞争中立于不败之地。

产品竞争力十要素分析法应该能够有效解释和预测经济生活中的现象和问题，可以分析股票，也可以分析投资，还可以分析企业发展走势。2015年底笔者在人民网发表的一篇文章，用十要素分析法分析了小米手机的发展走势。❶ 2014年12月爱立信在印度法院提起诉讼，指责小米手机侵犯了爱立信的专利，导致小米手机被禁止在印度销售。随后采用高通芯片的小米手机被暂时放行继续在印度市场销售，而采用联发科芯片的红米1S却依然被禁止在印度市场销售。受爱立信这场侵权诉讼的打击，小米在印度市场的发展势头受到抑制。❷ 之后小米也因为专利问题退出了巴西市场，2015年业界普遍唱衰小米手机❸。2015年、2016年连续两年，小米手机的销量都未达预期，甚至出现大幅下滑。❹ 当时笔者用十要素分析法分析认为，在十个要素中，小米手机仅技术要素薄弱，其他九个要素都比较强，可以预判：只要小米手机持续弥补专利的短板，其未来一定前景光明。小米手机后续的发展验证了这个分析。为了快速弥补专利短板，一方面，小米通过"买买买"的方式补位。2017年7月5日，小米与诺基亚宣布：双方已签署一份商务合作协议及一份多年有效的专利许可协议，其中包括在移动网络的标准必要专利方面实现交叉授权。此次交易还包括小米收购部分诺基亚专利资产。2016年，小米向微软购买了1500项专利，同时双方还签署了专利交叉许可协议。另一方面，小

❶　季节. 试论创新驱动发展战略的实施模式［EB/OL］.（2015 – 11 – 27）［2021 – 12 – 19］. http：//dangjian. people. com. cn/gq/n/2015/1127/c241150 – 27864891. html.

❷　柏铭007. 专利侵权受挫　小米竟在印度建厂突围？［EB/OL］.（2015 – 08 – 12）［2021 – 02 – 12］. https：//www. sohu. com/a/27078424_116131.

❸　小米真的不行了？ 究竟是哪里不行了？［EB/OL］.（2015 – 12 – 08）［2021 – 02 – 12］. https：//www. leikeji. com/article/3990.

❹　雷军霸气了：世界上没手机公司销量下跌后还能逆转，除了小米！［EB/OL］.（2017 – 07 – 28）［2021 – 02 – 12］. https：//www. sohu. com/a/160500840_679180.

米也加强了自主研发并申请发明专利。❶ 数据显示，目前小米在全球范围内申请了9000多项发明专利。2017 年小米手机成为印度第一大手机品牌，全球销量成功逆转，实现大幅增长。2017 年至 2020 年连续增长，小米手机坐稳了全球智能手机市场第四位的位置。2018 年 7 月 9 日，小米在我国的香港交易所成功上市。

再举一个案例来说明十要素分析法在创业中的应用。武汉理工大学退休教授彭桂皎发明了螺杆桩技术，发明人无资金、无厂房、无销售渠道，除了专利什么生产要素都没有。在国家专利技术（海南）展示交易中心（海南经济特区产权交易中心）的帮助下，彭桂皎开辟了一条以专利核心要素整合其他要素的专利产业化模式，将全国划分为若干区域，每个区域进行独家专利产品使用许可，获得订单并得到许可费；然后彭桂皎拿着订单跟有生产能力的制造企业合作，进行生产，利润五五分成。2006 年至 2020 年，彭桂皎获得专利许可费收入 3000 多万元。到 2020 年底，其累计生产和销售 1 亿多元的设备，专利被许可人使用这些设备承接基础工程总额已超过 20 亿元。彭桂皎现以该系列专利技术为基础，组建高科技公司，引入 A 轮融资，深耕基础建设市场。

从历史发展趋势来看，十个要素的重要性也在发生着变化。21 世纪的第二个十年与第一个十年相比，技术、品牌、工业设计的重要性持续上升；渠道的重要性持续下降，互联网时代的到来带来商业模式的变革，颠覆了"渠道为王"的格局；质量的地位持续下降，随着高技术的集成和普及，产品进入"同质化""高质化"时代，产品质量对竞争力的贡献日渐减弱；服务的重要性持续提升，在买方市场条件下，"顾客是上帝"的理念深入人心，消费者对消费体验、服务质量要求越来越高；价格的重要性有所降低，随着经济社会的发展和中产阶级的崛起，消费者对高档、中档产品的价格敏感度持续降低；资本的重要性有所降低，近年来民间投资资本供给持续增大，好产品

---

❶ 雷军霸气了：世界上没手机公司销量下跌后还能逆转，除了小米！［EB/OL］.（2017 – 07 – 28）［2021 – 02 – 12］. https：//www.sohu.com/a/160500840_679180.

更加容易获得投资；人才的重要性持续上升，随着经济社会的发展，对人才的要求越来越高，人才的稀缺性进一步提高；管理的重要性也在持续上升，管理的难度越来越大，风险和不确定性持续提高。

中国改革开放以来经济发展战略的变迁与十要素在生产力发展中的地位变化具有高度的契合性。党的十八大报告提出实施创新驱动发展战略。2013年9月30日，习近平总书记在主持中共中央政治局第九次集体学习时强调："实施创新驱动发展战略决定着中华民族前途命运。全党全社会都要充分认识科技创新的巨大作用，敏锐把握世界科技创新发展趋势，紧紧抓住和用好新一轮科技革命和产业变革的机遇，把创新驱动发展作为面向未来的一项重大战略实施好。"党的十九大报告强调："加快建设创新型国家。创新是引领发展的第一动力，是建设现代化经济体系的战略支撑。"党的十九届五中全会提出："坚持创新在我国现代化建设全局中的核心地位，把科技自立自强作为国家发展的战略支撑，面向世界科技前沿、面向经济主战场、面向国家重大需求、面向人民生命健康，深入实施科教兴国战略、人才强国战略、创新驱动发展战略，完善国家创新体系，加快建设科技强国。"2020年11月30日，习近平总书记在主持中共中央政治局第二十五次集体学习时强调："知识产权保护工作关系国家治理体系和治理能力现代化，关系高质量发展，关系人民生活幸福，关系国家对外开放大局，关系国家安全。全面建设社会主义现代化国家，必须从国家战略高度和进入新发展阶段要求出发，全面加强知识产权保护工作，促进建设现代化经济体系，激发全社会创新活力，推动构建新发展格局。"并指出："创新是引领发展的第一动力，保护知识产权就是保护创新。"

实施创新驱动发展战略的实质内容是发展"创新型经济"，推动经济发展由低端生产要素驱动向高端生产要素驱动转变。如前所述，低端要素、高端要素是相对概念，具有明显的时代性、具体性。同一要素，可能在这个时代属于高端，但在另一个时代属于低端；同一时代，可能这个产业属于高端，但另一个产业属于低端。低端要素、高端要素的划分标准主要有三点：一是该要素在产品所有构成要素中的重要性；二是该要素的稀缺性及可持续性；

三是该要素带来的产品附加值大小。我国改革开放四十多年来，取得了举世瞩目的经济建设成就，成为名副其实的"世界工厂"。"世界工厂"模式的主要特点：一是"三高一低"（高投入、高消耗、高污染，低效益）；二是高度依赖"外需"和"投资"；三是以大量廉价劳动力为支撑。由于资源环境约束日益突出，"三高一低"模式弊端凸显。世界经济进入新一轮的危机，"外需"持续下降；我国劳动力成本持续上升，成本优势逐步丧失；现阶段，"世界工厂"经济发展模式难以为继，我国经济发展必须从"世界工厂"模式向中国制造、中国智造、中国创造、中国文化等递进的高端模式转型，参见表 4-4。

表 4-4 不同经济发展阶段的支撑生产要素

支撑生产要素	经济发展阶段				
	中国加工	中国制造	中国智造	中国创造	中国文化
体商（规模）	✓	✓	—	—	—
智商（技术专利、地理标志、商业秘密、软件著作权等）	—	—	✓	✓	—
情商（品牌、外观设计、作品著作权、文化等）	—	—	—	✓	✓

关于几个递进模式的区别，打一个比方，"世界工厂"模式就好比一个"四肢发达、头脑简单"的人，对头脑（核心部件高度依赖进口）的运用不足。中国制造、中国智造、中国创造、中国文化模式是一个智商不断提高的过程：中国制造模式的智商与体商基本匹配，基本能够克服对外高度依赖的问题；中国智造模式的智商进一步提高，信息化水平大幅提升；中国创造模式的智商非常发达，智商水平高于体商，智商牵引体商发展；中国文化模式的体商、智商优秀，情商也很高，生产的产品有感情、有品位、有魅力。从这个意义上，可以说，实施创新驱动发展战略的核心任务是提高中国产业的

智商。中国经济要从体商模式转变到智商模式，必须从支撑体商的要素驱动转变到支撑智商的更为高端的要素驱动上来。而知识产权就是支撑经济智商的重要生产要素，特别是还具有独占性特征，因此其在创新驱动发展战略实施中有着不可或缺的重要作用。只有从这个角度来认识知识产权要素的价值，才能更加深入地理解"保护知识产权就是保护创新"的深刻意义。

四、皮毛依附原理

知识产权学第四大原理是皮毛依附原理。这个原理的主要内容是知识产权的依附性，即知识产权要素有依附性，知识产权制度也有依附性。可以从以下几个角度来理解这一原理。

（一）皮毛论

从皮毛论的视角来看，实体产业是"皮"，知识产权是"毛"。"皮之不存，毛将焉附"，知识产权一定要和实体产业紧密结合才能发挥应有的作用和价值，脱离了实体产业，知识产权将一文不值。

（二）软件论

知识产权制度就好比是一套计算机软件。软件要想起到好的作用，必须具备四个条件：一是软件本身比较先进；二是将软件装在计算机上；三是操作者主动来使用它；四是操作者能够熟练运用。类比来看，我国的知识产权工作还存在一些问题：第一，虽然我国知识产权法律法规还存在一些不适应的地方，但立法问题不是最迫切的问题；第二，从法律角度看，知识产权这个"软件"已经安装到中国社会这个"主机"上，但是从政策角度看，知识产权政策同产业、科技、区域、贸易、文化、教育、卫生等政策的融合远不到位，知识产权这个软件尚未安装到行业、产业的"主机"上；第三，全社会知识产权的意识还很薄弱，主动运用知识产权的创新主体、市场主体还是少数；第四，总体来看，创新主体、市场主体运用知识产权制度的能力还很欠缺。这个理论应该说能够很好地解释我国知识产权事业发展为什么任重而道远，所存在的问题也需要在发展中解决。

（三）牵牛花论

牵牛花，属旋花科牵牛属，是一年生缠绕草本植物。牵牛花最大的特点就是其依附性，如果为其设置合适的支架，牵牛花就会沿着支架向上生长，能够爬得很高，生长出漂亮的造型，整个形态会非常舒展，花朵也会非常漂亮。如果没有支架，牵牛花就只能在地上匍匐生长，难以舒展盛开。就知识产权与实体产业的关系来看，知识产权好比牵牛花，实体产业好比支架。如果知识产权工作紧紧围绕实体产业开展，就能够花繁叶茂、兴旺发达；如果知识产权工作脱离实体产业，将陷入匍匐生长、没有生机的局面。

（四）翅膀论

翅膀论是皮毛依附原理的另一个比喻。其主要内容是，如果把企业比作一只鸟，那么企业的知识产权就好比鸟的翅膀。鸟的翅膀再好，但要想飞起来，还需要两个核心条件。第一个核心条件是要有空气。没有空气，再好的翅膀也没用。在知识产权行业，空气就是知识产权保护的环境。同理，如果知识产权保护环境欠缺或不够良好，再优质的知识产权也无法发挥作用。第二个核心条件是鸟的身体，就是实体企业。翅膀再好，如果不长在鸟的身体上，也是难以发挥作用的，鸟也无法飞翔。

这个理论有一个延伸也很有趣。所有的产业如果跟动物来相比，可以分三类，参见表 4 - 5。第一类是天上飞的——飞禽。飞禽假如没有翅膀，在自然界是很难存活的。从知识产权的视角看，这一类产业是知识产权高依赖度产业，例如生物医药产业、文化创意产业、信息与通信产业等。第二类产业是地上跑的——走兽。走兽假如有翅膀，将会"如虎添翼"，能够大大提高其生存竞争力；如果没有翅膀，也没有问题。从知识产权的视角看，这一类产业是知识产权中依赖度产业，例如农、林、牧、渔业，金融业，房地产业等。第三类产业是水里游的——鱼类。鱼类有翅膀当然好，偶尔可以飞一下；但由于鱼类无法长时间离开水，因此即使有翅膀也不能经常飞在空中，翅膀无法持续发挥作用。从知识产权的视角看，这一类产业是知识产权低依赖度产业，例如公共管理、造币、盐业等垄断性产业。

表 4 – 5　根据知识产权依赖性划分的产业分类

产业知识产权依赖性	翅膀论动物类比	产业举例
知识产权高依赖度产业	飞禽	生物医药产业、文化创意产业、信息与通信产业等
知识产权中依赖度产业	走兽	农、林、牧、渔业，金融业，房地产业等
知识产权低依赖度产业	鱼类	公共管理、造币、盐业等

反过来看，在市场竞争中，即使是知识产权低依赖度产业，如果别的企业都没翅膀，你有翅膀，你就容易在竞争中脱颖而出。其实在商业竞争中取胜的关键不是绝对速度，而是相对速度；不是绝对优势，而是相对优势。没有哪个企业是有绝对优势的，各方面都有绝对优势的基本上没有，所以相对优势对市场竞争来讲也很重要。笔者认为，无论是知识产权中依赖度的企业，还是低依赖度的企业，加强知识产权工作，都是非常有必要的。

五、时间价值原理

知识产权学第五大原理是时间价值原理。这个原理的主要内容是，在知识产权行业，时间属性具有极其重要的价值。其主要体现在如下几个方面。

（一）先申请制

时间这一维度对于知识产权权利的获得具有根本性影响。世界主要国家或地区知识产权法律在授权上一般采用"先申请制"原则，将同一保护客体的知识产权权利授予最先提出申请或公开的人。例如,《专利法》第9条第2款规定:"两个以上的申请人分别就同样的发明创造申请专利的,专利权授予最先申请的人。"《商标法》第31条规定:"两个或者两个以上的商标注册申请人,在同一种商品或者类似商品上,以相同或者近似的商标申请注册的,初步审定并公告申请在先的商标;同一天申请的,初步审定并公告使用在先的商标,驳回其他人的申请,不予公告。"

(二)保护期限

知识产权作为基于法律法规创设的调节创新者与社会公众利益平衡的以经济权利为主的财产性权利,普遍规定有限的时间期限。专利、版权的保护期是不可续展的有限期限,商标的保护期限虽然可以续展,但每次续展授予的也是有限时间期限。例如,《专利法》第42条规定:"发明专利权的期限为二十年,实用新型专利权的期限为十年,外观设计专利权的期限为十五年,均自申请日起计算。自发明专利申请日起满四年,且自实质审查请求之日起满三年后授予发明专利权的,国务院专利行政部门应专利权人的请求,就发明专利在授权过程中的不合理延迟给予专利权期限补偿,但由申请人引起的不合理延迟除外。为补偿新药上市审评审批占用的时间,对在中国获得上市许可的新药相关发明专利,国务院专利行政部门应专利权人的请求给予专利权期限补偿。补偿期限不超过五年,新药批准上市后总有效专利权期限不超过十四年。"《商标法》第39条规定:"注册商标的有效期为十年,自核准注册之日起计算。"第40条规定:"注册商标有效期满,需要继续使用的,商标注册人应当在期满前十二个月内按照规定办理续展手续;在此期间未能办理的,可以给予六个月的宽展期。每次续展注册的有效期为十年,自该商标上一届有效期满次日起计算。期满未办理续展手续的,注销其注册商标。商标局应当对续展注册的商标予以公告。"《著作权法》第22条规定:"作者的署名权、修改权、保护作品完整权的保护期不受限制。"第23条规定:"自然人的作品,其发表权、本法第十条第一款第五项至第十七项规定的权利的保护期为作者终生及其死亡后五十年，截止于作者死亡后第五十年的 12 月 31 日；如果是合作作品，截止于最后死亡的作者死亡后第五十年的 12 月 31 日。法人或者非法人组织的作品、著作权（署名权除外）由法人或者非法人组织享有的职务作品，其发表权的保护期为五十年，截止于作品创作完成后第五十年的 12 月 31 日；本法第十条第一款第五项至第十七项规定的权利的保护期为五十年，截止于作品首次发表后第五十年的 12 月 31 日，但作品自创作完成后五十年内未发表的，本法不再保护。视听作品，其发表权的保护期为五十年，截止于作品创作完成后第五十年的 12 月 31 日；本法第十条第一款第五项至第十七项规定的权利的保护期为五十年，截止于作品首次发表后第五十年的 12 月 31 日，但作品自创作完成后五十年内未发表的，本法不再保护。"

（三）审查规则

在专利、商标审查中，时间维度是非常重要的一个因素，审查过程的很多环节都体现了时间的价值。以专利审查为例，优先审查、要求优先权、通知书答复、申请费缴纳、年费缴纳、主动修改、办理登记手续、恢复权利请求、请求复审、许可备案、权利转让等一系列手续能否被接受或实现期望的目标，时间因素是非常重要的考量内容。

（四）生效规则

知识产权作为没有实物形态的无形财产，其权利的设立、变更、转让和消灭，需要有较为明确的界定，时间就是其中非常重要的界定因素。《专利法》第 39 条规定："发明专利申请经实质审查没有发现驳回理由的，由国务院专利行政部门作出授予发明专利权的决定，发给发明专利证书，同时予以登记和公告。发明专利权自公告之日起生效。"第 40 条规定："实用新型和外观设计专利申请经初步审查没有发现驳回理由的，由国务院专利行政部门作出授予实用新型专利权或者外观设计专利权的决定，发给相应的专利证书，同时予以登记和公告。实用新型专利权和外观设计专利权自公告之日起生效。"《商标法》第 33 条规定："对初步审定公告的商标，自公告之日起三个月内，在先权利人、利害关系人认为违反本法第十三条第二款和第三款、第十五条、第十六条第一款、第三十条、第三十一条、第三十二条规定的，或者任何人认为违反本法第四条、第十条、第十一条、第十二条、第十九条第四款规定的，可以向商标局提出异议。公告期满无异议的，予以核准注册，发给商标注册证，并予公告。"第 35 条第 1 款和第 2 款规定："对初步审定公告的商标提出异议的，商标局应当听取异议人和被异议人陈述事实和理由，经调查核实后，自公告期满之日起十二个月内做出是否准予注册的决定，并书面通知异议人和被异议人。有特殊情况需要延长的，经国务院工商行政管理部门批准，可以延长六个月。商标局做出准予注册决定的，发给商标注册证，并予公告。异议人不服的，可以依照本法第四十四条、第四十五条的规定向商标评审委员会请求宣告该注册商标无效。"《著作权法实施条例》第 6 条规定："著作权自作品创作完成之日起产生。"

（五）无效规则

由于知识产权是法律制度创设的无形财产权，其权利的产生一般需要经国家机关依法审查批准（著作权自创作完成之日起自动产生，可以不经国家机关审查批准，但著作权维权时权利人须自行证明作品创作完成时间、表达方式）。由于国家机关无法掌握与申请文件相关的所有情况，在审查过程中不可避免地会出现误差，因此，各国或地区专利、商标法律制度中都规定了无效程序。《专利法》第 45 条规定："自国务院专利行政部门公告授予专利权之日起，任何单位或者个人认为该专利权的授予不符合本法有关规定的，可以请求国务院专利行政部门宣告该专利权无效。"《商标法》第 44 条第 1 款规定："已经注册的商标，违反本法第四条、第十条、第十一条、第十二条、第十九条第四款规定的，或者是以欺骗手段或者其他不正当手段取得注册的，由商标局宣告该注册商标无效；其他单位或者个人可以请求商标评审委员会宣告该注册商标无效。"第 45 条第 1 款规定："已经注册的商标，违反本法第十三条第二款和第三款、第十五条、第十六条第一款、第三十条、第三十一条、第三十二条规定的，自商标注册之日起五年内，在先权利人或者利害关系人可以请求商标评审委员会宣告该注册商标无效。对恶意注册的，驰名商标所有人不受五年的时间限制。"可见，已经获得授权的专利、商标，其权利有效性随时处于可挑战的"暂时"状态，是否能够经受住随时随地的挑战，主要在于挑战者的无效证据，无效证据的核心维度就是时间性——证据产生的时间以及对其有效的证明。

（六）抗辩规则

在知识产权侵权纠纷案件中，被控侵权人可以进行现有技术抗辩或先用权抗辩。《专利法》第67条规定："在专利侵权纠纷中，被控侵权人有证据证明其实施的技术或者设计属于现有技术或者现有设计的，不构成侵犯专利权。"第75条第2项规定，在专利申请日前已经制造相同产品、使用相同方法或者已经作好制造、使用的必要准备，并且仅在原有范围内继续制造、使用的，不视为侵犯专利权。《商标法》第59条第3款规定："商标注册人申请商标注册前，他人已经在同一种商品或者类似商品上先于商标注册人使用与注册商标相同或者近似并有一定影响的商标的，注册商标专用权人无权禁止该使用人在原使用范围内继续使用该商标，但可以要求其附加适当区别标识。"现有技术抗辩、先用权抗辩是否成立，很重要的因素就是相关法律事实的时间维度——被控侵权人所主张的现有技术、先用行为是否在申请日或注册日之前。

六、空间价值原理

知识产权学第六大原理是空间价值原理。知识产权是法律制度创设的民事权利，其权利的范围具有明显的地域特征，知识产权权利的地域范围原则上与授予其权利的国家机关的法域范围保持一致。由于不同法域知识产权产品市场规模、市场成熟度、竞争对手状况等因素的不同，同一个知识产权保护客体在不同法域获得的授权对应知识产权价值存在较大的差异。换句话说，知识产权的价值跟其权利所生效的法域空间有着密切的关系。这就是空间价值原理的主要内容。基于空间价值原理，权利人不仅应关注同一知识产权保护客体在全球不同国家或地区的知识产权布局、不同法域之间的平行进口问题，还应该关注同一法域不同区域的因知识产权价值不同所引起的知识产权开发策略问题，以及地域管辖原则所引起的诉讼策略问题。

七、无中生有原理

知识产权学第七大原理是无中生有原理。这个原理主要是揭示知识产权权利产生依据的特殊性。知识产权作为无形财产权，与有形财产权的产生依据不同。人类进入私有制社会以来，有形财产的产生具有朴素的"天赋"特色——只要是权利人合法取得或占有有形财产，权利人就获得了对应的有形财产权，这个权利的产生并不依赖法律的赋权（也可以说私有制社会以来，不同时代、不同国家或地区的法律普遍认可此种有形财产权产生机制）。但知识产权不同，这种无形财产不会因占有相应的有形财产而取得且人类历史上大部分时间不认可知识产权这种财产权，直到17世纪英国颁布《垄断法规》，各国才陆续赋予这种财产权。换句话说，知识产权不是"天赋"权利，而是人为创设的权利，需要法律制度的明文赋权，需要以法律制度的出台为前提。具体来说，没有专利法，就没有专利权；没有商标法，就没有商标权；没有著作权法，就没有著作权等。

无中生有原理可以从《专利法》第1条条文的历次修改过程中进一步深入理解。《专利法》已修改过四次，一共五个版本，分别是1984年制定版本、1992年修正版本、2000年修正版本、2008年修正版本、2020年修正版本。1984年制定版本第1条："为了保护发明创造专利权，鼓励发明创造，有利于发明创造的推广应用，促进科学技术的发展，适应社会主义现代化建设的需要，特制定本法。"1992 年修正版本该条未变化。2000 年修正版本第 1 条仅将"促进科学技术的发展"修改为"促进科学技术进步和创新"，具体内容为："为了保护发明创造专利权，鼓励发明创造，有利于发明创造的推广应用，促进科学技术进步和创新，适应社会主义现代化建设的需要，特制定本法。"2008 年 8 月，全国人大常委会法制工作委员会将十一届全国人大常委会第四次会议进行了初次审议的《中华人民共和国专利法修正案（草案）》及草案说明在中国人大网公布，向社会公开征集意见。❶ 草案拟将第 1 条修改为："为了保护专利权，鼓励发明创造，推动发明创造的管理、应用，提高自主创新能力，促进科学技术进步和经济社会发展，建设创新型国家，制定本法。"当时笔者作为社会公众，提了一条意见，就是运用无中生有原理论证没有专利法就没有专利权，将立法目的之一表达为"为了保护专利权"不合适，其逻辑相当于"为了保护儿子，所以创造妈妈"，逻辑明显不通。后来 2008 年修正版将第 1 条修改为："为了保护专利权人的合法权益，鼓励发明创造，推动发明创造的应用，提高创新能力，促进科学技术进步和经济社会发展，制定本法。"2020 年修正版第 1 条沿用该版本。

八、多元平衡原理

知识产权学第八大原理是多元平衡原理。知识产权制度是个复杂的制度体系，由于其运行影响政府、产业、企业、高校和科研院所、发明（设计、创作）人、权利人、被许可人、竞争对手、社会公众等利益主体，知识产权权利行使涉及制造、使用、许诺销售、销售、进口等生产经营的各个环节，且知识产权制度对经济社会的渗入程度越来越深。经过近 400 年现代知识产权制度的发展演进，知识产权制度规则多元平衡的特点越来越突出。

---

❶ 专利法修正案草案全文及说明 ［EB/OL］. (2008 - 08 - 29) ［2021 - 02 - 16］. http：// www.npc.gov.cn/npc/c8196/200808/b1e24a4092014bbbac4e504030995c10.shtml.

以我国专利制度为例来看多元平衡原理的体现。简单概括来看，其主要包括以下四个方面的平衡。

第一个平衡是权利人与社会公众的平衡，主要包括权利人技术方案公开换保护的机制、专利信息传播利用机制、不授予专利权的例外规则。

权利人技术方案公开换保护的机制。《专利法》第 11 条规定："发明和实用新型专利权被授予后，除本法另有规定的以外，任何单位或者个人未经专利权人许可，都不得实施其专利，即不得为生产经营目的制造、使用、许诺销售、销售、进口其专利产品，或者使用其专利方法以及使用、许诺销售、销售、进口依照该专利方法直接获得的产品。外观设计专利权被授予后，任何单位或者个人未经专利权人许可，都不得实施其专利，即不得为生产经营目的制造、许诺销售、销售、进口其外观设计专利产品。"《专利法》授予了权利人较大权能的独占权利，但该权利的获得必须以技术方案充分公开为对价。《专利法》第 26 条第 3 款规定："说明书应当对发明或者实用新型作出清楚、完整的说明，以所属技术领域的技术人员能够实现为准；必要的时候，应当有附图。摘要应当简要说明发明或者实用新型的技术要点。"专利制度要求权利人必须充分公开其发明创造的技术方案，否则其专利权可以被宣告无效。

专利信息传播利用机制。《专利法》第 21 条第 2 款规定："国务院专利行政部门应当加强专利信息公共服务体系建设，完整、准确、及时发布专利信息，提供专利基础数据，定期出版专利公报，促进专利信息传播与利用。"

不授予专利权的例外规则。《专利法》第 5 条规定："对违反法律、社会公德或者妨害公共利益的发明创造，不授予专利权。对违反法律、行政法规的规定获取或者利用遗传资源，并依赖该遗传资源完成的发明创造，不授予专利权。"第 25 条规定："对下列各项，不授予专利权：（一）科学发现；（二）智力活动的规则和方法；（三）疾病的诊断和治疗方法；（四）动物和植物品种；（五）原子核变换方法以及用原子核变换方法获得的物质；（六）对平面印刷品的图案、色彩或者二者的结合作出的主要起标识作用的设计。对前款第（四）项所列产品的生产方法，可以依照本法规定授予专利权。"

此外，还有强制许可、开放许可机制，专利复审机制，阶梯式年费机制等。

第二个平衡是发明（设计）人与所在单位的平衡，主要包括职务发明权属规则、职务发明奖酬规则、保障发明（设计）人署名权的规则。

职务发明权属规则。《专利法》第 6 条规定："执行本单位的任务或者主要是利用本单位的物质技术条件所完成的发明创造为职务发明创造。职务发明创造申请专利的权利属于该单位，申请被批准后，该单位为专利权人。该单位可以依法处置其职务发明创造申请专利的权利和专利权，促进相关发明创造的实施和运用。非职务发明创造，申请专利的权利属于发明人或者设计人；申请被批准后，该发明人或者设计人为专利权人。利用本单位的物质技术条件所完成的发明创造，单位与发明人或者设计人订有合同，对申请专利的权利和专利权的归属作出约定的，从其约定。"

职务发明奖酬规则。《专利法》第 15 条规定："被授予专利权的单位应当对职务发明创造的发明人或者设计人给予奖励；发明创造专利实施后，根据其推广应用的范围和取得的经济效益，对发明人或者设计人给予合理的报酬。国家鼓励被授予专利权的单位实行产权激励，采取股权、期权、分红等方式，使发明人或者设计人合理分享创新收益。"

保障发明（设计）人署名权的规则。《专利法》第 16 条第 1 款规定："发明人或者设计人有权在专利文件中写明自己是发明人或者设计人。"

第三个平衡是权利人与竞争对手的平衡，主要包括无效宣告机制、举证责任倒置机制、侵权例外规则、善意第三人赔偿责任免除规则、诉前禁令规则、证据保全规则、针对发明专利申请的公众意见规则等。《专利法》第 45 条规定："自国务院专利行政部门公告授予专利权之日起，任何单位或者个人认为该专利权的授予不符合本法有关规定的，可以请求国务院专利行政部门宣告该专利权无效。"

举证责任倒置机制。《专利法》第 66 条第 1 款规定："专利侵权纠纷涉及新产品制造方法的发明专利的，制造同样产品的单位或者个人应当提供其产品制造方法不同于专利方法的证明。"第 71 条第 4 款规定："人民法院为确定赔偿数额，在权利人已经尽力举证，而与侵权行为相关的账簿、资料主要由侵权人掌握的情况下，可以责令侵权人提供与侵权行为相关的账簿、资料；侵权人不提供或者提供虚假的账簿、资料的，人民法院可以参考权利人的主张和提供的证据判定赔偿数额。"

侵权例外规则。《专利法》第 75 条规定："有下列情形之一的，不视为侵犯专利权：（一）专利产品或者依照专利方法直接获得的产品，由专利权人或者经其许可的单位、个人售出后，使用、许诺销售、销售、进口该产品的；（二）在专利申请日前已经制造相同产品、使用相同方法或者已经作好制造、使用的必要准备，并且仅在原有范围内继续制造、使用的；（三）临时通过中国领陆、领水、领空的外国运输工具，依照其所属国同中国签订的协议或者共同参加的国际条约，或者依照互惠原则，为运输工具自身需要而在其装置和设备中使用有关专利的；（四）专为科学研究和实验而使用有关专利的；（五）为提供行政审批所需的信息，制造、使用、进口专利药品或者专利医疗器械的，以及专门为其制造、进口专利药品或者专利医疗器械的。"

善意第三人赔偿责任免除规则。《专利法》第 77 条规定："为生产经营目的使用、许诺销售或者销售不知道是未经专利权人许可而制造并售出的专利侵权产品，能证明该产品合法来源的，不承担赔偿责任。"

诉前禁令规则。《专利法》第 72 条规定："专利权人或者利害关系人有证据证明他人正在实施或者即将实施侵犯专利权、妨碍其实现权利的行为，如不及时制止将会使其合法权益受到难以弥补的损害的，可以在起诉前依法向人民法院申请采取财产保全、责令作出一定行为或者禁止作出一定行为的措施。"

证据保全规则。《专利法》第 73 条规定："为了制止专利侵权行为，在证据可能灭失或者以后难以取得的情况下，专利权人或者利害关系人可以在起诉前依法向人民法院申请保全证据。"

针对发明专利申请的公众意见规则。《专利法实施细则》第 48 条规定："自发明专利申请公布之日起至公告授予专利权之日止，任何人均可以对不符合专利法规定的专利申请向国务院专利行政部门提出意见，并说明理由。"

此外，还有确认不侵害专利权之诉机制等。

第四个平衡是权利人与自己的平衡，主要包括请求早日公布发明专利申请规则、请求发明专利申请实质审查规则、不丧失新颖性的公开例外规则、优先权规则等。

早日公布发明专利申请规则。《专利法》第 34 条规定："国务院专利行政部门收到发明专利申请后，经初步审查认为符合本法要求的，自申请日起满十八个月，即行公布。国务院专利行政部门可以根据申请人的请求早日公布其申请。"

请求发明专利申请实质审查规则。《专利法》第 35 条规定："发明专利申请自申请日起三年内，国务院专利行政部门可以根据申请人随时提出的请求，对其申请进行实质审查；申请人无正当理由逾期不请求实质审查的，该申请即被视为撤回。国务院专利行政部门认为必要的时候，可以自行对发明专利申请进行实质审查。"

不丧失新颖性的公开例外规则。《专利法》第 24 条规定："申请专利的发明创造在申请日以前六个月内，有下列情形之一的，不丧失新颖性：（一）在国家出现紧急状态或者非常情况时，为公共利益目的首次公开的；（二）在中国政府主办或者承认的国际展览会上首次展出的；（三）在规定的学术会议或者技术会议上首次发表的；（四）他人未经申请人同意而泄露其内容的。"

优先权规则。《专利法》第 29 条规定："申请人自发明或者实用新型在外国第一次提出专利申请之日起十二个月内，或者自外观设计在外国第一次提出专利申请之日起六个月内，又在中国就相同主题提出专利申请的，依照该外国同中国签订的协议或者共同参加的国际条约，或者依照相互承认优先权的原则，可以享有优先权。申请人自发明或者实用新型在中国第一次提出专利申请之日起十二个月内，或者自外观设计在中国第一次提出专利申请之日起六个月内，又向国务院专利行政部门就相同主题提出专利申请的，可以享有优先权。"

此外，还有防御性公开机制、商业秘密保护与专利权保护的选择规则、专利优先审查机制、保护中心专利预审机制等。

九、生态系统原理

知识产权学第九大原理是生态系统原理。这个原理的主要内容是知识产权行业是由人、资、网、政、产、知、研七个要素组成的生态系统。

"人"主要指人才。知识产权行业是智力高度密集型产业，创造价值的主要途径就是专业化脑力劳动者的知识加工创造，人才是知识产权行业发展最重要的要素。

"资"主要指资本、金融。各个行业的发展都离不开资本，知识产权行业也不例外，知识产权行业发展的成败跟能否充分利用金融具有较大的关系。

"网"主要指互联网、大数据等信息技术手段。知识产权行业天生自带大数据，知识产权大数据的深度开发和利用是行业发展的重要内容。此外，知识产权政府部门、企业、高校和科研院所知识产权管理信息化水平的提升也是行业发展的基本需要，互联网特别是区块链技术的发展为知识产权资产的交易流通提供了技术支撑，成为知识产权行业发展的新方向。

"政"主要指政府和政策。一方面，知识产权财产是法律创设的权利，一般情况下其权利的设立、变更、转移、消灭需要政府的审批或公告，因此知识产权行业对政府有着较强的依赖性。另一方面，我国知识产权事业起步较晚，缺乏知识产权的文化传统，全社会知识产权意识和能力相对薄弱，因此，行业发展对政策也存在较强的依赖性。

"产"主要指实体产业（实体企业）。在知识产权行业生态中，实体产业是行业发展的出发点和落脚点，行业发展的最终目的就是要支撑实体产业发展。

"知"主要指知识产权服务。知识产权服务是知识产权行业生态的核心要素，其他要素都需要知识产权服务的支持和促进。

"研"主要指研发、设计、创作，包括研发（设计、创作）机构、研发（设计、创作）人员、研发（设计、创作）行为和研发（设计、创作）成果等。研发、设计、创作是知识产权行业生态的源头活水，是知识产权资产产生的前提。

如图 4 - 1 所示，"人、资、网、政、产、知、研"七个要素组成了知识产权行业生态。"政"位于生态系统上方，好比知识产权行业的"阳光雨露"；"资"位于生态系统下方，好比知识产权行业的"支柱"；"人""网"位于生态系统各个循环圈上，表明其是渗透性要素，渗透到其他五个要素中发挥作用；"知"位于生态系统的中心，表示知识产权服务是知识产权行业的核心，支持和连接其他六个要素，组成知识产权生态系统；"产"位于生态系统的左边，表示实体产业既是知识产权行业的出发点，也是落脚点；"研"位于生态系统的右边，表示研发、设计、创作经由知识产权服务这个桥梁为实体产业提供支撑，实体产业的发展同时经由知识产权运营的收益为研发、设计、创作提供持续的资金支持。

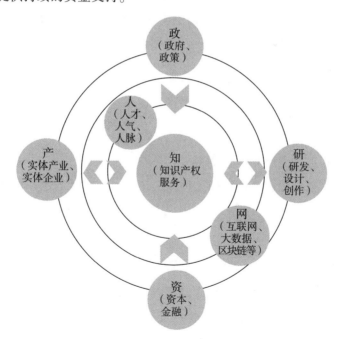

图 4 - 1　知识产权生态系统❶

❶　制作人：杨彩珺。

十、服务本质原理

知识产权学第十大原理是服务本质原理。前面讲了第三大原理是要素本质原理，又来个服务本质原理，怎么会有两个本质呢？要素本质原理讲的是知识产权资产的本质是生产要素，服务本质原理讲的是知识产权行业的本质是服务。

为什么讲知识产权行业的本质就是服务呢？

首先，从联合国的行业分类看，联合国编制的《所有经济活动的国际标准行业分类》（修订本第 4 版）关于知识产权的条目主要有 3 个，分别是门类M 类 69、门类 M 类 74、门类 N 类 77。

门类 M——专业、科学和技术活动，类 69——法律和会计活动，大组691——法律活动，小组 6910——法律活动（本组包括：在法律上代理一方利益，反对另一方，无论是在法庭上还是在其他司法机构中，通常由律师团成员亲自代表或者在其监督下进行。具体包括几个方面：一是在民事案件中提供咨询和充当代理、在刑事诉讼中提供咨询和充当代理、在涉及劳资纠纷的案件中提供咨询和充当代理；二是提供一般咨询和建议，准备法律文件，例如准备与公司成立有关的公司章程、合伙契约或类似文件、专利和版权、契约、遗嘱、委托书等；三是民法公证人、执达官、仲裁人、预审官和鉴定人的活动）。

门类 M——专业、科学和技术活动，类 74——其他专业、科学和技术活动（本类包括除法律和会计活动、建筑与工程活动、技术测试和分析、管理与管理咨询活动、研究与发展活动以及广告活动之外的其他专业、科学和技术活动），大组 749——未另分类的其他专业、科学和技术活动，小组7490——未另分类的其他专业、科学和技术活动（本组包括通常向商业客户提供的各种服务活动。包括那些对专业、科学、技术水平有更高要求的活动，但通常不包括短期的日常业务活动）——专利经纪活动（安排专利的购买和出售）。

门类 N——行政和服务支持活动，类 77——出租和租赁活动，大组 774——知识产权和类似产品的租赁（版权作品除外），小组 7740——知识产权和类似产品的租赁（版权作品除外）［本组包括：知识产权产品的租赁（版权作品除外，如书籍或软件）。从下列使用中收取版税或许可费：有专利权的实体、商标或服务商标、品牌名称、矿物勘探和评估、特许经营协议］。

这三个条目，概括来看，第一个条目 6910 主要是知识产权维权诉讼、咨询和申请代理服务，第二个条目 7490 主要是专利转让和运营，第三个条目 7740 主要是知识产权许可。这三条的本质都是知识产权服务。

其次，从我国的国民经济行业分类来看，国家标准《国民经济行业分类》（GB/T 4754—2017）中关于知识产权的条目主要有 3 个，分别是门类 I、门类 L、门类 M。

门类 I——信息传输、软件和信息技术服务业，大类 64——互联网和相关服务，中类 643——互联网平台，小类 6433——互联网科技创新平台（指专门为科技创新、创业等提供第三方服务平台的互联网活动，包括网络众创平台、网络众包平台、网络众扶平台、技术创新网络平台、技术交易网络平台、科技成果网络推广平台、知识产权交易平台、开源社区平台等）。

门类 L——租赁和商务服务业，大类 72——商务服务业，中类 723——法律服务，小类 7231——律师及相关法律服务（指在民事案件、刑事案件和其他案件中，为原被告双方提供法律代理服务，以及为一般民事行为提供的法律咨询服务）。

门类 M——科学研究和技术服务业，大类 75——科技推广和应用服务业，中类 752——知识产权服务，小类 7520——知识产权服务（指专利、商标、版权、软件、集成电路布图设计、技术秘密、地理标志等各类知识产权的代理、转让、登记、鉴定、检索、分析、咨询、评估、运营、认证等服务）。

概括来看，第一个条目 6433 主要是知识产权交易平台服务，第二个条目 7231 主要涉及知识产权维权诉讼服务，第三个条目 7520 主要是知识产权申请代理、导航、运营、管理咨询等服务。这三条的本质都是知识产权服务。

最后，根据笔者 18 年的学习、观察、思考和工作经验，如果将知识产权行业简化再简化，压缩再压缩，把它的本质给提取出来——站在全社会的角度来审视，知识产权行业所包括的知识产权创造、运用、保护、管理、服务、宣传培训六大业务板块，其本质就是服务。如果把一个地区的知识产权事业比作一条船的话，那么知识产权服务业就是承载这条船的水，水涨了船自然高；如果水不涨，那船长（地区知识产权政府部门负责人）再着急，也没有太大作用。

第 5 讲
知识产权制度理念
与我国文化传统的差异❶

　　现代知识产权制度诞生于西方，制度设计的基本理念主要是与西方文明的文化传统相一致。在本书所涉及的六类知识产权中，商标（我国宋代就出现了济南刘家功夫针铺使用的"白兔"商标）、版权（我国宋代就有了版权保护）、地理标志（我国古代的贡品文化）、商业秘密（我国古代的祖传秘方文化）在我国古代存在一定的渊源，相关制度的逻辑与现代商标、版权、地理标志、商业秘密的逻辑具有一定的一致性。但是中国古代的商品经济始终没有得到发展，导致我国古代并没有形成政府主导的体系化的知识产权保护制度，也就没能形成尊重知识产权、保护知识产权的历史文化传统。但另外两种知识产权——技术专利、外观设计在我国历史上没有对应的渊源、机制和实践，可以说我国现行的专利制度主要是从西方文明中学习借鉴过来的。我国现行知识产权制度设计和实施中的诸多理念与我国文化传统不一致，存在较大的文化差异和冲突。这也是知识产权制度在我国施行中出现"水土不服"现象的重要原因。本书仅就专利制度理念与我国文化传统的差异进行论述。

---

　　❶ 季节. 试论专利制度的中国化［M］//国家知识产权战略制定工作领导小组办公室. 挑战与应对：国家知识产权战略论文集. 北京：知识产权出版社，2007：117 - 124.

一、专利权的专有性与我国文化传统不一致

专利权作为一种无形财产，具有专有性，这是与我国文化传统不一致的。虽然我国古代有对技术作为"祖传秘方""技术秘密"进行保护的传统，但把技术作为一种专有的权利进行保护，只在我国近代历史上零星出现过（1881 年，我国早期民族资产阶级的代表人物郑观应，曾经就上海机器织布局采用的机器织布技术，向清朝皇帝申请专利。1882 年，光绪皇帝批准了该局可享有 10 年专利❶），因此也就没有形成文化传统。特别是新中国成立以后，我国实行社会主义制度，更是大力提倡发明创造的共享、互通有无。这种观念跟专利权的专有性是截然相反的。

二、专利权的待验证性与我国文化传统不一致

专利权的待验证性是指权利有无、权利大小的待验证性，换句话讲，就是权利的稳定性。专利权是代表公权力的有关国家机关应专利权人的申请，根据有关法律法规进行审查后授予的权利。由于国家机关不可能掌握所有的资源及工作中不可避免存在的误差，所授予的权利本身就带有一定程度的暂时性、不确定性，因此，专利制度专门设计了克服这一点的无效程序。需要特别指出的是，无效程序不是个特殊、例外程序，而是作为专利制度不可或缺的重要组成部分的常规程序。专利制度要取得良好的效果，有关当事人必须乐于、善于使用无效程序，特别是对于一般不进行实质审查的实用新型、外观设计专利。这一点与我国文化传统是很不一致的。我国的封建中央集权体制持续了 2000 多年，这种体制的基本特征是国家权力（包括立法、行政、财政、军事等权力）高度集中于君主之手，专制君主通过地方各级行政机构

---

❶　郑成思. 知识产权论［M］. 3 版. 北京：法律出版社，2007：6.

将其意志贯通到最基层的行政组织。● 一方面，这种高度集中且立法、行政、司法合而为一的中央集权体制形成了政府的高度权威，政府授予的权利就意味着神圣不可侵犯性。除非万不得已，政府绝不会主动撤回自己的决定或授权，更是没有出现过专门用来否定自己决定的制度。另一方面，这种文化传统下的人们也不希望得到的权利是待验证的、不确定的。这一点可以从与我国文化传统接近的日本的一个例子看出来。日本 1992 年实用新型的申请量为 94000 余件，1993 年修改实用新型法，取消了对实用新型的实质审查，1993 年实用新型的申请量已经下降到 77000 余件，到 2001 年下降到 8800 余件，2002 年又下降到 8600 余件。2002 年与 2001 年相比，下降率为 2.3%。但如果与 10 年前的 1992 年相比，则平均年下降率为 90.9%。● 当然，日本实用新型申请量连续 10 年大幅下降与别的因素也有关系，但是笔者认为主要原因在于 1993 年开始取消了对实用新型的实质审查，这与人们希望得到稳定、确定的权利的文化传统是不一致的。

三、专利权的非荣誉性与我国文化传统不一致

专利权的非荣誉性有三方面的含义。一是指专利权跟"五一劳动奖章""三八红旗手""杰出青年"等不同，专利权与荣誉无关。二是指专利权跟"驰名商标""中华老字号""国家免检产品"等不同，专利权不代表相关产品的高质量，专利权跟商誉无关。三是专利审查跟无形资产评估不同，能否获得专利权跟市场价值无关。专利的审查主要是从法律角度对申请文件进行审查，审查过程中对技术的考量是从属于法律规则的。审查之后得出是否具有专利性（新颖性、创造性、实用性）的结论（我国对实用新型、外观设计专利申请不进行实质审查，授权时得不出是否具有专利性的结论）。专利性、

● 全国高等教育自学考试指导委员会. 中国行政史 [M]. 北京：高等教育出版社，1999：5 – 6.
● 韩晓春. 日本近年申请量和授权量的变化及其原因 [J]. 中国发明与专利，2004 (8)：74.

新颖性、创造性、实用性，这些概念都隶属于法律范畴，它们与产品的荣誉、商誉、市场价值是没有直接关系的。当然我们不否认专利技术通常有着某种程度的技术先进性，技术先进性就意味着具有一定的经济价值。但是，专利性毕竟是从法律角度得出的结论，不是从市场价值角度得出的结论，而且专利技术中存在相当数量的无法实现的、无市场需求的技术。因此需要特别指出，具有专利性绝不意味着某种荣誉，也不表示一定的商誉，更不等于有市场价值。这与我国文化传统是不一致的。根据我国的文化传统，国家经过审查并认定其具有专利性，专利性就意味着先进性，先进性就意味着国家认可的荣誉、商誉或者经济价值。因为这种不一致，社会公众会对专利产品产生误解，误认为专利产品是国家认可的获得某种荣誉、商誉或者是具有市场价值的产品。一方面，这种误解正是我国每年出现大量的假冒他人专利、冒充专利案件的原因之一。这两种类型的案件在实施专利制度时间较长的发达国家是极少出现的。另一方面，不法分子假冒他人专利和冒充专利确实能够增加经济效益，这从反面恰恰证明了专利权的非荣誉性与我国的文化传统不一致。

四、专利制度的法治理念与我国文化传统不一致

马克思认为生产关系不过是法律上反映出的财产关系。专利制度正是根据法律来分配技术创新所带来的经济利益的生产关系。专利制度能否取得良好的效果，很大程度上依赖于其所处的法治环境。换句话说，专利制度设计本身体现的是法治理念。我国 2000 多年的封建史就是一部"人治"的历史，皇帝有任意制定与修改法律的权威。在君主专制的时代，君主的意志就是法律，皇帝拥有生杀予夺之权。我国古代有着较为完善的法律制度，但这些法律从根本上是为了维护封建王权，而且封建皇帝还可以根据自己的好恶任意

更改法律。❶ 我国古代行政管理虽然法制日趋健全，但远远没能达到依法行政的"法治"水平，更多的是"人治"的因素。❷ 此外，中国人"屈死不告状"的文化传统，也很不利于专利制度的有效运行。

专利制度调整的是民事关系，它的有效运行依赖于民事法律对有关社会关系的调节。但是我国的文化传统是"重刑轻民"，这一点也是不一致的。我国古代法律的主旨是维护以帝王为中心的专制政治体制，因此其中心任务是刑事制裁，刑法一直成为法律的主要部分，有人甚至说中国的传统法律就是刑罚制度。即便是在当代中国，违法和犯罪在人们的心目中绝对是有着本质区别的两个概念，其被重视程度也有着天壤之别。

专利制度调整的是基于专利权这种无形财产而产生的社会关系，它的有效运行有赖于社会公众对无形财产权的认可、尊重。但是我国的文化传统是重有形财产、轻无形财产，这一点也不一致。首先，我国历史上长期对发明创造未进行必要的保护。其次，虽然我国宋代就出现了济南刘家功夫针铺使用的"白兔"商标，在宋代就有了版权保护，但是由于我国古代的商品经济始终没有得到发展，因此我国古代的商标、版权保护没有发展起来❸，没有形成认可、尊重知识产权这种无形财产的传统。"君子不饮盗泉之水""窃书不算偷"，可见在中国人的伦理道德里，对有形财产的侵犯和对无形财产的侵犯有着巨大的不同。

五、专利制度的市场化理念与我国文化传统不一致

专利制度的发展历史表明，专利制度是伴随着商品经济的发展逐步建立的，确切地说，专利制度是为适应市场经济的发展而建立的制度。因此，专利制度的有效运行有赖于市场经济的市场化理念在经济生活中发挥重要作用。

❶　王宁. 中国文化概论 [M]. 长沙：湖南师范大学出版社，2000：165.
❷　全国高等教育自学考试指导委员会. 中国行政史 [M]. 北京：高等教育出版社，1999：8.
❸　郑成思. 知识产权论 [M]. 3 版. 北京：法律出版社，2007：15－16.

市场化理念有以下几个内涵。一是重商。只有重商，才有利于发挥商人的积极性，促进其开发新技术和应用新技术，有助于加速技术的发展，从而促进经济社会的发展。二是市场要开放。只有开放的市场，才有利于专利权的保护，有利于专利权的流通和专利的产业化，有利于挖掘出专利权的最大经济效益。三是重视商品化。只有重视商品化，才有利于专利的产业化，有利于专利权由无形财产向有形财产的转化，换句话说，就是有利于专利权的最终实现。

我国的文化传统与专利制度的市场化理念不一致。我国 2000 多年的封建社会一直是自给自足的封闭的小农经济形态，历代王朝奉行的都是农本思想，采取"重农抑商"政策。此外，长期占统治地位的儒家思想也有着一定程度的"轻商"意识，我国的文化传统中商人一直没有得到足够的尊重和重视。由于是自给自足的封闭的小农经济，加上古代信息、交通的不发达，因此社会的流动性非常小，没有形成全国统一的开放的市场，也就没有形成开放市场的传统。时至今日，地方保护主义还一定程度地存在着。由于"轻商"传统、"学而优则仕"的观念和科举制度"以文取士"的影响，我国的文化传统中没有科技转化的意识。即便是当代中国，科技工作者也普遍认为，只要把实验做成了、技术研发出来了，就万事大吉了，技术的转化不是自己的事情。

六、专利制度的创新理念与我国文化传统不一致

创新理念是专利制度的精髓：一方面，专利制度鼓励创新；另一方面，只有创新成果不断涌现，专利制度才能发挥其应有的作用。因此，只有社会公众都具有强烈的创新意识和较强的创新能力，专利制度的作用才能得到充分的发挥。

但是，在我国的文化传统中，创新的理念比较弱。长达 1000 多年的科举考试制度给中国文化留下了深刻的印记。李大钊曾说："中国人有一种遗传

性，就是应考的遗传性。"❶ 无论是运动、文学、制度、事业都带有应考的性质，知识分子在科举制的牢笼之下，缺乏主体意识和创造性思维。❷ 传统社会后期的奴性教育更是使知识分子失去了创新的意识和能力。"枪打出头鸟""木秀于林，风必摧之""人怕出名猪怕壮"等中国人一贯奉行的理念更是跟创新理念格格不入。

七、专利制度的重技术理念与我国文化传统不一致

深谙专利制度的人一定赞同专利制度是极其看重技术的制度。在某种意义上，专利制度是将技术变成财富的制度，专利权的界定和保护将专利技术变成无形财富，专利的产业化将专利技术变成有形财富。没有对技术的高度重视，专利制度就难以很好地发挥作用。

虽然我国古代曾经创造了伟大的科技文明，但是我国古代没有重视技术的文化传统。英国科学史学家李约瑟在他的巨著《中国科学技术史》里写道：中国人在许多重要方面有一些科学技术发明，走在那些创造出古希腊奇迹的传奇式人物的前面，和拥有古代西方世界全部文化财富的阿拉伯人并驾齐驱，并在公元 3 世纪到 13 世纪保持一个西方世界望尘莫及的科学知识水平。的确，从先秦到宋元的千余年间，中国的科学技术水平曾长期处于世界的领先地位，在人类文明发展的过程中作出了巨大贡献。但在 13 世纪以后，我国的科学技术就停留在经验阶段，科学技术的理论没有进一步发展。其根本原因是与我国社会的伦理型结构、科技的实用性特点和科学研究的整体性观念密切相关。

我国的古代社会是一个伦理型社会，占主导地位的儒家思想主要强调"修身、齐家、治国、平天下"，强调人的道德修养和人格完善，整个教育所

❶ 李大钊. 李大钊文集：下 [M]. 北京：人民出版社，1984：105.
❷ 王宁. 中国文化概论 [M]. 长沙：湖南师范大学出版社，2000：178.

培养的目标也只是维护统治秩序的各级官吏，因此与此相悖的科学技术活动被视为"旁门左道"。二十四史写满帝王将相、文人学士、贞女烈妇的事迹，却偏偏没有科技发明者的专门章节。从我国科学技术本身来说，它具有强烈的实用性特点，一切学科、一切研究，都以"国家"的实用为最终目的。比如，我国古代天文学有很高的成就，而且比较发达，但其科学研究活动都是为王朝的一统天下寻求"授命于天"的根据；我国古代的农学也很发达，仅农书即达三百余种，但它是历代王朝"以农立国"和"民以食为天"的一种反映；著名的"四大发明"，也与国家的实用目的有关。因此我国古代的科学著作大多是经验型的总结，而不是理论型探讨；所记各项发明都是为了解决国家与社会生活中的实际问题，而不是企图在某一研究领域获得重大突破。从研究方法上来说，我国科技重视综合性的整体研究，重视从整体上把握事物，而不是把研究对象从错综复杂的联系中分离出来，独立研究它们的实体和属性，细致探讨它们的奥秘。正是这些原因，使我国古代的科学成就停留在原有的水平上，没有朝着现代化的道路发展。❶

八、专利制度的重传播理念与我国文化传统不一致

重传播的理念是专利制度的一个重要理念。专利制度的有效运行需要几个有关传播的环节：一是专利内容的良好传播；二是专利权的良好传播（流通）；三是专利产品的良好传播；四是社会公众较强的利用专利信息的意识。因此可以说，重传播理念是专利制度成功的必要条件。

但我国古代长期处于自给自足的封闭的小农经济形态，社会流动性和开放性非常低，加上国家对民众严密的人身控制，❷ 使得我国文化传统中传播意识和传播能力都比较低。我国古代的许多科技发明都无法得到社会的推广和

---

❶　程裕祯. 中国文化要略［M］. 3 版. 北京：外语教学与研究出版社，2011：189 - 190.

❷　王宁. 中国文化概论［M］. 长沙：湖南师范大学出版社，2000：167.

应用，往往出现中断、失传的现象。这是与我国传统社会的性质和制度分不开的。❶

九、三种类型不同的发明创造都称为专利与我国文化传统不一致

建立专利制度之初，我国将发明、实用新型、外观设计三种专利创造性地写在一部专利法中。这么做虽然有一定的好处，但是实践证明，这种做法是弊大于利的，给我国专利制度造成了不必要的混乱，给社会公众造成了严重的误导。这种"鱼目混珠"的做法与我国文化传统是很不一致的。

十、专利制度的"小成即可"理念与我国的文化传统不一致

在技术研发过程中，技术的完善一般有这样几个阶段：技术的成型、技术的成功、技术的成熟。专利制度是从法律角度对技术创新带来的经济利益进行分配的方案，其对技术的成熟度没有直接的规定，只要求"技术公开充分"。这是对技术表达的要求。要达到这个要求，技术的完善程度达到"成功"阶段，甚至是"成型"阶段即可。专利制度的这个特点可以概括为"小成即可"。因此，为了得到较早的申请日，发明人应该在技术的"成功"阶段甚至是"成型"阶段就申请专利。

这种"小成即可"的理念是符合技术发展的客观规律的。比尔·盖茨在总结微软成功的经验时，其中一条就是这样的理念。微软的第一代视窗刚开发出来时，有很多的瑕疵和缺陷，但是微软并没有等到其完善后，而是马上将其推向市场。这样做至少有三个好处：第一，占领市场先机；第二，用市

❶ 王宁. 中国文化概论 [M]. 长沙：湖南师范大学出版社，2000：158.

场收入来支持产品的进一步完善；第三，让大量用户去发现缺陷总比科研团队闭门造车对产品的改善有效率。

这种"小成即可"的理念与我国的文化传统是不一致的。我国古代占主导地位的儒家思想强调"敏于行而讷于言"，强调谨慎、严谨的治学作风，当然不是说这些理念有什么不对，只是其与专利制度不太适应。因为这样的文化传统，我国的发明人一般都是到了技术成熟时才去申请专利。这样做至少有两个弊端：一是有可能失去获得专利权的机会；二是从申请到获得授权这段时间内专利技术的价值难以发挥，因为技术已经成熟，应该进入实施阶段，但是还没获得专利权，能够获得的保护力度非常弱，影响了专利技术价值的发挥。这也是为什么我国申请人的专利申请普遍急于获得授权的原因之一。正确的做法是，技术到了"成功"阶段就申请专利，然后进一步对技术进行研发，等技术成熟时，专利申请也差不多获得了授权。

当然，笔者并不认为我国文化传统都是有益的，更不认为需要改造专利制度使其完全与我国文化传统相一致，但我们应该正视以上这些不一致的事实，并协调两者的关系以达到满意的结果。对于文化传统中有益的方面，要保持发扬，并尽可能改造专利制度与之相适应。对于文化传统中中性的方面，也要改造专利制度与之相适应。因为文化传统的改造是比较困难的事情，而且一项制度只有与其所处的文化传统相适应，才有利于制度的推广普及，有利于制度作用的发挥。

第 6 讲
我国知识产权发展的六大趋势

一、战略防御仍是我国知识产权工作的基本态势

2015 年 11 月，工业和信息化部原部长苗圩在政协第十二届全国常务委员会第十三次会议上指出，在全球制造业的四级梯队中，中国处于第三梯队，而且这种格局在短时间内难有根本性改变，要成为制造强国至少要再努力 30 年。2018 年 4 月至 7 月，《科技日报》推出系列文章报道制约我国工业发展的 35 项"卡脖子"技术，引起全社会的广泛关注与讨论。

我国知识产权工作经过 40 年的发展，走过了发达国家走了几百年的路，取得了举世瞩目的成绩。但是，从当前世界知识产权竞争的格局来看，虽然有少数企业在国际知识产权竞争中处于优势地位，但整体上我国仍然处于战略防御态势，并且这一态势将在"十四五"或更长一个时期内持续。因此，在加快知识产权强国建设的过程中，我们要对这一战略形势保持清醒的认识，各项工作都要以此为战略出发点，积极防范由于个别企业、个别事件中的进取态势而对基本面产生误判。

二、供给侧改革是我国知识产权强国建设的基本模式

需求决定供给，供给反作用于需求。回顾我国知识产权事业的发展历程，

由于历史、经济、文化等方面的原因，我国知识产权事业发展具有明显的"供给端"色彩。知识产权财产权作为一种法定权利，相关法律出台之前有关权利根本不存在，因此，有关法律实施之前，创新主体没有知识产权需求。有关法律实施之后，创新主体的需求层次也主要取决于知识产权的服务水平。从我国的发展现实看，这一态势将在一个较长时期内持续。因此，供给侧改革将是我国强国建设的基本模式。供给如果不能多元化、高端化，需求就难以多元化、高端化。例如，如果没有高水平的运营服务，将难以产生职业发明家队伍。换句话讲，我国知识产权事业的发展水平在很大程度上是由知识产权服务业的发展水平决定的。建设知识产权强国首先知识产权服务业要强，一是要完善服务体系，二是要提升服务质量，三是要改善服务生态。

三、扩大知识产权人口基数是我们需要长期坚持的基本任务

从广泛意义上来看，在知识经济时代，基本上每个脑力劳动者在其工作、生活中都会对知识产权产生潜在需求。但是由于需求的潜在性、低频性、非刚性，这些需求往往被忽视掉了。正因为如此，我国 14 亿人口中与知识产权工作直接相关的人口不足 200 万人，占比大概为 1.4‰。知识产权成为一个"小众、低频"的另类市场，阳春白雪但曲高和寡，浑身是宝但无人问津。在知识产权强国建设的过程中，我们应该将扩大知识产权人口基数作为一项长期坚持的基本任务，采取各种措施，让每一个脑力劳动者的潜在需求转化为显化需求，让更多的人成为知识产权人口，让知识产权进入寻常百姓家，为知识产权强国建设打下坚实的群众基础和文化基础。

四、纠纷大幅增长是知识产权强国建设的必经阶段

无救济则无权利，难救济亦无权利。难以兑现或者不能足额兑现的法定

权利都是空头支票。知识产权保护是知识产权事业发展的关键。根据有关发达国家的经验，结合我国知识产权事业发展的现实，我国知识产权纠纷数量将经历一个由少到多、再由多到少的过程。当前阶段，我国知识产权事业还处于初级阶段，知识产权纠纷数量较少。纠纷少是因为权利人维权意识差，不愿意去维权，维权能力也较弱，而且保护力度不够，"赢了官司、输了市场"情况较为常见。在知识产权强国建设的进程中，将经历一个纠纷大幅增长的必经阶段。这个阶段的到来，将标志着我国知识产权事业迈上一个更高的台阶，将体现着我国创新主体知识产权意识和能力的大幅提升。之后再发展到高级阶段，这个阶段全社会普遍尊重知识产权，权利人积极维权，企业在产品研发、市场开拓中普遍开展知识产权预警分析，积极避免侵权，积极开展知识产权转让和许可，纠纷数量将大幅减少。

五、支撑实体经济是知识产权价值实现的基本归宿

知识产权首先是生产资料，其次是依附性、过程性生产资料。实体经济是"皮"，知识产权是"毛"，"皮之不存，毛将焉附"，因此，在知识产权强国建设过程中我们要牢牢把握知识产权与实体经济的基本关系，将支撑实体经济作为知识产权价值实现的基本归宿，大力推进"实体经济＋知识产权"或者"知识产权＋实体经济"的工作，让知识产权在大众创业、万众创新的过程中发挥更大的作用。

如第 4 讲所述，不以砍柴为目的的磨刀是假把式，不以企业发展、产业发展为目的的知识产权工作都是瞎折腾。就拿专利来说，笔者认为：任何专利，哪怕是高精尖的专利，如果最终没有实现产业化，从经济价值上看，这个专利对于整个社会的价值就是零或者负数。当然我们不否认这个专利可能还有其他价值，常见的两种价值，第一种是其可能产生的学术价值，第二种是其可能产生的防御价值。从系统的角度看，如果专利没有产业化，虽然对于整个社会的经济价值为零或者负数，但从系统内部每个环节看，每个环节

则各有各的经济价值。如图 6-1 所示，如果专利最终实现了产业化，则整个
系统对社会的经济价值为正，系统内每个环节（发明创造、权利界定、信息
传播、价值评估、权利流通）的经济价值也大概率为正。如果专利最终没有
实现产业化，则整个系统对于社会的经济价值为零或者负数，系统内部大多
数环节的经济价值大概率为负。

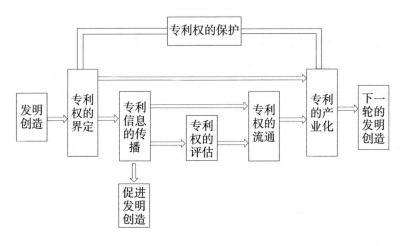

图 6-1　专利制度体系运行模式

六、跨界创新是知识产权事业兴旺发达的基本路径

从制度经济学的角度看，知识产权的本质是一个国家经济领域运行的一
套规则（制度）及其产生的积分（权利），无论是制度还是权利都是"无中
生有"，其不直接改变这个社会的"物理特征"，其意义在于通过这套规则调
整相关主体之间的利益分配，进而产生"催化"作用。从这个原理可以推导
出两个结论：一是应科学认识知识产权的作用，坚决纠正知识产权万能论和
无用论两种错误的倾向；二是知识产权跨界创新才更有生命力，知识产权工
作应该摒弃在知识产权圈子里打转的狭隘路线，积极跨界创新，主动与其他
生产要素结合，探索"知识产权+金融""知识产权+产业""知识产权+互
联网""知识产权+资本市场""知识产权+文化"等模式的创新。

第 2 章
六大技能的原理模块

山谷幽香（张思源）

第 7 讲
知识产权挖掘布局相关原理

一、高价值专利培育布局核心原理

图 7-1 是本讲的核心理论模型。该理论模型主要是针对技术专利的，笔者认为对其他五类知识产权也有一定的借鉴性、参考性。

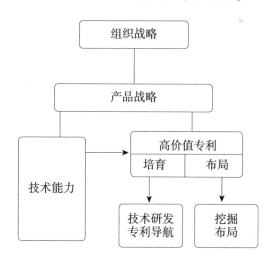

图 7-1　高价值专利培育布局的核心理论模型

这个模型代表的是一个组织或创新主体，可以是企业、高校和科研院所，也可以是新型研发机构等。这个组织或创新主体最重要的理论指南是组织战略，是最高层次的、决定性的理论指南，其他一切工作都要以此为指引。

组织战略下面是产品战略，知识产权工作的理论层阶一定是在产品之下，服务于产品战略，产品战略决定知识产权战略，所以第二层是产品战略。产品战略之下左侧是技术能力，右侧是高价值专利培育布局。为什么图 7-1 中技术能力跟高价值专利培育布局不是"递进"（决定性）关系，而是"并列再递进"（制约性）关系？因为技术能力可以借外脑，技术能力对于高价值专利培育布局来说是一个关键约束条件，但不是决定性因素，组织战略和产品战略才是高价值专利培育布局的决定性因素。

高价值专利培育布局分两个环节，第一个是培育环节，第二个是布局环节。培育环节有两大要点，第一个要点是技术研发，第二个要点是专利导航。布局环节也有两大要点，即挖掘和布局。这两个环节、四大要点如何理解？将高价值专利培育布局与玉石工艺品生产作类比：高价值专利培育环节相当于勘探玉石矿、在矿里寻找与开采玉石原石的过程，技术研发相当于开采玉石原石，专利导航相当于拿着红外线探测仪探测玉石原石；高价值专利布局环节，挖掘的主要含义是发现、洞察、规划、策划，相当于对培育环节开采到的玉石原石进行质地、纹理、色彩发现（含有限的必要的切割）并进行最佳设计蓝图的规划，所追求的目标是将该玉石原石的价值最大化。需要考量的主要有三点：一是根据原石的特点确定最佳设计蓝图（"挖掘者"应对原石的特点有深刻的洞察，这块原石适合做玉佛、玉观音，还是玉白菜、玉如意，要胸有成竹）；二是充分利用原石、尽量降低废料率（一块方形的原石，外圈可以规划为大尺寸玉镯给粗胳膊的成人戴，内圈可以规划为较小尺寸的玉镯给细胳膊的成人戴，再内圈可以规划为小尺寸的玉镯给小孩戴，中间的部分可以规划为玉佛、玉观音或者玉戒指，总之尽量充分利用、创造最大价值）；三是根据设计蓝图确定最适合的雕刻师（雕刻师经常跟"挖掘者"是同一个人，但也可以不是同一个人，毕竟术业有专攻，不同的雕刻师擅长不同的主题）。布局相当于雕刻师对规划好的原石进行精雕细琢。

在玉器市场上，一件玉器的价格主要取决于玉料水平和创意雕工水平。与之类似，专利价格也主要取决于专利培育水平（好技术）和布局水平（好专利）。

二、高价值知识产权培育布局的现实逻辑

表 7 - 1 表示的是高价值知识产权培育布局的现实逻辑。对于技术专利而言，一流的研发团队不一定产生一流的技术方案，一流的技术方案不一定形成一流的技术专利，一流的技术专利不一定带来一流的市场价值。面对专利运营或者是面对高价值专利培育布局，以及面对知识产权行业的很多问题的时候，如果能从这四个维度套进去，好多东西就很明了。

表 7 - 1　高价值知识产权的过程维度与逻辑关系

知识产权类型	团队维度	逻辑关系(1)	成果维度	逻辑关系(2)	知识产权维度	逻辑关系(3)	市场价值维度
技术专利	一流的研发团队	≠	一流的技术方案	≠	一流的技术专利	≠	一流的市场价值
商标	一流的设计团队	≠	一流的字号、logo	≠	一流的商标	≠	一流的市场价值
外观设计	一流的设计团队	≠	一流的设计方案	≠	一流的外观设计专利	≠	一流的市场价值
著作权	一流的创作团队	≠	一流的作品	≠	一流的著作权	≠	一流的市场价值

例如，广东某地级市政府领导经有关专家推荐，计划引进一个海外生物医药项目，即美国的生物医药领域非常知名的两位教授做的人源化小鼠项目。两位教授跟领导洽谈，领导一看教授在美国很有威望，项目也是高科技，需要的投资也不多，就原则同意，并指示相关部门去落实。具体负责落地的投

资团队在调研之后对这个项目的技术水平、市场竞争力以及市场前景有疑虑，就委托有关服务机构对该项目进行分析评议。分析评议的结论是不太乐观。

用上面四维度分析一下，这个项目中的研发团队是一流的研发团队，但是它的技术方案经评估不是一流的技术方案。在很多情况下，虽然技术方案是一流的，但是由于创新主体对专利行业没有深刻把握，为了省钱，只花少量钱委托其他人撰写专利申请，一流的技术方案因此没有变成一流的专利。或者虽然是一流的专利，但是由于企业团队实力薄弱，经营能力不行，一流的专利也没有变成一流的市场价值。

外观设计、商标、著作权同样也是这个逻辑。需要强调的是，这四个维度之间是正相关关系，不是决定性关系，是一种"不一定"关系。

三、发明专利的"一生"

从全生命周期角度看发明专利的"一生"，将发明专利的"一生"与人的一生对比，发现两者有较高的契合性。父母谈恋爱结婚，相当于项目研发立项；成功受孕、十月怀胎，相当于研发出成果；婴儿接生，相当于专利挖掘布局和撰写；幼儿0至3岁的启蒙，相当于发明专利的实质审查（发明专利的实质审查阶段，此时还有很大的改善改进以及完善的空间）；从3岁上幼儿园到22岁大学毕业，这个社会化教育阶段相当于发明专利的专利运营阶段。

这个人大学毕业有三种情况，第一种情况是创业，相当于申请人将专利自己产业化；第二种情况是就业，相当于申请人将专利转让或者许可。理论上，此人的就业有两种方式：一种是打长工，把工作时间一次性卖断，比如说大学毕业22岁到60岁，这38年工龄一次性卖断，相当于转让发明专利。这种方式相当于中国古代农业封建社会的长工制度，在现实生活中更接近于职业足球运动员的转会，一般的工作中这种方式比较少见。另一种方式是普通打工，要么是拿年薪，要么是拿月薪，相当于许可发明专利。第三种情况是失业，相当于授权专利经过运营未能实现产业化，只能束之高阁。

最后一个环节是收入分配，这个人创业或者打工，赚了钱了，收入是给配偶、父母，还是自己拿着或者给小孩，相当于发明专利的收益分配。特别是对于高校和科研院所的财政资金投入形成的发明专利来讲，这是一个非常重要的问题。《促进科技成果转化法》第 18 条规定："国家设立的研究开发机构、高等院校对其持有的科技成果，可以自主决定转让、许可或者作价投资，但应当通过协议定价、在技术交易市场挂牌交易、拍卖等方式确定价格。通过协议定价的，应当在本单位公示科技成果名称和拟交易价格。"该条赋予了高校和科研院所对于财政资金投入形成的专利的处置权。第 19 条规定："国家设立的研究开发机构、高等院校所取得的职务科技成果，完成人和参加人在不变更职务科技成果权属的前提下，可以根据与本单位的协议进行该项科技成果的转化，并享有协议规定的权益。该单位对上述科技成果转化活动应当予以支持。科技成果完成人或者课题负责人，不得阻碍职务科技成果的转化，不得将职务科技成果及其技术资料和数据占为己有，侵犯单位的合法权益。"该条赋予了高校和科研院所研发人员对于专利的使用权。第 43 条规定："国家设立的研究开发机构、高等院校转化科技成果所获得的收入全部留归本单位，在对完成、转化职务科技成果做出重要贡献的人员给予奖励和报酬后，主要用于科学技术研究开发与成果转化等相关工作。"该条赋予了高校和科研院所对于专利的收益权。《促进科技成果转化法》较好地解决了高校和科研院所所拥有的专利处置权、收益权、使用权的问题。

上述理论可以解释为什么专利运营这么难，因为它周期比较长，涉及的环节比较多，比较复杂，而且不确定因素比较多。专利运营环节相当于人从幼儿园到大学的社会化教育阶段。从 3 岁上幼儿园到 22 岁大学毕业，这 19 年成长过程中需要完成的任务，具有长期性、复杂性、渐进性、艰难性，孩子以及父母在这个过程中付出的时间、精力、心血、资金非常之多。专利运营同样如此，需要很长周期的专业化的精心跟进和服务，主要任务包括：量产试验、二次开发、专利打包、客户营销等内容。

如表 7-2 所示，不仅发明专利的全生命周期跟人的一生具有高度的可类比性，而且表中小麦的全生命周期、国家技术创新体系的周期跟发明专利的周期、人的一生也具有高度的可类比性。特别需要指出的是，这个理论模型对于查找我国国家技术创新体系存在的问题、推进国家技术创新体系建设具有现实意义。

表 7-2 发明专利的"一生"

对象	成长阶段							
人	父母谈恋爱结婚	成功受孕十月怀胎	婴儿接生	启蒙（0—3 岁）	社会化教育（3—22 岁）	大学毕业—创业	大学毕业—打工	收入交母亲、妻子或其他人
发明专利	研发立项	研发出成果	专利申请文件撰写	专利申请实质审查	专利运营（量产试验、二次开发、专利打包、客户营销等）	自己产业化	专利转让、许可	收益分配（发明人、企业、运营机构、再投入）
小麦	耕耘、播种、浇水、施肥	开花、结果	麦子收割、颗粒归仓		麦子的利用（要么自己吃，要么直接卖掉，要么做成面包、啤酒等卖掉）			收益分配及再生产
国家技术创新体系	创新主题设定、创新资源投入	技术研发	创新成果评价、创新成果产权化		创新成果运用			创新收益分配

四、"接生婆"的价值

好的技术方案能否变成好的专利，核心决定因素就在于"接生婆"——专利代理师。笔者从事了 18 年知识产权工作，对专利代理师的认识也经历了三个阶段。

第一个阶段，专利代理师跟发明人相比，专利代理师是配角，发明人是主角。发明人相当于医生，专利代理师相当于护士；或者发明人相当于法官，专利代理师相当于书记员。

第二个阶段，两个环节是并列的，不分伯仲，各有千秋，并驾齐驱，同等重要。两个并列的环节就相当于发明人去种小麦，然后专利代理师负责收割小麦。不能说种小麦的就比收割小麦的高级，也不能说收割小麦的就比种小麦的重要。

第三个阶段，专利代理师的工作，是对发明人工作的高一级的二次创新，是画龙点睛。如前所述，发明人负责高价值专利培育环节，相当于勘探、开采玉石原石；专利代理师负责高价值专利布局环节，相当于对玉石原石进行规划、雕刻。在技术方案落地确定之后，即已经完全研发出来之后，在能否形成最大化价值的专利方面，专利代理师就发挥了决定性作用。在这个意义上，可以说专利代理师的工作比发明人的工作更重要。

五、专利代理师的五个层次

基于上述理论分析，结合工作经验，笔者将专利代理师分为五个层次，具体参见表 7-3。

表 7-3　专利代理师的五个层次

层　次	功　效	实　质	结　果
超一流	点银成金	在发明人技术方案的基础上二次创新，有效扩大保护范围	好技术变成更好的专利
一流	点银成银	获得与发明人技术方案相等的保护范围	好技术变成好专利
二流	点银成铜	获得比发明人技术方案小的保护范围	好技术变成次专利
三流	点银成铁	获得专利证书，但保护范围已经没有价值	好技术变成专利证书
不入流	点银成空	被驳回，未获得专利	好技术没有变成专利

第一层次即最高层次的专利代理师为超一流水平，发挥的作用或功能是"点银成金"，在发明人技术方案的基础上二次创新，有效扩大保护范围，实现的效果是好技术变成更好的专利。

第二层次的专利代理师为一流水平，发挥的作用或功能是"点银成银"，获得与发明人技术方案相等的保护范围，实现的效果是好技术变成好专利。

第三层次的专利代理师为二流水平，发挥的作用或功能是"点银成铜"，获得比发明人技术方案小的保护范围，实现的效果是好技术变成次专利。

第四层次的专利代理师为三流水平，发挥的作用或功能是"点银成铁"，获得专利证书，但保护范围已经没有价值，实现的效果是好技术变成专利证书。

第五层次即最低层次的专利代理师为不入流水平，发挥的作用或功能是"点银成空"，专利申请被驳回，未能获得专利，实现的效果是好技术没有变成专利。

专利代理师的五个层次理论，对知识产权行业的日常工作具有现实指导意义，也值得引起行业同人的思考，特别是在专利代理机构与客户沟通的时候。

六、高价值专利培育布局的五个关注点

如前所述，高价值专利培育环节，包含技术研发、专利导航两大要点。高价值专利布局环节，包含挖掘、布局两大要点。如表 7 - 4 所示，在具体实施过程中，有五个维度需要重点关注：一是市场需求；二是技术发展；三是竞争对手；四是研发能力；五是专利导航。

表 7 - 4　高价值专利培育布局的五个关注点

序　号	关注点	关注理由
1	市场需求	高价值专利培育的"北极星"
2	技术发展	站在巨人的肩膀上，不要重新发明轮子
3	竞争对手	高价值专利培育的参照物（跟跑、并跑、领跑）
4	研发能力	自力更生与整合资源相结合
5	专利导航	高价值专利培育的"指北针"

第一要关注市场需求。市场需求是高价值专利培育布局的方向和目标，是出发点和落脚点，是高价值专利培育布局的"北极星"，整个过程中要持续关注市场需求，以市场需求为导向适时调整工作思路和方向。

第二要关注技术发展。目的是要站在巨人的肩膀上，不要重新发明轮子。在这方面，专利导航能够发挥很大的作用。

第三要重点关注竞争对手。竞争对手是高价值专利培育布局的"参照物"。一般情况下，任何企业都没有绝对优势，企业竞争的成败取决于相对优势，而不是绝对优势。很多人都听过一个笑话：两个人在森林里迷路了，突然出现一头狗熊，其中一个人撒腿就跑，旁边那个人问他："你跑有什么用？你的速度能超过狗熊吗？"那个人跟他讲："我肯定跑不过狗熊，但是没关系，我只要跑赢你就行了。"企业竞争的这个逻辑，在高价值专利培育布局领域同样适用。

第四要关注研发能力。需要重点强调的是，如果研发实力不强，还是要

整合资源。随着社会的发展，资源整合的途径越来越多，产学研合作、新型研发机构、知识产权运营机构，包括职业发明人，这些都可能成为解决研发能力的有效方式。

第五要关注专利导航。专利导航是高价值专利培育布局的"指北针"。市场需求是"北极星"，专利导航是"指北针"。高价值专利培育布局的全程要持续反复利用专利导航这个工具，及时调整工作思路和方向，确保所有工作不偏离目标，尽可能精准高效。

七、高价值专利布局的策略

高价值专利布局环节，主要包括挖掘和布局两方面。挖掘的主要策略有：基于专利地图的专利挖掘、基于技术创新点的专利挖掘、围绕竞争对手的专利挖掘、针对规避设计的专利挖掘等。布局的主要策略有：路障式专利布局、城墙式专利布局、地毯式专利布局、丛林式专利布局等，还有针对竞争对手的专利布局、海外专利布局等特定导向的专利布局策略。

八、高价值专利的市场表现

市场是检验专利价值的唯一标准。一件专利是不是高价值专利，最重要的判断标准就是专利的市场表现。专利的市场表现主要看三个方面：第一是看专利是否提高了产品的市场占有率和利润率。第二主要看专利是不是帮助产品占领舆论制高点。要么打广告，要么树立品牌形象，要么诉讼胜利等，在舆论上为产品、企业营造更好的形象，让更多人了解，让更多的人认可。例如通过评选示范企业、专利奖等手段，提升产品的知名度和美誉度，在消费者心中塑造持久的良好印象。第三主要看专利是否增加了企业的维度。如第 4 讲"翅膀论"中将所有的产业行业分为三类，分别是天上飞的——飞禽、地上跑的——走兽、水里游的——鱼类，不同种类对知识产权的依赖度不一样，但是无论哪个种类，只要插上知识产权的翅膀，就能够增加企业的维度，从单栖动物变成两栖动物或者是三栖动物，能够快速拉大与同等量级竞争对手的差距。

这三方面既是判断高价值专利市场表现的重要视角，也是专利发挥作用的主要方式，还是企业全面科学运用专利、充分发挥专利价值的主要思路和方式。

专利对于企业到底有什么作用？鸿海精密集团前法务长周延鹏认为，专利的主要作用有两个，要么是要竞争对手的钱，要么是要竞争对手的命。如果专利能够帮助权利人赚钱，这就是要钱；如果专利能够帮助权利人消灭竞争对手，这就是要竞争对手的命。华为的宋柳平博士认为专利有三个作用：第一个作用是专利通过转让、许可等方式直接变现；第二个作用是把专利产品化，通过专利产品来间接赚钱；第三个作用是将专利作为筹码或武器，跟竞争对手进行博弈，特别是通过交叉许可等方式，为企业争取竞争空间。

第 8 讲
知识产权维权相关原理

一、立木赏金说

立木赏金是《史记》记载的商鞅变法过程中的一个事件。当时商鞅变法推出新法令，怕民众不信任，放了一根木头在城墙南门，贴出告示说：如有人将这根木头搬到北门就赏十金，所有民众都不信。直到将赏金提升至五十金时，才有一位壮士将木头搬到了北门，商鞅如约赏给了他五十金。此举取得了民众对商鞅的信任，为商鞅变法成功打下了良好的信用基础。专利制度公开换保护的制度设计，与商鞅立木赏金的原理如出一辙。专利制度规定，发明人作出符合专利性的发明创造，为人类技术进步作出了贡献，政府就给予权利人一定期限特定地域范围的技术独占权，这个独占权的赋予是以政府信用作为背书和担保的。这与第 4 讲无中生有原理所阐述的逻辑是一脉相承的。

基于这个原理，在专利制度运行中，政府有责任、有义务帮助权利人享受到实实在在的专利技术独占权，否则专利制度信用必然受损，影响专利制度实施效果。

2006 年 3 月，第十届全国人大第四次会议上海代表团全团审议会上，中国社会科学院知识产权中心原主任郑成思发言谈道："刚刚去世的王选院士曾经对我说过，他不愿意去申请专利，因为现在的环境没有办法很好保护他的发明!"为了维权，王选生前打过 10 个发明专利官司，但是一个也没有赢。

昆山的"好孩子"童车也曾经打过 14 个发明专利官司，虽然都赢了，但是他花在官司上的钱是 1500 万元，获得的赔偿却只有 500 万元，而且迟迟不能兑现。郑成思说，他自己也打过专利官司，虽说是赢了，但心里十分不舒服，因为是他的学生免费代理替他打的官司，不然他的收支还是不能平衡。❶

二、教育孩子说

有一些专家认为，专利保护的力度要跟经济发展阶段相适应，我国是发展中国家，所以保护力度不能太大了，否则就伤害了民族企业，外国企业就沾光了，国内企业就吃亏了。这个观点值得深入辨析。

惩罚侵权就好比惩罚犯错的孩子，力度大小的确定，应该取决于能否起到教育作用。如果孩子已经认识到自己的错误并决心改正，其实没有必要惩罚，或者力度应该小一点。如果孩子没有认识到自己的错误，力度应该大一点，并且加强思想教育。如果孩子犯了错，家长或老师不进行思想教育，也不进行必要的惩罚，孩子根本没有认识到自己的错误，继续犯错将是大概率事件，必然导致各方皆输的结果。笔者认为：专利保护力度与经济发展阶段无直接逻辑联系，应以是否维护专利制度的信用，是否实现专利制度的初衷，是否让侵权者认识错误、改正错误、远离错误为标准。在具体判断这三个标准时才跟经济发展阶段、企业的知识产权意识和能力、社会文化等有关。

在实践中，笔者认为定性一定要严格——谁对谁错一定要明确，犯错者一定要认识到自己的错误；定量一定要适度——要区分过失侵权与故意侵权，以能够实现惩前毖后的效果为尺度。因为对我国来说，知识产权制度是个舶来品，国内相当一部分企业知识产权意识是欠缺的，就好像孩子犯错，在这种情况下早惩罚比晚惩罚好，国内惩罚比国外惩罚好，行政惩罚比司法惩罚

❶ 王选为什么不愿申请专利？［EB/OL］.（2006 - 03 - 09）［2021 - 03 - 15］. http：// news. sohu. com/20060309/n242212103. shtml.

好。现阶段我国知识产权保护工作应该遵循如下原则：有错必罚，有罚必疼；惩前毖后，治病救人；敬畏法律，珍视专利。

实践中还有一个重要问题，就是知识产权滥用的问题。当前我国专利保护存在的问题之一就是保护不力和滥用并存。"拿着鸡毛当令箭"、不当维权、过度维权现象时有发生。2019 年 8 月 1 日，华发七弦琴国家知识产权运营公共服务平台联合知擎（北京）知识产权服务有限公司、北京力量专利代理事务所（特殊普通合伙）、河南省亿通知识产权服务有限公司、北京中金浩资产评估有限责任公司、珠海智专专利商标代理有限公司、中都国脉（北京）资产评估有限公司广东分公司、河南行知专利服务有限公司、广东海科资产价格评估有限公司、甘肃省知识产权事务中心等单位发起成立了七弦琴反滥用知识产权联盟，旨在促进经济和科技发展，为经济发展和技术创新提供公平、开放的环境；维护良好的市场秩序，保障创新单位、生产单位和消费者的共同社会利益；建立企业保护自律机制，防止经营者滥用知识产权以及排除、限制竞争的行为；建立成员间的知识产权纠纷内部协调机制，高效快捷解决纠纷；建立成员间的协作机制，形成合力，共同维护成员的知识产权合法权益。

三、剐蹭说

专利侵权纠纷，好比两辆小汽车在公路上发生了剐蹭。如果双方都是老司机，熟悉交通法规，对责任划分英雄所见略同，就很容易达成一致，大概率采用快速处理程序，双方在快速处理协议上签个字就能顺利解决纠纷。但是如果双方都是新手，大概率要报警请警察出现场，否则纠纷解决不了。如果一方是老司机而另一方是新手，大概率还是要报警来解决纠纷。这就是剐蹭理论在专利纠纷解决上的一个类比。

剐蹭理论对于专利运营同样适用。一方想买另一方想卖，如果双方都是行家，比较容易就专利的品质及价格达成共识，成交的可能性比较大。如果是一个行家、一个新入行的，大概率是很难谈妥。如果是两个新入行的，估计就更难谈妥了。

四、专利价值与保护力度成正比

前述第 4 讲皮毛依附原理中翅膀论谈到，任何鸟类，哪怕翅膀再好，如果没有空气也飞不起来。专利就是鸟类的翅膀，空气就是专利保护环境。根据物理学原理，空气密度与鸟类起飞容易度成正比：空气密度越大，鸟类越容易起飞；空气密度越小，鸟类越不容易起飞。

关于专利的价值，笔者总结了一个经验公式：

$$专利的价值 = 技术吸引力 \times 专利支撑度 \times 产品市场规模 \times$$
$$专利控制力 \times 专利寿命 \times 保护力度 / 可替代性$$

技术吸引力，指的是技术效果对于客户或者终端消费者的吸引力。

专利支撑度，指的是专利对产品的支撑性，是专利对产品的充分性和必要性，是不可或缺，还是独木成林？是一夫当关、万夫莫开，还是多少分之一？笔者特别强调专利产品这个概念，认为专利的作用和价值，乃至各类知识产权的作用和价值，在大多数情况下需要通过产品化、产业化才能得以最终实现。

专利控制力，指的是这个专利的权利要求所能控制的技术方案对应产品的市场范围，或者说所能排除的竞争对手进入的范围和力度。

产品市场规模、专利寿命、保护力度和可替代性容易理解。

这个公式，在逻辑思考上很有帮助，在实际操作上很难量化，可以作为一个定性分析思维工具。从这个公式可以清晰地看出，专利价值与保护力度成正比。

五、我国专利保护工作的总体特征

1985 年 4 月 1 日我国开始施行《专利法》，到现在已经 30 多年了。从当

初对是否建立专利制度存在极大争议到社会普遍认可且专利制度的作用日益
凸显,从几乎没有丝毫专利制度传统、社会公众专利意识几乎空白,到越来
越多的企业、科技工作者重视并积极运用专利制度,知识产权文化氛围日益
改善。特别是 2008 年国家知识产权战略实施以来,我国专利事业获得了长足
的发展。现阶段我国专利保护工作呈现如下总体特征:专利保护不力和滥用
同时存在;维权成本高,侵权成本低;行政保护弱化,司法保护强化;社会救
济、自力救济途径发展缓慢;三资企业的专利保护状况普遍好于内资企业等。

六、我国专利保护存在的主要问题

我国专利保护最突出的问题是基础理论不够完善,理论界、实务界在一
定程度上存在一些似是而非的理念、观念,对立法、执法、司法造成了较大
的不良影响,造成专利保护的思路、模式、方向不够清晰、不够明确,执法
主体、社会公众意识混乱,对不法分子的制裁起不到惩罚、威慑作用,专利
制度的实际运行与制度设计的初衷出现了一定程度的背离。

关于专利保护有六个常见的错误观点,具体见表 8 - 1。

表 8 - 1　关于专利保护的六个常见错误观点

序　号	观　点
1	专利权是私权,行政机关作为公权力机关不应保护
2	大多数国家没有行政裁决,我国应取消或逐步取消行政裁决
3	专利只有达到一定的数量,才可能有质量
4	将物权理论套用在知识产权上
5	法律制裁上不区分故意侵权和过失侵权
6	专利侵权行为不承担行政责任和刑事责任

第一个常见错误观点是:专利权是私权,行政机关作为公权力机关不应
保护。要分清权利的行使和权利的保护,权力的行使意思自治,是否行使权
利一定要尊重权利人的意思,但权利人想保护权利,政府一定要帮忙。

司法机关也是国家机关，也是公权力机关。《宪法》第 13 条第 1 款和第 2 款规定："公民的合法的私有财产不受侵犯。国家依照法律规定保护公民的私有财产权和继承权。"《宪法》规定公权保护私权天经地义，公权力不应保护私权的观点完全站不住脚。要严格厘清主动保护和被动保护。关于私权的保护上，政府应该是被动保护，不能主动保护，即如果权利人希望维权，行政机关应该尽可能提供帮助。

第二个常见错误观点是：大多数国家没有行政裁决，我国应取消或逐步取消行政裁决。首先，我国专利侵权的行政裁决并非独一无二的。从世界范围来看，美国国际贸易委员会（ITC）对专利侵权的救济属于行政裁决；英国知识产权局的行政仲裁、日本特许厅出具的侵权判定意见、墨西哥和菲律宾的行政处罚均与我的行政裁决类似，具有相近的功能和作用。从我国其他民事权利的行政保护来看，《治安管理处罚法》《森林法》《食品安生法》《计量法》《水污染防治法》《国有土地上房屋征收与补偿条例》《环境保护法》《土地管理法》《劳动法》《民间纠纷处理办法》《商标法》等法律法规中都规定有行政裁决的程序。❶ 其次，知识产权行政执法，特别是专利侵权纠纷的行政裁决，在法律上跟司法审判相比具有突出的优势：一是速度快，行政裁决程序简便，效率高，速度快；二是成本低；三是权利人在行政裁决中的义务较少；四是行政裁决更符合我国的文化传统。我国深受儒家思想影响，奉行以和为贵的文化传统，屈死不告状，不到逼不得已不愿启动诉讼程序。这样的文化背景下，一旦启动诉讼，双方的关系将比较紧张，不利于双方的和解，不利于营造双方和谐的商业关系。行政裁决更符合我国的文化传统，一般不会造成紧张的关系，有助于双方建立互利共赢的商业关系。❷

第三个常见的错误观点是：专利只有达到一定的数量，才可能有质量。这个观点需要进一步辨析。首先，从静态来看，不同主体之间的竞争中专利

---

❶ 罗豪才，湛中乐. 行政法学［M］. 北京：北京大学出版社，2001：177.
❷ 季节. 论专利权的法律保护［D］. 北京：中国政法大学，2010.

行业有一个规律叫一件顶一万件，即一件核心专利的价值，顶一万件一般专利的价值。在行使法律赋予的技术独占权的场景下更重要的是专利的质量，特别是规避性方面的质量。其次，在同一主体的专利布局中，仅仅布局核心专利的效果肯定不如核心专利、周围专利一并周密布局的效果。技术研发是探索未知的过程，存在较大的不确定性和偶然性，需要在研发的不同阶段持续进行技术的评估和专利的布局，因此，创新主体需要布局一定数量的专利才能将科技成果保护到位。最后，应严格区分低创新度专利和无专利性专利的本质区别。无论是高创新度专利，还是低创新度专利，它都是具有可专利性的。具有可专利性，哪怕是低创新度专利，也是会量变到质变的。但是没有专利性的专利（主要指未经实质审查获得授权的实用新型、外观设计专利中不具有专利性的专利），它的量变不会产生质变。因此，在知识产权工作实践中，特别是各级知识产权行政管理部门在制定和实施政策工作中，要特别注意低创新度专利与无专利性专利的本质区别。

第四个常见错误是：将物权理论套用在知识产权上。虽然早在 1875 年德国学者科拉就率先提出"无形财产权"的概念，批判了以往的学说将无形财产的权利当成一种所有权的错误，而将其概括为不同于有体财产所有权的另一类权利，即"无形财产权"。❶ 但是，我国的法律体系中将物权理论套用在知识产权上的情况还在一定程度上存在，限制了我国知识产权理论的发展，给知识产权制度带来了不良的影响。具体表现在以下几个方面。

一是所有权的占有与专利权的准占有。在所有权法律关系中，权利人可以实现对物的占有，可以做到对物的实际控制和管理。在专利权法律关系中，权利人对发明创造无法占有，只能成立准占有关系。准占有又称权利占有，指以财产权利为客体的占有。严格来说，准占有并非真正意义上的占有，❷ 专利权人无法实现对发明创造的实际控制和管理。

---

❶ 吉藤幸朔. 专利法概论 ［M］. 宋永林，魏启学，译. 北京：专利文献出版社，1990：405.

❷ 江平. 民法学 ［M］. 北京：中国政法大学出版社，2000：455.

二是侵犯所有权的困难性与侵犯专利权的极端容易性。从权利内容上看，所有权的内容包括占有权、使用权、收益权、处分权和排斥不当干涉权。只要权利人保持对物的占有状态，这些权利就能够保障实现。反过来讲，只要权利人保持对物的占有状态，不法分子就几乎不可能侵犯权利人对物的所有权，除非采取抢、骗、偷的不法手段。专利权的内容主要包括人身权、专有利用专利和禁止他人利用专利的权利、转让许可权、专利标识专有使用权。因为权利人无法对发明创造进行占有，无法实现对发明创造的实际控制和管理，权利人的禁止他人利用专利的权利、禁止他人使用专利标识的权利主要内容很难实现，不法分子很容易就能侵害专利权。

三是专利侵权损失赔偿方面填平原则的失当性。依据我国的民事侵权赔偿理论，权利人损失多少，侵权人就赔偿多少。这种赔偿是以弥补权利人的损失为目的，故这种赔偿也称为补偿性赔偿，其适用的赔偿原则是全部赔偿原则即填平原则。填平就是将受到的损失全面填补，权利人损失多少，侵权人赔偿多少，使权利人在经济上不受损失。填平原则依据的是利益说，即差额论，即被害人之总财产状况与有损害事故发生及无损害事故下之差额。笔者认为，填平原则用在所有权法律关系中较为合理，但用在专利权法律关系中不相适应，弊端较多，难以实现法律的功能。此外，所有权的客体是有形物品，如果遭受侵犯，取证、举证也相对容易。专利权的客体发明创造是无形的，而且一般都隐含在有形产品内部，不易被发现、认定，取证、举证都非常困难。❶ 这也是我国《专利法》2020 年修正时增加惩罚性赔偿规定的原因。

第五个常见错误是：法律制裁上不区分故意侵权和过失侵权。这不符合我国的文化传统、道德习惯，在实践中常常引起人们意识的混乱，影响了《专利法》的效力和效果。社会公众普遍认为，在故意侵权与过失侵权中，侵权人对自己行为及其危害所持的心理态度不同，造成的社会危害不同，法律

---

❶ 季节. 论专利权的法律保护 [D]. 北京：中国政法大学，2010.

予以规范的方法、给予的制裁也应不同。例如，我国《刑法》对故意杀人❶、过失杀人❷，故意伤害❸、过失伤害❹在量刑上都有所区分，有助于做到罪责刑相适应，符合公众的道德习惯，有利于维护法律的尊严，发挥法律的指引和教育作用。有学者也对此提出相同看法：现行中国知识产权法律，缺少在法律制裁（主要是侵权赔偿及其他民事救济与民事制裁）上对恶意侵权与善意侵权、故意反复侵权与偶然过失侵权、以侵权为经营方式与诚信经营而无意发生侵权之间的明显区分。其直接后果是："依法"裁判往往制裁不了有意以专利侵权、盗版、假冒商标为重要或主要经营活动的侵权人，不足以制止他们继续侵权；有时却使诚信经营，但因不慎而侵权的企业付出了较高的赔偿。所以，一方面，一些人认为我国知识产权保护还有较大差距；另一方面，也有一些人认为我国知识产权保护已经"过头"了。

　　第六个常见错误是：专利侵权行为不承担行政责任和刑事责任。根据我国法律规定，专利侵权行为不承担行政责任和刑事责任，承担的民事责任有停止侵权、赔偿损失和消除影响三种。《专利法》2008 年修正时增加了"赔偿数额还应当包括权利人为制止侵权行为所支付的合理开支"条款，在一定程度上降低了权利人的维权成本；2020 年修正时增加了惩罚性赔偿条款——"对故意侵犯专利权，情节严重的，可以在按照上述方法确定数额的一倍以上五倍以下确定赔偿数额"，这在很大程度上提升了专利侵权民事责任的威慑力。但我国长期的"重刑轻民"文化传统和"窃书不算偷"的文化偏差，导致社会舆论在专利侵权问题上缺乏足够的重视、对专利侵权行为缺乏足够的

---

　　❶ 《刑法》第 232 条：故意杀人的，处死刑、无期徒刑或者十年以上有期徒刑；情节较轻的，处三年以上十年以下有期徒刑。

　　❷ 《刑法》第 233 条：过失致人死亡的，处三年以上七年以下有期徒刑；情节较轻的，处三年以下有期徒刑。本法另有规定的，依照规定。

　　❸ 《刑法》第 234 条：故意伤害他人身体的，处三年以下有期徒刑、拘役或者管制。犯前款罪，致人重伤的，处三年以上十年以下有期徒刑；致人死亡或者以特别残忍手段致人重伤造成严重残疾的，处十年以上有期徒刑、无期徒刑或者死刑。本法另有规定的，依照规定。

　　❹ 《刑法》第 235 条：过失伤害他人致人重伤的，处三年以下有期徒刑或者拘役。本法另有规定的，依照规定。

谴责。需要进一步规定对故意侵权行为的行政责任和刑事责任，才能更好地促进社会公众对专利侵权行为性质及其社会危害的重视，才能进一步提高专利侵权责任的威慑作用和预防功能。

从各国的经验来看，英美法系国家认为，专利侵权仅损害了权利人的利益，不直接侵害社会的公共利益，因而其专利法对专利侵权行为未规定刑事制裁。但其专利侵权赔偿施行惩罚性赔偿原则，保障法律的威慑力。一些大陆法系国家则认为，专利侵权行为不仅损害了权利人的利益，而且也直接损害了社会公共利益，所以专利法应当对严重的侵权行为予以刑事制裁。❶ 在实践中，这些国家的刑事制裁较少使用，但是其发挥了很好的威慑作用。

从专利制度的基本原理来看，专利权是由法律创制的纯粹的法定权利，之所以要创制这个权利，是为了实现促进技术革新、促进技术转让和传播这两个公共目标、公共利益。换言之，专利制度就是以保护专利权为手段，达到实现国家的公共利益的目的。在这个体系里，保护专利权是"因"，国家公共利益是"果"。损害保护专利权的"因"，无论是直接还是间接，就必然损害国家公共利益的"果"。因此，国家机关有必要、有责任为权利人提供及时、有效、方便、低成本的权利救济。

从维护市场经济秩序的角度看，行政机关、司法机关负有维护市场经济秩序的责任和义务。维护良好的市场经济秩序，是降低交易成本、减少经营风险，实现良性竞争、促进经济发展的必然要求。故意侵权行为扰乱市场经济秩序，破坏公平竞争的市场环境，因此应规定对故意侵权行为特别是多次、反复故意侵权行为的行政责任、刑事责任。

从与物权法律制度的类比看，故意侵权行为与物权法律制度上的侵占遗失物行为最为相近。第一，两种行为中的侵权人都不是通过偷、抢、骗等违法手段，而是通过合法手段很容易获得权利客体。前者是通过专利公报，后者是拾得。第二，两种行为中的侵权人都是明知这一行为违反法律，为获得

---

❶ 吴汉东，等. 知识产权基本问题研究：分论 [M]. 2 版. 北京：中国人民大学出版社，2009：330.

利益而故意为之。第三，两种行为都不直接损害公共利益。《刑法》第 270 条规定：“将代为保管的他人财物非法占为己有，数额较大，拒不退还的，处二年以下有期徒刑、拘役或者罚金；数额巨大或者有其他严重情节的，处二年以上五年以下有期徒刑，并处罚金。将他人的遗忘物或者埋藏物非法占为己有，数额较大，拒不交出的，依照前款的规定处罚。本条罪，告诉的才处理。”笔者认为，应该类比侵占罪，为故意侵权设定刑事责任，但应像侵占罪一样设定较为严格的条件。

从与假冒专利法律责任的对比看，假冒专利既有民事责任，还有行政责任、刑事责任，法律明确赋予行政机关查处假冒专利较强的调查权限。专利侵权只有民事责任，没有行政责任、刑事责任，法律也没有明确赋予行政机关关于专利侵权行为的调查权。究其原因，是因为所谓的专利侵权行为不直接侵害公共利益，假冒专利会给消费者造成混淆，损害了公共利益。笔者认为专利侵权、假冒专利的规定导致了责罚不相称，很不合理。侵权行为与假冒行为相比，前者是专利权保护的核心，是主要矛盾，后者是专利权保护的边缘，是次要矛盾。从纠纷数量上看，无论是司法机关还是行政机关处理的专利纠纷，专利侵权纠纷都占大多数，假冒专利纠纷占少数。从危害上看，专利侵权损害的是专利权的核心内容，是最有经济价值、权利人最关心的内容。假冒专利损害的是专利权的次要内容，这部分权利经济价值不高，对权利人经济利益的危害也不大。从现实来看，第一，假冒专利通常并不能为侵权人带来太多的经济利益。第二，侵权人完全没有必要假冒，自己花费很少的费用就可以获得一项专利权（实用新型、外观设计专利施行初步审查制，很容易获权，而且费用很低）。所谓给消费者造成混淆，更是一个谬误，专利号本身识别性、区别性很低，几乎没有什么区别性，怎么可能产生混淆呢？从假冒专利设置刑事责任的源头来看，据原中国专利局法律顾问汤宗舜回忆第一版《专利法》立法时的情况，“草案规定了民事和刑事两种制裁。法制工作委员会觉得只给予民事制裁便已足够了。不过，假冒商标在刑法中有处罚的明确规定，如果侵犯专利毫无刑事责任，似有失平衡。我们考虑，一般侵犯专利权可以只按民事处理，但对于假冒他人专利的行为，因损害了一般消费者的利益，似可以与假冒商标同样处理。后来法工委接受了这个意见。"❶可以看出，当时设置假冒专利的刑事责任时，缺乏深入的研究和思考。综上，可见《专利法》为次要矛盾规定了有力的救济措施，但为主要矛盾规定了较弱的救济措施。

---

❶　汤宗舜．回忆专利法的起草［M］//刘春田．中国知识产权二十年．北京：专利文献出版社，1998：105．

第 9 讲
专利导航分析相关原理

专利导航是在宏观决策、产业规划、企业经营和创新活动中，以专利数据为核心深度融合各类数据资源，全景式分析区域发展定位、产业竞争格局、企业经营决策和技术创新方向，服务创新资源有效配置，提高决策精准度和科学性的新型专利信息应用模式。[❶] 笔者认为，专利导航分析就是专利信息大数据及相关大数据在不同应用场景下的检索分析利用行为。

一、专利信息的七大作用

专利制度的主要机制是申请人通过技术公开换取一定期限的技术独占，因此专利行业天生自带大数据。专利信息的充分利用对技术创新、产品开发、企业经营具有重要作用，具体参见表 9 – 1。

表 9 – 1 专利信息的七大作用

序　号	作　用
1	巨人肩膀、省时省钱
2	供需方对接、评估、推广交易
3	规避风险

---

❶ 《专利导航指南第 1 部分：总则》（GB/T 39551. 1—2020）。

续表

序　号	作　用
4	掌握竞争对手技术动态
5	学、赶、超
6	创新方法
7	考察人才

一是以全球最新最全的技术成果为研发起点，避免重复劳动，少走弯路，提高效率，降低成本。根据世界知识产权组织的统计，专利文献包含了世界上 90%~95% 的研发成果，其他技术文献（例如论文或期刊）仅包含 5%~10% 的研发成果。如果能够有效利用专利情报，不仅可以缩短 60% 的研发时间，更可以节省 40% 的研发经费。

二是方便技术供需方的对接，为专利评估提供参照，促进技术的推广和交易。

三是通过专利分析、导航、预警、评议等方式，可以有效降低产品侵权、项目投资、市场开拓的风险。

四是通过分析相关专利信息，可以掌握竞争对手的技术动态。现在是信息时代，通过专利大数据的分析可以知道竞争对手的一举一动，甚至可以通过对其研发人员、合作对象以及研发人员专利大数据检索相关的迹象等，了解竞争对手的人才和技术储备、市场动向等。

五是在现有技术基础上进行适当的技术改进，可以迅速提高技术能力。

六是在某些情况下，巧妙利用专利信息可以成为一种创新方法。2009 年 6 月，美籍华人科学家徐峻博士利用数据库中的数据资源及其所独有的专业化检索分析功能，从研究抗甲型流感小分子药物与 N1 蛋白的结合模式开始，对有效信息进行了充分的分析和挖掘，提出了新的抗甲型流感中药复方"东方 1 号"。经军事医学科学院 P3 实验室动物实验确证，新的中药复方具有防治甲型流感病毒感染小鼠肺炎作用。这种不用验方、不用古方，而是利用数据挖掘方法获得的新药方成果，为我国药物研发机构和制药企业探索出一条高效

率低成本的药物设计新途径。❶

七是考察技术人才。在高技术人才的遴选、考察、引进工作中，充分利用专利信息是一个非常实用的方法，可以有效地判断考察对象的技术成长过程、技术研发水平、技术研发路线及未来的潜力等。

专利信息的七大作用是专利导航分析工作的底层原理，专利导航分析业务的开展和发展主要是该原理在不同需求、不同场景下的应用。商标行业也是天生自带大数据，商标大数据的利用也是商标工作的一个重要范畴，但商标大数据的作用主要体现在商标申请、授权、确权、维权、交易等法律场景，情报作用不突出。

二、专利导航的核心价值

专利导航作为专利信息利用的一种主要方式，其思路借鉴了地图导航的逻辑，对工作对象进行全景分析来确定目标，或根据目标通过全景分析来寻找路径。知识产权是市场竞争的工具。站在市场竞争的角度，专利导航的核心价值是为决策者提供两张地图："战场军事地形图"和"战场排兵布阵图"。

《孙子兵法》地形篇讲到："知吾卒之可以击，而不知敌之不可击，胜之半也；知敌之可击，而不知吾卒之不可以击，胜之半也；知敌之可击，知吾卒之可以击，而不知地形之不可以战，胜之半也。故知兵者，动而不迷，举而不穷。故曰：知彼知己，胜乃不殆；知天知地，胜乃不穷。"通过专利导航，可以为决策者提供"战场军事地形图"和"战场排兵布阵图"。"战场军事地形图"帮助决策者做到"知地"，"战场排兵布阵图"帮助决策者做到"知彼知己"。在冷兵器时代，如果战争一方的主帅能够拿到"战场军事地形图"和"战场排兵布阵图"，其战争获胜的把握是非常大的。这就是专利导航

---

❶ 世界传统药物专利数据库 [EB/OL]. [2021 – 03 – 20]. http：//www. eastlinden. com/ch/product_detail. aspx？ nid = 35&id = 125.

对于决策者的核心价值，也表明专利导航可以为决策者提供巨大价值，还表明大力推广专利导航工作的必要性。

但是人类进入知识经济时代，特别是互联网时代以后，"黑天鹅"事件发生的概率不断增大，技术发展呈现出更多的非连续性特征。因此，在高度认可专利导航情报价值的前提下，也要认识到专利导航的局限性。专利导航不是万能的，也不是百发百中的，应该作为相关技术决策的重要依据，但不宜作为决策的全部依据。

三、专利导航的现实困难

专利导航这么重要和必要，我国各级知识产权局也大力推动了多年，但在创新主体的研发、知识产权管理、经营活动中利用率并不是很高。究其原因，有四个方面。

第一是专利导航意识。目前，创新主体对专利导航的认知普遍不到位，具有主动利用专利导航意识的就更少了。创新主体对专利导航的意识普遍处于"要我导"阶段，政府千方百计出台政策，引导创新主体去导航。

第二是预算。因为做专利导航，至少有两方面要花钱，一是数据库，二是相关的专业人员。如果没有预算，专利导航工作就没法开展。

第三是数据库。"工欲善其事，必先利其器。"如果没有好的数据库，专利导航工作是难以开展的。随着行业的发展，这几年数据库基本上已经解决了。国内有若干家专利大数据公司的实力还是比较强的，推出的产品与国家知识产权局审查员所用系统的差距越来越小，甚至从便利性角度、市场属性角度看，也不亚于国家知识产权局的专利检索系统。

第四是人才。如果创新主体有了专利导航意识，有了预算，有了合适的数据库，最后的问题就是专业能力——人才。从全国来看，专利导航的专业人才是比较缺乏的。专利导航是一门实践操作技能，高校知识产权专业目前尚无这方面的培养能力，大多数代理机构也没有专利导航的专业人才。

四、专利导航的无底洞原理

专利导航的类型包括：产品特定技术的专利导航、产品的专利导航、企业的导航、产业的导航、区域的导航五种类型。这五种类型依次越来越复杂，难度越来越大，工作量越来越大。

就拿最简单的产品特定技术导航来说，导航结果精确度与成本成正相关关系，但不是正比例关系，而是指数关系。可以用粗线条的量化分析来说明这种关系：如果要求 70% 的精确度，成本几千元钱就行了；要求 80% 的精确度，成本需要几万元；要求 90% 的精确度，成本需要十几万元；要求 95% 的精确度，成本需要几十万元；要求 99% 的精确度，成本需要上百万元。这就是专利导航的无底洞原理：如果要求比较高的精确度，成本还是比较高的；如果精确度要求不高，成本其实也不高。假如要求 100% 的精确度，科学地讲，谁也不敢说能做到 100%。这是行业的一个基本规律，是基本的客观约束。

在企业经营过程中，大多数的场景对专利导航的精确度要求不用特别高。在大部分场景下，企业发展谋求的通常是比较优势，如果竞争对手不做专利导航，少花点钱，做个低精确度的专利导航就可以了。在一些特定场景下，比如投资过百亿的项目，可能得多花点钱，精确度要达到 99% 是比较好的。根据专利导航的无底洞原理，专利导航工作有 16 字方针：量力而行、适可而止、不做不行、找准平衡。

第 10 讲
知识产权运营相关原理

一、关于专利运营的若干概念辨析

专利运营有多个近似概念，例如专利运用、专利商用化、专利产业化、专利实施等，在社会上引起不必要的概念混乱。根据多年的思考和经验，笔者绘制了专利运营相关概念辨析表，如表 10 - 1 所示。从表中可以看出，专利运用是范畴最大的概念。专利运用包含两类：一类是专利资产运用，概念范畴等于专利商用化，包含专利产业化、专利标准化、专利转让等概念；另一类是专利制度运用，包含防御性公开等。专利实施的特点是权利不发生主体转移，概念范围包含专利产业化、专利标准化等。专利运营的特点是资产流通及价值实现，概念范畴包含专利标准化、专利集中化、专利证券化、专利质押融资、专利交叉许可、专利转让、专利许可、专利作价投资等。

马克思在批判继承古典学派再生产理论的基础上，创立了科学的社会再生产理论。社会再生产过程包括生产、分配、交换、消费四个环节，其中直接生产环节起决定作用，分配和交换是连接生产和消费的桥梁和纽带，消费是物质资料生产总过程的最终目的和动力。这个理论不仅适用于物质资料的再生产，也适用于包含专利在内的无形资产的再生产。研发加专利化、高价值专利培育布局，是专利的生产环节。专利的消费环节是专利实施，包含表 10 - 1 中的专利产业化、专利标准化等。专利的交换环节是专利运营，包含专利标准化、专利集中化、专利证券化、专利质押融资、专利交叉许可、专利转让、专利许可、专利作价投资等。专利的分配环节主要是权属分配和收益分配。

表 10 -1　专利运营相关概念辨析

第一层概念	专利运用			
第二层概念	专利资产运用（专利商用化）			专利制度运用
第三层概念	专利实施（消费）		—	—
	—	专利运营（交换）		—
运用方式	专利产业化	专利标准化 专利集中化 专利证券化 专利质押融资 专利交叉许可	专利转让 专利许可 专利作价投资	防御性公开 导航分析 规避设计 专利包围 ……
权利是否转移	不转移		转移	—

马克思主义社会再生产理论，对知识产权行业的启发是：一是生产环节起决定作用，一定要大力加强知识产权创造，创造是知识产权行业发展的源头活水；二是分配和交换是连接生产和消费的桥梁和纽带，要大力优化知识产权所有权、处置权、收益权体制机制，大力加强知识产权运营工作，推动更多的高校和科研院所生产的知识产权进入消费环节；三是消费是生产总过程的最终目的和动力，知识产权实施也是知识产权行业发展的最终目的和动力，要始终把握运用才是知识产权的出发点和落脚点。

二、研发劳动的经济学价值原理

在市场化技术领域，一个财政全额拨款的顶级研发团队，拥有必要的场地、仪器、设备等研发条件，政府投入 1000 万元研发经费，经过必要的研发周期，形成的专利应该至少能卖 1000 万元。产出专利价值与研发投入的差额，基本等于这个团队在研发周期内研发劳动的经济学价值。如果所产生的专利卖不到 1000 万元，换句话说产出专利价值与研发投入的差额为负值，那么整个团队研发劳动的经济学价值在哪里？需要强调的是，这是指在市场化技术领域。对于科学研究领域、非市场化技术领域，这个理论是不适用的。研发劳动的经济学价值原理对于我国体制内高校和科研院所的市场化技术研发具有很强的现实意义和指导意义。相关研发资源投入者、研发管理者、研发者和社会公众都可以根据这个原理，来评价相关工作的质量和水平，进一步优化相关工作的目标导向和评价标准，推进解决我国长期存在的高校和科研院所科技成果转化难问题。

三、知识产权运营的十大难题

知识产权运营，特别是专利运营，在全球范围内都是难题。目前，全球范围内未能出现交易活跃的线上或线下专利交易市场，也未能出现可推广、可复制的专利运营商业模式。究其原因，主要是由知识产权自身的属性决定的。阻碍知识产权有效运营的原因主要有十个，笔者称为知识产权运营的十大难题，具体参见表 10 – 2。

表 10 – 2　知识产权运营十大难题

序　号	难　题
1	小众
2	小市场
3	低频
4	非刚需
5	非标准化
6	流动性差
7	复杂性
8	测不准
9	唯一性
10	匹配难

第一个难题是小众。根据国家统计局数据，截至 2019 年底，中国总人口为 14.0005 亿。根据国家知识产权局调查报告，截至 2019 年底，我国知识产权服务业从业人员约为 82 万人，加上服务业之外的知识产权从业人员，全国知识产权从业人员为 200 万人左右。知识产权从业人员数量占全国人数的比例大概在 1.4‰。知识产权属于非常小众的行业。小众行业信息不对称的程度更高，社会上的影响力不够大，难以获得更大的资源支持，相关问题获得关注和深度研究的可能性不大，难以吸引到更高端的人才加入这个行业。

第二个难题是小市场。根据国家统计局数据，2019 年国内生产总值（GDP）现价总量为 986515 亿元。根据国家知识产权局调查报告，2019 年全国从事知识产权服务的机构共创造营业收入约 2100 亿元。知识产权服务业产值占 GDP 的比重仅为 2.1‰。其中知识产权运营交易的市场规模大概在 100 亿元。市场规模小难以吸引到优秀的资本和优秀的机构进入，创新技术、创新商业模式也较难率先得到应用。

第三个难题是低频。根据华发七弦琴国家知识产权运营公共服务平台研编的《2019 年中国专利运营状况研究报告》，2019 年全国专利转让 25.6 万件。根据国家知识产权局调查报告，截至 2019 年底，从事知识产权运营服务的机构超过 3000 家。按 3000 家计算，平均每家每年完成专利转让 85 件。每年按 250 个工作日计算，每家运营服务机构平均有 10 个员工、5 个从事专利交易，平均 15 个人日才能完成一件专利的转让。交易频率实在是太低了。这么低的频率难以产生互联网流量效应，加上平均价格几万元的专利转让低单价，以及专利转让成交的偶然性，很难形成可推广、可复制的商业模式。

第四个难题是非刚需。大多数创新主体对知识产权的需求不是刚需，相当一部分企业经济形势一旦不好，首先减少甚至取消的是知识产权的预算。知识产权运营面临的最大的难题，就是刚性需求非常之少。

第五个难题是非标准化。知识产权是个典型的非标准化产品。《专利法》

《商标法》对于授权条件的规定，决定了任何一件合格的专利、商标都是独一无二的。工业品是交易形成价格，因为它有大量的、可复制的、量产的同样产品，通过市场交易形成价格。任何一项合格的知识产权都是独一无二的，不可能通过交易形成价格，只能是仁者见仁，智者见智。黄金有价玉无价，地球上所有的商品里面，从交易属性来讲，跟知识产权最类似的是古董和玉器。古董和玉器，特别是独一无二的古董和玉器，它的价格形成机制就是因人而异，根据买家的意愿和实力定价。知识产权也是如此，同一个知识产权，在不同主体手里能够创造的价值差别非常大，因此其科学的定价策略也应该是因人而异的。

第六个难题是流动性差。《专利法》《商标法》等法律一旦实施，专利、商标等知识产权就成了商品。这些商品可以流动，而且国家也是鼓励流动的，但是它很难流动，流动性比较差。任何一项知识产权，哪怕是质量很高、价值很大的知识产权，是否可以卖掉？什么时候可以卖掉？能够卖多少钱？目前，这三个问题在行业内是无解的。

第七个难题是复杂性。知识产权是无形的商品，是特殊的商品，是某种程度上看不见摸不着的产品，与一般的有形商品相比，具有明显的复杂性。商标的保护范围、功能及价值相对容易理解并达成一致。专利的复杂性尤为突出。专利的本质是用社会科学的语言，用文字和附图，来表达自然科学领域的一个技术方案，及其跟申请日之前的技术方案之间的区别。这个事情本身是很难的，很难精确表达，而且对这个表达结果的理解也是很难的，对保护范围及其价值不容易达成共识也是常见的。

第八个难题是测不准。例如，专利制度的基本原理决定了专利是比较的产物，专利的保护范围和专利的价值也是比较出来的，因此，只要其有效比较对象（对比文件或新的技术方案）发生变化，专利的属性马上发生变化。对于权利人来说，对比文件和新的技术方案都是不可控因素，随时可能发生变化，专利的属性也随时可能发生变化，因此专利的价值是测不准的。唯物辩证法认为事物的内部矛盾（内因）是事物自身运动的源泉和动力，是事物发展的根本原因。外部矛盾（外因）是事物发展、变化的第二位的原因。内因是变化的根据，外因是变化的条件，外因通过内因起作用。但是专利这个事物有所不同。《专利法》第 45 条规定："自国务院专利行政部门公告授予专利权之日起，任何单位或者个人认为该专利权的授予不符合本法有关规定的，可以请求国务院专利行政部门宣告该专利权无效。"另外，专利的价值不是绝对价值，而是相对价值。如果一项专利的技术被颠覆了，或者主流技术标准没采用这项专利，或者这项专利对应的产业开始消亡或者衰退了，或者专利的保护期限快到了，专利的价值马上就会有重大变化。

第九个难题是唯一性。任何一项合格的知识产权都是独一无二的、唯一的。知识产权的唯一性导致两个结果：一个是无法批量处理，成功经验很难复制；另一个是匹配难。

第十个难题是匹配难。唯一的、独一无二的专利，要么是没有人需要，要么是有人需要也是少数特定的人需要，所以很难找买家、很难匹配。从地域范围来看，如果是省级及以上范围建知识产权运营交易平台，应该说还是符合基本规律的，有一定的现实意义。但是如果一个地级市去搞知识产权运营交易平台，笔者觉得不符合基本规律。当然，如果搞分平台跟相关的大平台连接，或者说多平台融合，也是可行的。因为匹配难，所以必须是在一个大的范围进行要素的流动或者资产的交易，才有现实意义。

四、知识产权运营交易成交的五个条件

因为知识产权运营面临上述十大难题，所以知识产权运营交易成交的难度就比较大。知识产权运营机构想撮合成交一个典型的专利交易或者商标交易，需要满足表 10 - 3 所示的五个条件。当然那种评职称或者申报高新技术企业动机的非典型知识产权交易不在此列。

表 10 - 3　知识产权运营交易成交的五个条件

序　号	条　件
1	洞察交易标的
2	洞察并说服卖家
3	洞察并说服买家
4	拥有知识产权运营全能力
5	把握好时机、节奏、力度

第一个条件是洞察交易标的。知识产权运营机构要深刻把握交易标的的价值，做到深度发现、揭示和论证标的的价值。因为知识产权的交易逻辑与一般商品的交易逻辑具有明显区别。对于一般商品，例如作为生活资料的服装或者是作为生产资料的机器设备，如果运营机构（经销商）对交易标的的理解差一点，既低于卖家（生产者）又低于买家（消费者），那么对实现交易成交的影响不会太大。但对于知识产权，运营机构对交易标的的理解需要达到较高的水平，最好是既高于卖家又高于买家，才能提高交易成交的可能性。

第二个条件是洞察并说服卖家。运营机构要洞察卖家需求，在处置及价格等方面说服卖家，取得足够的话语权。运营机构要取得卖家足够的信任，这是知识产权运营交易成交的前提。运营机构还要管理好卖家的预期，确保卖家对价格的预期处于合理价位。在找到买家之前，运营机构最好与卖家确定好合理底价，并签订好相关协议。如果运营机构条件允许，可以将标的收购到自己名下，或者取得独家受托运营权。

第三个条件是洞察并说服买家。运营机构要洞察买家深层次需求，系统、精准地为买家遴选推荐交易标的及设计交易策略。同样地，运营机构也需要获得买家足够的信任，需要说服买家认同交易标的对于买家的价值，并使买家对于交易价格的预期是合理的。

第四个条件是拥有知识产权运营全能力。应该说，在供给和需求明确且对应的前提下，满足前面三个条件，一个典型的知识产权运营交易成交的可能性已经比较大了。要提高知识产权运营交易成交的概率，需要运营机构具有全面的知识产权能力。知识产权运营全能力的范围主要包括知识产权挖掘布局、导航分析、维权与应对、商业谈判、洞悉产业发展趋势、口才、人脉、知识产权大数据资源及充分利用、量产试验、二次开发、专利打包、客户营销等。知识产权运营工作对运营人才的全能力要求，也可以从运营人才的报酬上看出端倪。有关调查显示，在美国同样学历和从业年限的从事技术转移岗位的人才的工资是从事研发岗位人才工资的 2 ~ 3 倍。研发人才已经是非常高端的人才了，同样资历的技术转移人才的工资居然是研发人才的 2 ~ 3 倍，可见知识产权运营的难度及其对人才全方位能力的要求。

第五个条件是把握好时机、节奏、力度。满足前面四个条件，知识产权运营成交的概率已经比较大了。但知识产权运营作为一种复杂、脆弱的多因素项目，细节决定成败，因此把握好项目运作的时机、节奏、力度等技巧性、经验性因素，也是非常必要和重要的。

五、知识产权运营的七个出路

前述知识产权运营十大难题及知识产权运营交易成交五个条件等客观原因，导致知识产权运营交易难以批量化、大规模地实现市场化经营运作。因此，在全球范围内，知识产权运营交易尚未形成独立的业态，尚未形成可复制、可推广的有效商业模式，尚未形成成熟的规模化市场。在这种情况下，希望将知识产权商品直接变现的模式大概是行不通的，将知识产权商品跟相关环节相结合实现间接变现的模式应该是当前知识产权运营取得突破的有效出路。

知识产权间接变现的运营模式如表 10 - 4 所示。

表 10 - 4　知识产权运营的七个出路

序　号	出　路
1	知识产权 + 融资
2	知识产权 + 投资
3	知识产权 + 市值管理
4	知识产权 + 实业
5	知识产权 + 文创
6	知识产权 + 诉讼
7	知识产权 + 互联网

一是"知识产权 + 融资"，相关企业通过知识产权质押融资，实现知识产权的价值。

二是"知识产权 + 投资"，投资机构以知识产权为资产进行投资，或者投资中增加知识产权这一重要考量维度，提升股权投资的精准度，从而实现知识产权的价值。

三是"知识产权 + 市值管理"，企业以知识产权资产的运营为重要手段，优化市值管理，从而实现知识产权的价值。

四是"知识产权 + 实业"，以知识产权产品化、产业化为主要路径，做大做强实体企业，从而实现知识产权的价值。

五是"知识产权 + 文创"，将知识产权特别是版权、商标与文创企业融合，大幅度提升文创产品的市场占有率和利润率，从而实现知识产权的价值。

六是"知识产权 + 诉讼"，主要通过知识产权诉讼方式获得侵权赔偿、知识产权转让或许可，从而实现知识产权的价值。

七是"知识产权 + 互联网"，随着互联网技术特别是区块链技术的日益成熟，未来知识产权运营特别是知识产权许可将有可能借助互联网平台实现精准的匹配、分发和监控，从而实现知识产权的价值。

六、专利运营的四部曲方法论

在大多数的实务场景下，专利运营约等于技术转移或科技成果转化。专利运营、技术转移、科技成果转化在本书大部分场景中可以相互替换。

站在需求方的角度，从产业链的维度看，一个典型的专利运营需要满足两个前提（有需求、有供给），需要经过四个阶段（四部曲：找到、拿到、投资、经营）。本书把这个理论称为专利运营的四部曲方法论，参见表 10 - 5。

表 10 - 5　专利运营的四部曲方法论

两个前提		四个阶段 （四部曲）			
有需求	有供给	找到	拿到	投资	经营

专利运营的两个前提：有需求、有供给。需求决定供给，供给反作用于需求。在当今的专利运营行业，明显是供过于求，供给很多，需求很少，而且刚需更少。当前专利运营需求严重不足，是导致我国专利运营业务难以做大做强的主要原因。

如果有了明确的专利运营需求，从产业链的维度看，后面需要经过四个阶段（四部曲），这个专利运营行为才算彻底闭环。

第一个阶段：找到。这个阶段其实比较简单，现在专利大数据工具比较发达，如果需求比较明确，而且是个真正的需求，不是个伪需求，找到供给比较容易。即使没有现成的有效供给，也能够以较高的效率找到擅长该需求领域的研发团队。

第二个阶段：拿到。拿到指的是需求方以合理的价格、合法的方式拿到能够满足需要的专利相关权利，可以是专利转让、许可、作价入股等方式。"拿到"这个阶段看似容易，其实并不容易。在知识产权运营行业坐地起价是常态。当然，聪明的卖家一开始都不报价，然后根据买家的情况看人下菜碟，坐地起价。所以"拿到"这个环节最大的问题是"坐地起价"。为了解决

"坐地起价"的问题，需要进行大量专业的以及额外的沟通、谈判工作，所以"拿到"这个环节比较难。

第三个阶段：投资。专利如果没有产品化、产业化，就只是成本，不是利润。一个好专利想变成一个好项目，第三步不可或缺，必须有投资。

第四个阶段：经营。好专利变成好项目必须有投资，好项目变成一个好企业，好企业变成一个可持续发展的好企业，都必须有高水平的经营管理，有一个合适的经营管理核心团队带领全体员工持续创新、长期奋斗，还要匹配适当的股权架构及体制机制。

专利运营之所以这么难，是因为专利运营机构中同时能够做到这四部曲的机构少之又少。如果知识产权运营机构具备强大的运营生态能力，能够同时完成四部曲的任务，那么就能够将运营的偶然事件变为具有确定概率的稳定性事件，就可以形成有效的商业模式。通俗地讲，无法同时做到四部曲的运营机构，其专利运营成功概率没有稳定性，会出现"三年不开张、开张吃半年"的问题，导致资金链断裂，机构无法生存。能够同时做到四部曲的运营机构，其专利运营成功概率具有稳定性，能够保证"三年开十张、开张吃五年"的稳定性，就可以形成有效的商业模式，做到可持续经营并获得适当的利润。

七、专利运营的红娘理论

站在国家技术创新体系的角度，可以用专利运营的红娘理论去审视专利运营活动，如表 10 – 6 所示。在这个理论模型中，将专利运营的匹配与男女的婚配进行类比，企业就好比男女婚配领域的男士，高校和科研院所就好比男女婚配领域的女士，专利运营或者技术转移机构就好比婚配领域的红娘。

表 10 - 6　专利运营的红娘模型

专利运营角色	婚恋角色类比
企业	男士
高校和科研院所	女士
运营机构	红娘

专利运营中的"男士"——我国产业界大多数企业，从专利需求和技术能力的角度看，在专利的需求方面既没有动力也没有能力。再好的专利免费给它，也没有能力用起来，这就是为什么我国绝大多数技术转移需要发明人团队后续的技术服务。

专利运营中的"女士"——我国的高校和科研院所研发团队，从专利运营意愿和专利创造能力的角度看，在专利的供给方面有能力但没有动力。我国的高校和科研院所大多数都是全额拨款的事业单位，纵向课题是其研发经费的主要来源，研发绩效的考核指标中大部分都没有专利转移转化的硬性要求，因此其在专利运营方面没有强烈的意愿。

专利运营中的"红娘"——我国的专利运营或者技术转移机构，从运营经验及能力的角度看，大部分专利运营机构都是既没有企业经营经验，也没有技术研发经验，还没有专利撰写及诉讼经验。如前所述，好的运营机构，既要懂知识产权运营专业——能够洞察交易标的，又要懂企业经营管理、产业技术需求——能够说服买家，也要懂技术研发及高校和科研院所管理体制机制——能够说服卖家，还要具备前述专利运营四部曲方法论所说的全面的生态能力。从现实状况看，当前我国知识产权运营机构中同时具备这些能力的机构较少。

八、专利运营生态赋能模型

借鉴国内外专利运营的经验，在主要吸收德国史太白技术转移中心做法❶

---

❶　德国史太白技术转移中心的模式和经验，参见本书第 22 讲。

的基础上，结合我国经济高质量发展对技术创新的需求、技术创新体系发展
水平、企业技术消化吸收意识和能力、研发人才数量与分布格局、知识产权
保护意识和能力、创新创业政策环境等状况，笔者研究提出如图 10 – 1 所示
的专利运营生态赋能模型。

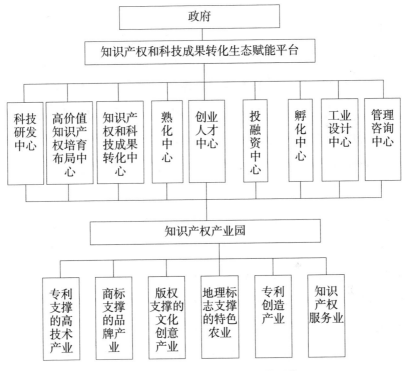

图 10 – 1　专利运营生态赋能模型❶

这个模型可以简要概括为政府支持下的"1 平台、9 中心、1 园区"模
型。为什么要强调政府的支持？如本讲第六点专利运营四部曲方法论所述，
要想将专利运营活动的成功率稳定在一定的比例，需要专利运营主体同时解
决需求、供给、找到、拿到、投资、经营等多个因素。在当前我国的创新创
业生态中，基本上没有哪个市场主体能够具备如此全面的资源和能力，只有
政府具备这样的资源和能力，因此，在现阶段的专利运营工作中，政府大力

---

❶　制作人：陈京京。

支持是不可或缺的重要因素。这与国家相关法律的立法精神也是一致的。《促进科技成果转化法》第 8 条第 2 款规定："地方各级人民政府负责管理、指导和协调本行政区域内的科技成果转化工作。"

"1 平台"是知识产权和科技成果转化生态赋能平台。平台的主要职责是要素汇聚、资源整合、项目推动和生态赋能，要实现的目标是针对特定产业能够批量、稳定成功率、有盈利、可持续地进行专利运营活动。要素汇聚的主要内容是面向全国甚至全球寻找并集聚特定产业需求、供给、找到、拿到、投资、经营等专利运营的核心要素。资源整合的主要内容是立足当地政府、市场、人才、产业、研发、管理等资源，积极争取上级政府支持，积极整合相关对口资源，提升生态赋能平台的资源富集度、针对性和利用率。项目推动的主要内容是将平台上所有立项的专利运营活动纳入项目制管理，安排专门团队长期跟踪推进项目的进展。生态赋能的主要内容是平台积极给予专利运营项目从研发创意到企业上市全生命周期、全方位的指导、支持、服务和帮助，竭力提升平台上各个项目的创新创业成功率。不能仅就专利运营这个环节就事论事，而是要站在"技术—专利—产品—企业—产业"的整个生态链的高度来推动专利运营，这样才更加符合专利运营的现实和规律。技术转移的本质，不是技术要素的流动，而是全面深度经营资源的整合。

"9 中心"是生态赋能平台之下的 9 个功能中心。这 9 个功能中心，既是生态赋能平台要素汇聚、资源整合的成果，也是平台项目推动、生态赋能的抓手。生态赋能平台与 9 个功能中心的关系，既要有相当的控制力，确保项目推动的力度和生态赋能的效果，又要有相当的开放度，才能有利于要素汇聚和资源整合。9 个功能中心之间的关系，既要相互独立，各自以独立市场化主体身份开展工作，又要密切配合，在项目周期的专利运营工作中信息互通、资源共享、协同工作、利益分享，要以项目制以及相应配套机制的方式进行长周期、跨中心的深度业务协作。9 个功能中心的建设，可以是生态赋能平台主导从零开始全新搭建，也可以是依托资源、能力基本满足需要的现有机构进行建设。

"9 中心"的第一个功能中心是科技研发中心。在专利运营的生态体系中，好技术是一个不可或缺的核心线索，增强对好技术这个创新原点的掌控能力，是提高专利运营成功率的重要因素。"打虎亲兄弟，上阵父子兵"，虽然好技术可以通过外包、合作、购买、许可等方式获得，但是建设科技研发中心，提升生态赋能平台对相关产业技术的自主研发能力、深度理解判断能力、技术人才配套能力还是非常必要、重要的事项。科技研发中心的主要职责是特定产业技术前沿跟踪与物色、技术研发、企业技术服务、技术人才培养、对平台立项的专利运营项目进行技术评价、二次开发与全程技术支持、建立广泛的技术研发机构合作网络等。

"9 中心"的第二个功能中心是高价值知识产权培育布局中心。高价值知识产权培育布局中心的使命是将好创新成果变成好知识产权。主要职责是为科技研发中心及相关研发机构提供高价值知识产权培育布局服务，为平台立项的项目提供长期专利申请前评估、专利挖掘布局、专利质量管控、专利导航分析、商标布局、版权布局等服务。

"9 中心"的第三个功能中心是知识产权和科技成果转化中心。知识产权和科技成果转化中心的使命是让好知识产权成就好企业。主要职责是寻找技术需求、遴选好技术好专利、专利价值评价、专利项目策划推广与销售谈判、知识产权和科技成果转化合同签订与履约、知识产权维权与应对等。

"9 中心"的第四个功能中心是熟化中心。熟化中心的主要功能是帮助专利技术项目实现工业化量产。主要职责是根据项目需要，为专利技术项目提供中间试验、工业化试验、系统化和工程化开发等。

"9 中心"的第五个功能中心是创业人才中心。创业人才中心的主要功能是持续培养懂产业、懂市场、懂管理、具有企业家精神的创业人才。一个地区经济的发展主要依靠产业的发展，产业的发展主要依靠企业的发展，企业的发展离不开资金、技术、人才、管理、市场等生产要素的投入。这些要素中最核心的要素是企业家，是具有企业家精神的创业人才。我国中西部经济欠发达省份与东部沿海经济发达省份的企业发展状况，在营商环境、投资环境、产业政策、科技资源、人才资源、区位优势等方面还有不小的差距。这是不是意味着中西部欠发达省份的企业就无法做大做强了呢? 从现实情况看,中西部省份依然诞生了一批非常优秀的企业, 只是从数量上比东部发达省份少一些。例如, 截至 2021 年 10 月 31 日, 西藏自治区的 A 股上市企业共计 21家, 上市企业数量排名全国第 29 位, 总市值共计 2370.3 亿元; 除日喀则市、阿里地区、那曲市 3 个地级行政区以外, 西藏自治区其他 4 个地级行政区均有企业在 A 股上市。❶ 可以看出, 企业家是企业发展中最具决定性的核心要素, 在企业的发展过程中, 即使只拥有一个优秀的企业家, 遇到再多的困难也有可能逐步克服, 实现可持续发展。反过来, 其他各种要素很丰富, 但缺少一个优秀的企业家, 这样的企业可能会兴盛一时, 但大概率难以实现可持续发展。因此, 在生态赋能平台建设中, 要将创业人才的培养工作作为重中之重。

"9 中心"的第六个功能中心是投融资中心。无论是创业还是企业的发展, 都离不开资金的支持。资金是企业的血液, 资金链一旦断裂, 再有前途的企业也将倒闭。因此, 在"技术—专利—产品—企业—产业"的全生命周期中, 都需要高度重视资金这个重要因素。投融资中心的主要功能是为平台立项项目提供长期、及时、有效的投资、融资服务。

"9 中心"的第七个功能中心是孵化中心。孵化中心主要承担企业孵化器的功能。在项目刚起步时, 离不开企业孵化器的支持和服务。孵化中心的主要职责是为初创企业提供场地、物业、工商注册、财务、税务、法务、人力资源、政策咨询、研发咨询等服务。

"9 中心"的第八个功能中心是工业设计中心。如前所述的当代产品竞争力十要素分析, 首先, 产品设计是产品竞争力的来源之一; 其次, 随着互联网时代的深入发展, 产品设计对于产品竞争力的重要性日益提升。因此, 在

---

❶ 2021 年 10 月西藏自治区 21 家 A 股上市企业总市值 2370.3 亿元, 上市企业数量排名全国第 29 [EB/OL]. (2021 – 11 – 04) [2022 – 01 – 15]. https://www.chyxx.com/shuju/202111/984686.html.

专利产品化、产业化以及后续企业发展过程中，对工业设计要给予应有的重视。工业设计中心的主要职责是为平台立项项目提供工业设计及相关设计服务。

"9 中心"的第九个功能中心是管理咨询中心。企业成长的过程中，必然遇到各种各样的问题。这些问题的解决当然离不开企业家及其团队的信心、决心、能力和努力，同时也离不开私人或机构智囊的指导帮助。企业发展有其自身的规律，管理咨询机构作为专业的企业成长智囊，有其独特的定位、作用和价值。管理咨询中心的主要功能就是为平台立项项目提供长期、及时、有效、全方位的管理咨询服务。

"1 园区"是知识产权产业园。孵化中心的主要职责是为初创企业提供配套服务，但随着企业的成长以及企业数量的增多，孵化中心将无法满足企业的需求。知识产权产业园的功能就是满足大量初具规模企业发展的需求，为企业提供土地、基础设施、产业配套、科技、人才、商务服务等全方位服务。知识产权产业园的建设发展既是知识产权运营工作良好发展的必然结果，也是知识产权运营需求的重要来源之一，又是打通"技术—专利—产品—企业—产业"生态链条的最后一环。因此，知识产权产业园建设是生态赋能平台建设不可或缺的重要环节。知识产权产业园规划的主要业态包括专利支撑的高技术产业、商标支撑的品牌产业、版权支撑的文化创意产业、地理标志支撑的特色农业、新型研发机构为主体的专利创造产业、知识产权服务机构为主体的知识产权服务业等。

第 11 讲
知识产权金融创新相关原理

一、专利的收费站理论

要做知识产权金融创新，首先需要为知识产权资产定价。要为知识产权资产定价，需要找到科学的定价模型。以专利为例，笔者认为专利的收费站模型是最科学的专利定价模型。

在人类历史上创造的丰富多样的经济生活产权模型中，与专利制度产权模型最接近的应该是 BOT（build－operate－transfer）模式。BOT 实质上是基础设施投资、建设和经营的一种方式，以政府和私人机构之间达成协议为前提，由政府向私人机构颁布特许，允许其在一定时期内筹集资金建设某一基础设施并管理和经营该设施及其相应的产品与服务。当特许期限结束时，私人机构按约定将该设施移交给政府部门，转由政府指定部门经营和管理。❶ 两者的区别主要有三点。一是 BOT 模式是事前私人机构与政府达成协议；专利制度是政府以法律方式公布获得特许的条件和程序，创新主体在完成研发创新后依程序申报独占权利。二是在 BOT 模式中，私人机构的收益期限及价格等事宜具有谈判的空间，由私人机构与政府谈判确定；在专利制度中，专利保护权限早已在法律中确定，没有谈判空间，专利许可价格主要由权利人根

---

❶ BOT 模式［EB/OL］.（2020－06－23）［2021－04－05］. https：//baike. baidu. com/item/BOT 模式/9868020？ fr＝Aladdin.

据市场状况与被许可人确定，政府不参与，但其要受到政府专利强制许可规则、反垄断法的规制。三是在 BOT 模式中，特许期限到期后，私人机构应将相关设施移交政府经营管理；在专利制度中，专利保护期限到期后，专利独占权利消失，专利技术方案全社会免费共享。

笔者将 BOT 模式中常见的修建高速公路项目与专利制度进行类比论述。《专利法》鼓励发明创造，声明任何创新主体只要创新出具备新颖性、创造性、实用性的发明创造，经审查之后国家就授予申请人对该技术方案 20 年的发明专利独占权利。类比高速公路项目，就好比国家声明任何单位或个人，只要修建超过 100 公里满足标准的高速公路就允许其设立收费站并收费 20 年。这就是专利的收费站理论的模型轮廓。

发明专利的授权条件之一新颖性，类比到收费站理论中就是必须修一条新路，别人已经修了的路，你直接拿过来想设收费站，肯定不行。发明专利的授权条件之二创造性，类比到收费站理论中就是：一方面，你可以站在巨人的肩膀上，也可以在别人已经修的基础上接着修，但是你修之前的路和修之后的路要有较大的区别，要有突出的实质性特点和显著的进步；另一方面，国家规定必须修 100 公里以上才允许设收费站，假如只修了 99 公里，则不能设收费站，因为不满足创造性的要求。发明专利的授权条件之三实用性，类比到收费站理论中就是修建的这条路要有实际利用价值，不仅能走车，而且要支持车速在每小时 100 公里以上，能实现高速公路的基本功能。

专利组合类比到收费站理论中就是：我修 100 公里，你修 100 公里，他修 100 公里，我们三个修的高速公路正好是连在一起的，300 公里设一个收费站，统一收费、内部分配。这样大家都比较开心，既提高了通行者的便利性和效率，也降低了权利人收费的成本。如果三家联合收费之后价格打折，还可以降低通行者的费用。这就是专利组合运营更受欢迎的原因。

发明专利的技术效果类比到收费站理论中就是：高速公路是不是双向的，每个方向几个车道，会不会堵车，路面修的是否平整，弯道设计是否安全，照明设施、路标设施是否齐全，服务区设置是否合理，有没有加油站、饭店、旅馆等配套设施，与其他路线相比是不是更经济等。

发明专利技术的社会效益类比到收费站理论中就是：高速公路两边风景好不好；如果风景好，就相当于技术社会效益好，比如节能、减排、环保等。

专利转让的价格类比到收费站理论中就是：这个收费站预计 20 年的利润。专利许可的价格，类比到收费站理论中就是：这个收费站预计一年的利润。收费站一年利润的主要影响因素有以下三个。

一是车流量，即每年经过这段路的车的数量。影响车流量的因素有三个：第一，高速公路所连接城市的繁荣程度，例如广州与深圳之间的高速公路车流量明显比珠海至江门之间的车流量大；第二，可替代方案的数量以及该高速公路在所有路线中的优势程度，例如北京到上海，可以开车走高速公路，还可以乘坐飞机或者高铁，理论上还可以骑摩托车或者步行；第三，高速公路的收费价格。

二是过路费价格，即经过这段路每次收取的费用。在现实中高速公路的收费价格是政府统一规定的，但专利的收费价格理论上是由权利人自主决定的。虽然是权利人自主决定，但其不可避免地要受到市场供求关系、研发投入、市场规模（车流量）、企业经营战略、替代方案价格、收费难度和成本等因素的影响，还要受到国家专利强制许可规则、反垄断法的规制。

三是缴费率，即及时足额交纳过路费的车辆的比例。在现实中，高速公路收费站的缴费率可以达到 100%，因为不缴费一般情况下车辆无法通过。假如强制闯关，由于发达的监控系统被记录并处罚是必然的，没有人会闯关。专利制度施行中情况则大不一样，主动缴纳许可费的比例非常低。原因有如下三点：第一，大多数权利人没有明确的许可收费标准，有的权利人的策略就是独占——这条高速公路只允许我自己开车，不允许别人开车。第二，由于专利技术方案的无形性、可复制性，即使有人使用了权利人的技术，权利人也不一定知道。第三，权利人发现有人使用了他的技术方案，要求缴费，对方当事人不承认，或者就是不缴费。由于侵权人走的是无形的高速公路，闯的是无形的关，在没有监控、没有警察的情况下难以对闯关行为进行有效的处罚，因此专利制度中闯关行为比例较大。

那么，如何提高专利收费站的缴费率呢？一是大幅提升国家对专利权的保护力度，提升证明闯关的技术手段，加大对闯关行为的处罚力度，让闯关者在经济上吃亏。二是大幅提升专利权人的维权意识和能力，鼓励权利人积极主动维权，掌握科学有效的维权手段和措施，大大提升维权成功率。三是大幅提升全社会知识产权文化素质，在广大市场主体中牢固树立尊重知识产权利国利民、侵犯知识产权害人害己的理念。

市场是检验专利价值的唯一标准。根据专利收费站理论，结合专利评估行业多年的探索，笔者认为专利评估的本质是：专利价值取决于购买者利用所买专利能够多挣多少钱或者少损失多少钱。这个判断与专利评估的常用方法——成本法、收益法、市场法等不矛盾，但也不同，这个判断更加充分地体现了专利评估的场景性、动态性、比较性。举例来说，一件手机充电发明专利，假如掌握在"头部"手机公司手上，可能能够多挣几亿元；假如掌握在"腰部"手机公司手上，可能能够多挣几千万元；假如掌握在非手机行业公司手上，可能一分钱也多挣不了，还要每年缴纳年费以致最后还亏了。

二、知识产权价值评估业务的六大趋势

知识产权价值评估业务有六大趋势，具体参见表 11 –1。

表 11 –1　知识产权价值评估业务的六大趋势

序　号	趋　势
1	以诉定价
2	能力内置
3	参考性
4	场景化
5	商业决策化
6	信息化、数字化

第一个发展趋势是以诉定价。根据专利的收费站理论，闯关之后赔偿多少钱，很大程度上决定了收费站能收多少钱，从而决定了专利的价值。根据美国等发达国家的知识产权价值形成经验，以诉定价将成为我国知识产权价值评估业务发展的重要趋势。

第二个发展趋势是能力内置。各方都希望的第三方评估机构作出客观公允的知识产权价值评估结果，这在规律上、机制上以及现实中都不成立。没有任何一个评估机构，能够作出买家、卖家、运营机构都信服的知识产权价值评估结果。因此，知识产权评估的能力要内置，内置在买家和卖家，形成"评估—验证—反馈—担责"的闭环，以促进知识产权价值评估业务的高质量发展。

第三个发展趋势是参考性。知识产权价值评估结果无法决定成交价格，更多时候其发挥的是参照物的作用，往往作为买卖双方谈判的起始值。由于心理学上的"锚定效应"，起始值对于谈判结果往往具有重要影响。

第四个发展趋势是场景化。如前所述，知识产权价值决定于购买者利用所买知识产权能够多挣多少钱或者少损失多少钱。知识产权价值评估的场景化趋势日益明显。

第五个发展趋势是商业决策化。知识产权属性的本质是市场竞争的工具。任何知识产权决策，当然包含知识产权价值评估决策，一定要站在企业整体经营决策的层次来判断，才会更加系统、精准。就专利说专利，这是企业知识产权管理初级阶段的表现；就商业说专利，就战略说专利，才是企业知识产权工作应该追求的目标。在很多的商业谈判过程中，其他方面谈得差不多了，再拿专利博弈一下。跨国公司利用知识产权全球合理布局，在全球进行税务规划是比较普遍的做法。

第六个发展趋势是信息化、数字化。目前国内多个评估机构都在开发专利评估信息化系统，希望能够利用信息化系统对专利价值进行自动评估或者是半自动评估。

三、关于知识产权金融创新的若干判断

知识产权质押贷款产品是知识产权金融创新的基础产品，也是高端产品的原型和前提。知识产权质押贷款与房产抵押贷款的基本逻辑不同，沿着房产抵押的思路去做知识产权质押贷款是缘木求鱼，必然没有出路。知识产权能否卖掉，什么时候能卖掉，能卖多少钱，这三个问题难以有效解决，除非利用金融工具进行事前的架构设计。知识产权质押贷款产品的核心逻辑是信用贷款加"反向伤害"，其可持续发展之道是跟履约保证保险捆绑。与其他金融产品一样，知识产权质押贷款，不可避免有一定的风险，但不能因噎废食，关键是要做好风险防控和盈亏精算。

近几年，在政府的大力推动下，全国已经成功发行了若干单知识产权证券化产品。这些产品用的都是 ABS（asset backed securitization）资产证券化模式。ABS 资产证券化模式是以项目所属的资产为支撑的证券化融资方式，即以项目所拥有的资产为基础，以项目资产可以带来的预期收益为保证，通过在资本市场发行债券来募集资金的一种项目融资方式。❶ 笔者认为这个模式不符合知识产权资产的基本逻辑，无法做大做强，也无法有效解决知识产权流动性问题。

知识产权证券化的有效模式应该是全业务证券化（whole business securitization，WBS）模式。WBS 是指利用结构化交易安排将融资方的某项整体业务证券化，以整体业务的营业收入现金流为偿付支持发行债务证券。偿付现金流不能脱离融资方的积极经营与主动管理，这是 WBS 与 ABS 的根本区别，同时也是 WBS 被称为"混合交易"（hybrid transaction）的主要原因。WBS 与 ABS 均是通过结构化的交易方案设计，将证券的信用评级提高到融资主体信

---

❶ ABS 融资模式［EB/OL］.［2021 – 04 – 05］. https：//baike. baidu. com/item/ABS% E8% 9E% 8D% E8% B5% 84% E6% A8% A1% E5% BC% 8F/3147924？fr = Aladdin.

用评级之上，进而获得更低的利率成本以及更大规模的融资额度，这是两者相似之处。两者的区别主要有如下几点。

第一，ABS 的基础资产具备"自我变现"能力，不需要依靠原始权益人积极管理、主动经营即可产生现金流，比如住宅抵押贷款、汽车贷款等应收账款。而 WBS 证券化的仅是一项"基础业务"，它本身并不具备"自我变现"能力，融资方必须持续地、积极地经营这项"业务"才能产生现金流，而且这种营业收入现金流的规模和稳定性往往与特定经营主体的表现密不可分。这是 WBS 与 ABS 之间最显著、最根本的区别。

第二，从价值构成上看，ABS 的偿付现金流就是基础资产的变现收益，构成单一。而 WBS 的收入现金流则体现为多种经济要素的综合价值补偿，构成复杂。比如，电力的销售收入不仅体现了发电机组的折旧价值，而且体现了维护、操控人员的劳动价值；天然气的销售收入不仅体现了输送管线的折旧价值，而且还包括天然气本身的资源价值等。

第三，ABS 的基础资产是已经确认的应收账款或者其他流动性稍差的资产。所谓"真实销售"，从财务角度衡量，其实就是在资产负债表上用"现金"替换其他资产的过程，不会增加融资方的负债水平。而 WBS 的偿付现金流是未来的营业收入，一般不会出现在资产负债表上，WBS 的发行势必形成融资方的新增负债。

第四，由于无法脱离运营行为，WBS 归集的收入现金流一般需要优先支付给运营主体（比如管理费），用以弥补其原料、人员等各项可变成本开支。而 ABS 的偿付现金流为基础资产"自我变现"收益，不存在这种需要。

第五，由于 WBS 不能满足美国 ABS 条例中关于基础资产的"自我变现"要求，美国资本市场上的 WBS 证券几乎没有公募产品，至多是公开评级结果的私募证券。但是，ABS 特别是抵押贷款支持证券（mortgage backed securities，

MBS）则是美国公募证券市场的重要组成部分。❶

　　根据上述分析，WBS 是比较符合知识产权资产属性的证券化模式。在这个模式的基础上，可以进一步探索建设知识产权证券交易所，用于专门接受知识产权支撑型企业的上市申请，上市的主要资产及模式是知识产权整体业务证券化。前述第 9 讲知识产权运营十大难题中谈到知识产权流动性差，如果能够设立知识产权证券交易所，也许可以解决知识产权流动性差的问题。

四、七弦琴专利评价系统

　　2019 年 11 月 12 日，在 2019 粤港澳大湾区知识产权交易博览会上华发七弦琴国家知识产权运营公共服务平台联合合享汇智信息科技集团有限公司、北京中金浩资产评估有限责任公司、珠海横琴濠麦科技有限公司发布了七弦琴专利评价系统。七弦琴专利评价系统，是四方共同研发的专利价值评价在线软件，能够进行单件专利价值评价和创新主体专利实力评价。在该系统中，输入一个中国专利申请号，可以快速给出该专利的专利价值百分制评分；输入一个中国创新主体的全称，可以给出该主体的专利实力百分制评分和一个简版专利实力报告。单件专利评价系统包括专利类型、权利要求数量、剩余寿命等 16 个专利客观指标，覆盖法律、技术、市场三个维度。企业专利实力评价系统包括随机抽取的 1000 件发明和实用新型专利平均值、企业发明人数量等 5 个客观指标。经过反复的调试和研发，七弦琴专利评价系统评价结果的准确性比较理想，已经在《中国高校专利实力 100 强年度报告》《中国企业专利实力 500 强年度报告》等涉及的专利评价中得到成功运用。

---

　　❶ 李雪寒. 全业务证券化（WBS）交易结构分析［EB/OL］.（2014 - 11 - 04）［2021 - 04 - 05］. http：//blog. sina. com. cn/s/blog_436fc5b60102v4of. html.

第 12 讲
知识产权管理咨询相关原理

一、知识产权管理咨询的业务范围

本章所述的六大技能模块中前五个技能，是对象相对具体、目标相对单一、业务相对单纯的微观操作技能。比较而言，知识产权管理咨询技能则是对象相对抽象、目标相对复杂、业务相对复合的中观甚至宏观技能。知识产权管理咨询过程离不开对知识产权挖掘布局、复审无效诉讼、导航分析、运营交易、金融创新等的综合运用。

知识产权管理咨询的主要客户有四类，第一类是政府，第二类是高校和科研院所，第三类是企业，第四类是知识产权服务机构。

政府对知识产权管理咨询的需求主要包括：区域或产业知识产权发展战略或规划研究制定，知识产权法规、政策研究制定，知识产权数据统计分析，知识产权人才培养与引进，知识产权宣传与活动，知识产权公共服务平台建设，知识产权服务业集聚区建设，产业知识产权联盟建设，知识产权大数据支撑行政管理工具，知识产权智库服务，知识产权政策项目申报组织与评审，知识产权挖掘布局、维权、导航、运营、金融创新等公共服务。

高校和科研院所对知识产权管理咨询的需求主要包括：知识产权战略或规划的研究制定，知识产权政策研究制定，知识产权挖掘布局、申请前评估、维权、导航、运营、盘点、服务质量监理等业务处理，知识产权大数据工具，知识产权管理流程优化，知识产权人才培养与引进，品牌策划与推广，知识产权管理标准宣贯实施，专利技术标准化，专利技术的转让、许可、作价入股服务，产学研合作项目的知识产权管理，知识产权管理效能提升，知识产权顾问服务，知识产权智库服务，知识产权实力与信用评价，知识产权的所有权、收益权、处置权管理等。

企业对知识产权管理咨询的需求主要包括：企业知识产权战略或规划的研究制定，企业知识产权政策研究制定，企业知识产权挖掘布局、维权、导航、运营、质押融资等业务处理，知识产权大数据工具，企业知识产权管理流程优化，企业知识产权人才培养与引进，企业品牌策划与推广，企业知识产权管理标准宣贯实施，企业专利技术标准化，企业专利技术的引进与输出，产学研合作项目的知识产权管理，企业知识产权管理效能提升，企业知识产权顾问服务，知识产权智库服务，企业知识产权实力与信用评价等。

知识产权服务机构对知识产权管理咨询的需求主要包括：服务机构发展战略或规划的研究制定，服务机构产品创新，服务机构商业模式创新，知识产权大数据工具，服务机构管理流程优化，服务机构人才培养与引进，服务机构品牌策划与推广，服务机构营销模式创新，服务机构信息化提升，服务机构服务标准宣贯实施，服务机构管理效能提升，服务机构管理顾问服务，知识产权智库服务，服务机构实力与信用评价等。

知识产权管理咨询服务涉及面广，复杂程度高，对咨询机构和个人要求比较高。咨询机构和个人不仅要对知识产权行业及挖掘布局、维权、导航、运营、金融创新等技能有深刻的认识，还要对产业、企业管理的方方面面以及商业运行的基本原理有深刻的把握。

二、品牌策划与传播

在互联网高度融入人类经济社会发展的当今时代，商业传播面临的最大挑战，也可以说是最大特征，就是眼球数量除以信息数量约等于零，且日趋接近于零。在这样的时代背景下，酒香也怕巷子深，品牌策划与传播将成为知识产权管理咨询甚至是管理咨询的最热门、最不可或缺的重要内容。在能够形成企业"护城河"的相关因素中，品牌建设应该是最直接、最立竿见影、最具防御性的重要因素，越来越受到市场主体的重视。党中央、国务院高度重视品牌发展工作。2014 年 5 月 10 日，习近平总书记在河南考察时提出了"推动中国制造向中国创造转变、中国速度向中国质量转变、中国产品向中国品牌转变"。李克强总理在政府工作报告中多次强调打造中国知名自主品牌。2016 年 6 月，国务院办公厅印发了《关于发挥品牌引领作用推动供需结构升级的意见》（国办发〔2016〕44 号），提出设立"中国品牌日"，凝聚品牌发展社会共识，营造品牌发展良好氛围，搭建品牌发展交流平台，提高自主品牌影响力和认知度。2017 年 4 月 24 日，国务院批准将每年 5 月 10 日设立为"中国品牌日"。

对于一个企业来讲，它的用户、客户、消费者并不关心企业的内部运作，在消费者眼里这个企业就是一个黑匣子。这个判断不适用于大客户，因为大客户跟一般的终端消费者不一样，不仅关心黑匣子之外的东西，还关心企业的输出、输入以及过程。特别是在知名企业作为主要供应商的场景下，大客户会要求企业的产品通过相关的认证，原料符合特定标准，还会关注企业的操作作业流程、卫生标准、相关技术参数等。

但是小客户一般不关心这些。根据小客户一般所能接触到的企业及其产品的信息流，笔者总结了一个理论，叫作品牌环理论，参见图 12 - 1。其主要内容是：一般消费者所能接触到的企业及其产品信息，首先是商标，其次是产品（包括产品包装、生产厂家、生产日期、使用说明等信息），最后是品牌（标志、广告语、代言人等信息）。如果对这个企业感兴趣，消费者一般可以通过企业官网、新闻发布会、产品发布会等渠道了解到企业战略，还可能接触到企业新闻宣传、产品宣传、品牌宣传等信息，更有可能接触到其产品的营销信息，再到企业的销售人员及销售信息。如果消费者购买了，就会产生产品使用体验和信息，使用之后自然会产生产品使用评价或者是口碑。这个评价或者口碑在很大程度上会凝结在品牌的载体——产品的商标上，进而最终形成品牌价值。这个品牌环覆盖了企业及其产品信息所能触达一般消费者的所有环节，也形成了一般消费者从接触产品到购买产品、使用产品并将使用评价反馈到产品品牌的闭环。从品牌建设的角度看，这个品牌环其实就是品牌策划与推广所能发挥作用的主要用武之地，品牌策划和推广也应该主要围绕这个品牌环来谋划和执行。

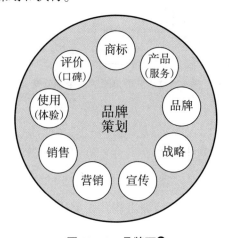

图 12 – 1　品牌环❶

如第 2 讲所述，商标品牌相当于产品的脸蛋。爱美之心，人皆有之，脸蛋的颜值对于产品竞争力的重要性毋庸置疑。正如评价一个人时不仅有外在美，还有内在美的多个方面，企业品牌的内涵不仅包括外在美，而且包括内在美。看得见的品牌是企业的脸蛋，看不见的品牌是企业的灵魂。品牌是企业一切修炼的结晶，是企业灵魂的主要载体，是企业内在美和外在美的集中体现。构成品牌的核心要素主要有八个，也称为企业品牌灵魂的八个面孔，分别是：商号（公司名），商标，图形商标（logo），广告口号（slogan），吉祥物，企业愿景、使命、价值观，企业核心文化，企业品牌歌曲等。从品牌策划与推广的角度看，这八个要素正是品牌策划的主要成果，也是品牌推广的主要内容，参见图 12 – 2。

---

❶　制作人：杨彩珺。

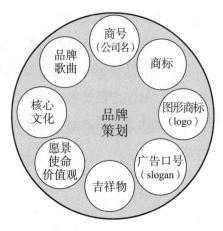

图 12 – 2   品牌灵魂的八个面孔❶

三、知识产权培训

各行各业的企业都离不开培训工作。人类进入知识经济时代之后，更多的行业和岗位主要依赖于人的脑力劳动，培训的重要性日益提升。如前所述，知识产权既是高度智力密集型行业，还是实践性为主的行业，而且是缺乏历史文化传统的"舶来品"行业，对培训有着天然的高度依赖。知识产权培训的核心目标是持续提升知识产权界各方主体的知识产权意识和能力。创新主体和市场主体的知识产权意识和能力的水平，很大程度上直接决定国家或区域的知识产权水平。因此，知识产权培训应是我国知识产权事业发展过程中常抓不懈的核心任务。

知识产权培训涉及专利、商标、版权、地理标志、商业秘密、集成电路布图设计、植物新品种等多个类型，涉及挖掘布局、复审无效诉讼、导航分析、运营交易、金融创新、战略管理咨询等多种技能，涉及政府、法院、高校和科研院所、企业、服务机构等多个主体。这几个维度细分下来，知识产

---

❶ 制作人：杨彩珺。

权培训课程数量达到上百种之多。笔者以华发七弦琴国家知识产权培训基地的"2＋6＋2＋2"课程为例，对知识产权培训课程进行简述，具体参见表 12－1。

表 12－1　"2＋6＋2＋2＋X"培训体系

课程	培训中心				
	知识产权行政管理培训中心	知识产权技能培训中心	知识产权商学培训中心	创新创业培训中心	定制化培训
	知识产权行政管理实务培训	知识产权挖掘布局技能培训	知识产权服务机构管理培训	技术研发人员培训	根据需求量身定做的培训课程
		知识产权复审无效诉讼技能培训			
		知识产权导航分析技能培训			
	知识产权行政管理高级研修	知识产权运营交易技能培训	知识产权服务机构总裁培训	创业者企业管理能力培训	
		知识产权金融创新技能培训			
		知识产权战略管理咨询技能培训			

华发七弦琴国家知识产权培训基地下设四个培训中心：第一个是知识产权行政管理培训中心，负责针对政府知识产权行政管理部门的培训；第二个是知识产权技能培训中心，负责针对企业、高校和科研院所知识产权部门一线工作人员和服务机构一线工作人员的培训；第三个是知识产权商学培训中心，负责针对服务机构的投资人、高管和中层管理人员的培训；第四个是创新创业培训中心，负责针对各类研发人员和中小微企业高管、创业者的培训。

四个培训中心与"2＋6＋2＋2"课程逐一对应。

知识产权行政管理培训中心课程主要有两个：知识产权行政管理实务培训，主要针对各级知识产权局基层公务员，开展知识产权行政管理相关知识、技能的培训；知识产权行政管理高级研修，主要针对处级及以上中高层知识产权行政管理干部，开展知识产权行政管理理论、方法、经验等的培训。

知识产权技能培训中心的课程主要有六个：知识产权挖掘布局技能培训、知识产权复审无效诉讼技能培训、知识产权导航分析技能培训、知识产权运营交易技能培训、知识产权金融创新技能培训、知识产权战略管理咨询技能培训。

知识产权商学培训中心的课程主要有两个：知识产权服务机构管理培训，主要针对服务机构中层管理人员，开展工商管理及知识产权服务业务管理方面的培训；知识产权服务机构总裁培训，主要针对服务机构的投资人和高层管理人员，开展服务机构发展战略、商业模式、品牌、营销、人力资源等方面的培训。

创新创业培训中心的课程主要有两个：技术研发人员培训，主要针对高校和科研院所、企业的技术研发人员，开展专利基础知识、技术交底书撰写、专利大数据检索、专利申请文件审核等培训；创业者企业管理能力培训，主要针对中小微企业高管、创业者，开展企业战略、商业模式、品牌、营销、人力资源、知识产权战略等方面的培训。

四、知识产权智库

知识产权行业专业性强，"门槛"比较高，相对"小众"，因此对知识产权智库有着较强的需求。政府方面，对知识产权智库的需求主要是研究制定知识产权战略、规划、法律、法规、政策，研究知识产权与产业、企业、产品的关系，研究知识产权金融创新规律与产品等。高校和科研院所、企业方面，对知识产权智库的需求主要是研究制定知识产权战略、规划、竞争策略等。

知识产权智库与一般知识产权服务机构的区别主要体现在三个方面：一是一般服务机构解决常规问题，智库解决复杂、非常规问题；二是一般服务机构功能相对单一，智库倾向于整合多方资源、系统性解决问题；三是一般服务机构针对多个客户采用基本相同的服务方案，智库则是针对性个性化解决方案。

第 3 章
政府模块

宁可食无肉　不可居无竹（张思源）

第 13 讲
为什么要加强知识产权行政管理

为什么要加强知识产权工作？因为知识产权行业是个小行业，而且知识产权是个"舶来品"，所以全社会知识产权意识比较薄弱，知识产权行业从业人员在开展工作的很多场景中都需要首先就知识产权的重要性、必要性进行论证和引导。这种情况这些年得到极大改善，从《国家知识产权战略纲要》到《知识产权强国建设纲要（2021—2035 年）》，从《"十三五"国家知识产权保护和运用规划》到《关于强化知识产权保护的意见》，从知识产权专门法院的建立到重组国家知识产权局，从国务院知识产权战略实施工作部际联席会议到中央政治局集体学习知识产权保护，全社会对知识产权重要性的认识空前提高，但创新主体、市场主体自觉主动将知识产权工作提上日程、落实到日常行动的情况依然比较少见，比例依然偏低。究其原因，是知识产权工作的必要性意识尚未成为社会共识。因此，截至目前，从各级知识产权局的局长到工作人员，从知识产权服务机构的高管到销售人员，从企业的知识产权总监到高校和科研院所知识产权工作负责人，都面临向工作对象、客户或者上级解释"为什么要加强知识产权工作"这个问题，而且未来较长一个时期还将持续面临这个问题。

在不同的场景下，解释这个问题的角度和思路不同，但其本质主要是论证知识产权工作很重要，要重视，要加大工作投入，否则未来可能会面临风险或者损失。一是场景类型较多，难以逐个阐述。二是不同场景下本质是类似的，万变不离其宗，可以一通百通。三是在中国特色的社会主义知识产权治理中，政府肩负着非常重要的角色，是中国知识产权事业发展的重要力量。因此，本书就选取政府的角度，论述一下为什么要加强知识产权行政管理，希望能够对知识产权行业这个普遍课题的解决添砖加瓦。

一、加强知识产权行政管理是国家创新发展的必然要求

党的十八大报告强调实施创新驱动发展战略。2013 年 3 月，习近平总书记在参加全国政协第十二届第一次会议科协、科技界委员联组讨论时强调，实施创新驱动发展战略，是立足全局、面向未来的重大战略，是加快转变经济发展方式、破解经济发展深层次矛盾和问题、增强经济发展内生动力和活力的根本措施。2013 年 9 月，习近平总书记在主持中共中央政治局第九次集体学习时强调，实施创新驱动发展战略决定着中华民族前途命运。2013 年 11 月，党的十八届三中全会强调："加快转变经济发展方式，加快建设创新型国家。"2014 年 8 月，习近平总书记主持召开中央财经领导小组第七次会议时发表重要讲话，强调创新始终是推动一个国家、一个民族向前发展的重要力量。我国是一个发展中大国，正在大力推进经济发展方式转变和经济结构调整，必须把创新驱动发展战略实施好。2015 年 3 月，党中央、国务院印发《关于深化体制机制改革加快实施创新驱动发展战略的若干意见》，从思路目标、创新环境、创新导向、金融创新、政策激励、科研体系、创新人才、开放创新、统筹协调等方面对创新驱动发展战略的实施作出了部署。2015 年 10 月，党的十八届五中全会提出，坚持创新发展，必须把创新摆在国家发展全局的核心位置，不断推进理论创新、制度创新、科技创新、文化创新等各方面创新，让创新贯穿党和国家一切工作，让创新在全社会蔚然成风。必须把发展基点放在创新上，形成促进创新的体制架构，塑造更多依靠创新驱动、更多发挥先发优势的引领型发展。党的十九大报告强调，加快建设创新型国家。创新是引领发展的第一动力，是建设现代化经济体系的战略支撑。党的十九届五

中全会提出坚持创新在我国现代化建设全局中的核心地位。特别是 2020 年 11 月习近平总书记在主持中共中央政治局第二十五次集体学习时强调："创新是引领发展的第一动力，保护知识产权就是保护创新。"无论是总结过去发展经验，还是为"十四五"时期乃至更长远阶段谋篇布局，创新在我国经济社会建设中的作用愈发凸显，是贯穿其中的鲜明主线，相应地其必然对知识产权行政管理工作提出更高的要求。

二、加强知识产权行政管理是国家经济发展阶段的必然要求

回顾我国改革开放以来 40 多年的经济发展，参考世界主要发达国家或地区的经济发展经验，预判中国经济发展将陆续经历"中国加工""中国制造""中国智造""中国创造""中国文化"等发展阶段。不同的发展阶段，发挥主导作用的生产要素是不同的。"中国加工""中国制造"阶段发挥主导作用的生产要素是生产规模、大量廉价劳动力等，可以概括为经济的"体商"。"中国智造""中国创造"阶段发挥主导作用的生产要素是技术创新、专利、商业秘密、软件著作权等，可以概括为经济的"智商"。"中国创造""中国文化"阶段发挥主动作用的生产要素是品牌、地理标志、外观设计、作品著作权、文化等，可以概括为经济的"情商"。可以看出经济的"智商"和"情商"的内容主要都是知识产权。当前中国经济发展正处于"中国智造"阶段，当前阶段以及之后"中国创造""中国文化"等阶段，都高度依赖创新和知识产权的有效支撑，因此，必然对知识产权行政管理工作提出更高的要求。

从主要发达国家的发展经验来看，知识产权的有效支撑是经济竞争力的重要源泉。中南财经政法大学吴汉东教授指出，美国作为当今世界的超级大国，其在经济领域的优势无非表现在"三片"上：体现专利实力的"芯片"，代表了美国全球领先的高新技术产业；体现版权实力的"碟片"，风靡全球的

美国大片代表了美国版权产业的竞争力；体现商标实力的"薯片"，以麦当劳、可口可乐等为代表的商标体现了美国在全球的品牌影响力。

三、加强知识产权行政管理是中国经济可持续发展的必然要求

有个最简单的、也是常用的经济学模型叫柯布－道格拉斯生产函数模型（Cobb－Douglas Production Function），认为产量（O）跟劳动力（L）和固定资产投资（K）的关系如下：$O = 常数 \times \sqrt{L} \times \sqrt{K}$。❶ 根据这个模型，增加劳动力或增加投资对经济增长的拉动都是有限的，越往后越慢，越往后越贵。中国经济曾经有过快速的增长是因为当时劳动力，特别是投资本身在快速增长。但是，这样的增长不会一直持续下去。投资不是从天上掉下来的，如果没有外来或者政府驱动的刺激性投资，投资最终只能由产出决定，会越来越贵。特别是过了早期的阶段之后，机器设备要折旧，而折旧和固定资产是正比关系。总有一天，投资正好等于折旧，经济就不再增长了。

早在 20 世纪 50 年代，美国经济学家罗伯特·索罗就提出一个经济增长模型，即索罗增长模型（Solow Growth Model）。简单来说，索罗增长模型认为，长期看来，经济的产出 $O = A^2 \times L \times s \div d$。其中，$A$ 代表技术进步，L 代表劳动力，s 代表储蓄率，d 代表折旧率。❷

技术进步就是使用同样的劳动力人数和固定资产投资，产出却比别人的多。因为技术更先进，产出就比别人的产出更值钱——A 代表了技术附加值。经济产出和 A^2 成正比，因为 A 有两个效应：一个是 A 能直接增加产出；另一个是由于 A 增加了产出，因此相对于同样的折旧，投资也会增加。如果能把技术附加值变成 2 倍，总产出就会变成 4 倍。

---

❶❷ 爱读书的少侠. 模型思考者：万维钢·精英日课 S3［EB/OL］.（2019－11－10）［2021－12－18］. https：//zhuanlan. zhihu. com/p/91135983.

使用索罗增长模型可以分析中国经济是如何增长的。在经济非常落后的阶段，只要有一点固定资产投资，马上就能拉动经济增长。另外，中国有很多的劳动力，中国人还很喜欢储蓄，因此，"$L \times s$"这一项很大，劳动力和固定资产投资给中国带来了一个长时间的高速增长时期。但是，这个增长是有限的。中国的劳动力人数不会一直增加。想要克服经济增长放缓的宿命，就必须在技术附加值上做文章。知识产权制度是激励创新的基本保障，要想长期可持续地实现技术附加值的提高，必须加强知识产权工作，这必然对知识产权行政管理提出更高的要求。

第 14 讲
知识产权行政管理的使命

如第 3 讲所述，知识产权思维的本质是开发并独享真善美的商业价值，知识产权的本质既是产权化的真善美，也是对真善美的产权化和商业化。创新的本质是创造真善美。结合第 12 讲所述国家创新发展对知识产权的迫切需求，根据中国特色社会主义知识产权行政管理的实践经验，笔者认为知识产权行政管理的使命就是推进创新成果的产权化、商业化，发展知识产权经济（也可以称作知识产权支撑型产业）。

知识经济就是知识在经济增长中发挥基础性作用的经济形态。知识产权经济是知识经济的一个重要组成部分，是知识产权在经济增长中发挥基础性作用的经济形态。郭民生博士认为：所谓的知识产权经济是由传统经济向知识经济演化进程中客观存在的一种以知识产权资源作为主导生产要素，政府、法人与公民依靠现代知识产权制度、政策、法律和世贸规则，在创造（创作）、管理、保护和运营知识产权资源，并对资本、人才及其他有形资源进行市场配置、集约经营、管理创新和财富创造的过程中逐步形成的、具有自身运行规律、独特运营技巧和良好发展前景的全新经济形态。❶

知识产权经济的外延，主要包括以下内容：第一个产业是知识产权服务业；第二个产业是知识产权创造产业，指的是针对市场需求做研发（创新），

---

❶　郭民生. 通向未来的制胜之路：知识产权经济及其竞争优势的理论与实践［M］. 北京：知识产权出版社，2010：55.

做完研发变成专利（各类知识产权），然后直接把专利（各类知识产权）卖掉的业态；第三个产业是以技术专利、技术秘密、技术标准、软件为支撑的高新技术产业；第四个产业是以版权为支撑的文化创意产业；第五个产业是以商标品牌为支撑的特许经营产业；第六个产业是以植物新品种、地理标志为支撑的特色农业，参见表 14 – 1。

表 14 – 1　知识产权经济的外延

序　号	产业构成
1	知识产权服务业
2	知识产权创造产业
3	以技术专利、技术秘密、技术标准、软件为支撑的高新技术产业
4	以版权为支撑的文化创意产业
5	以商标品牌为支撑的特许经营产业
6	以植物新品种、地理标志为支撑的特色农业

从知识产权行政管理的角度看，推动创新成果的产权化、商业化既是职责也是手段，发展知识产权经济既是目标也是使命。知识产权行业是社会的器官，假如没有知识产权行业，推动创新成果产权化、商业化的功能将缺失，经济发展特别是知识产权经济的发展将受到损失。从知识产权行业的角度看，知识产权保护就是目的。但从整个国家经济社会发展的角度看，知识产权保护只是手段。

没有创新，就没有知识产权。知识产权的本质是将创新成果产权化、商业化，假如没有创新，知识产权就变成了无本之木、无源之水。反过来看，知识产权也会反作用于创新。当今时代，创新的成本普遍比较高，如果没有知识产权的保护，创新成本很难收回，将会大大扼杀创新的积极性。知识产权行政管理机关作为知识产权行业的协调者、推动者，对知识产权行业的发展有着举足轻重的作用。在知识产权行政管理的使命方面进一步达成共识，将对我国知识产权事业发展发挥重要的作用。

第 15 讲
区域知识产权治理方法

　　什么叫区域？要么是一个省，要么是一个地级市，要么是一个县，这些都是一个区域，长三角、珠三角、京津冀等也都是区域。知识产权治理的范畴与知识产权行政管理有所不同，知识产权行政管理主要是站在各级知识产权局的角度考虑如何推动知识产权事业发展，知识产权治理则是站在组成知识产权界的政府、高校和科研院所、企业、服务机构等多方主体之上考虑如何系统化地推动知识产权事业发展。

　　如表 15 - 1 所示，如果将区域知识产权治理比作拍电影，那么制片人应该是政府、高校和科研院所、企业。在区域知识产权发展的初级阶段，政府出资额占大头。随着知识产权事业的发展，高校和科研院所、企业出资额不断提升，最后应该是高校和科研院所、企业出资额占大头，甚至占全部。编剧主要还是政府。随着知识产权事业的发展，智库将在编剧这个角色上发挥更大的作用。导演主要还是政府。随着知识产权事业的发展，当地的知识产权公共服务机构将配合政府承担执行导演的部分任务。主要演员应该是高校和科研院所、企业、服务机构，其中高校和科研院所、企业主要是需求侧的演员，服务机构是供给侧的演员。摄像应该是国家知识产权局等知识产权注册审批机关。区域知识产权事业发展的成果归根结底要在区域拥有的知识产权数量和质量上得到体现。剧务应该是城市，特别是高新区、经开区、自贸区等产业、创新聚集之地。创新是知识产权的源头，创新聚集的地方才是知识产权的用武之地。

表 15 – 1 区域知识产权治理方法论（拍电影理论）

拍电影角色	知识产权治理角色
制片人	政府、高校和科研院所、企业
编剧	政府、智库
导演	政府、公共服务机构
演员（主角 1）	高校和科研院所、企业（需求侧）
演员（主角 2）	服务机构（供给侧）
摄像	国家知识产权局等
剧务	城市（高新区、经开区、自贸区等产业集聚区）

在区域知识产权治理中，政府是非常重要的角色，承担了制片人、编剧、导演等三个重要角色，对"电影"能否拍成、能否拍好发挥了重要作用。政府最多担任这三个角色，而且随着知识产权事业发展，政府承担的制片人角色应该逐渐退出，编剧、导演角色也应该一定程度地后撤，应进一步发挥智库、公共服务机构的作用。最值得注意的是，政府千万不能担任主演角色，否则就会出现政府越位的问题。

高校和科研院所、企业、服务机构是区域知识产权事业真正的主演，区域知识产权事业的发展归根结底需要通过这三方面主体的发展来体现。政府的重要职责就是通过编剧（政策法规体系）、导演（组织、协调、推动）等手段，促进需求侧主演（高校和科研院所、企业）和供给侧主演（服务机构）的良性互动。政府借助服务机构的力量，推动高校和科研院所、企业创新成果产权化、商用化，推动高校和科研院所知识产权向企业流动。

现阶段，在区域知识产权治理中，我国应从需求侧主演（高校和科研院所、企业）着手还是从供给侧主演（服务机构）着手更好一点呢？笔者认为，从供给侧主演（服务机构）着手应该更好一些。理由有三点：

第一，我国知识产权事业自诞生以来，供给侧驱动是其一贯的特色，"十四五"时期以及后续较长时间内，这一趋势将得到延续。

第二，如第 4 讲服务本质原理所述，知识产权服务是知识产权行业的本质，如果把一个地区的知识产权事业比作一条船的话，那么知识产权服务业就是承载这条船的水，水涨船高。如果水不涨，那船长（地区知识产权政府部门负责人）再着急，也没有太大作用。

第三，从施政难度上看，一方面，需求侧主演特别是企业数量较大，服务机构数量较少，一般情况下区域企业数量能够达到服务机构数量千倍以上；另一方面，服务机构在服务高校和科研院所、企业方面与政府目标有着天然的一致性，服务机构积极性、主动性较强。因此从服务机构着手，政府施政难度较低，能够起到"四两拨千斤"的良好作用。

"拍电影理论"帮我们很好地厘清了在区域知识产权治理中知识产权界各方主体的角色、定位和使命。在实际运行中，特别是在知识产权行政管理中，还要充分利用生态系统原理。如第 4 讲所述，中国知识产权行业生态由"人、资、网、政、产、知、研"七个要素组成。区域知识产权行政管理机关作为知识产权行业的协调者、推动者，编剧（政策法规体系）和导演（组织、协调、推动）的重点应该紧紧围绕这七个要素，持续提升区域知识产权人才的数量和质量，推动资本和金融力量在知识产权行业的投入，积极加强互联网先进技术在知识产权行业的利用，持续出台和优化系统、精准的知识产权政策，大力提升知识产权服务机构的能力和水平，全面提升高校和科研院所、企业创新成果的产权化、商业化能力和水平，有效促进区域知识产权经济发展。

第 16 讲
城市知识产权行政管理基本思路

一、城市知识产权行政管理的理论模型

如表 16－1 所示，城市知识产权行政管理理论模型的内容可以概括为六个阶段或者六个要素。第一个是天时，主要指城市政府对知识产权的认知水平，特别是重视程度。第二个是地利，主要指实体产业基础条件以及知识产权与产业结合情况。第三个是硬件，主要指知识产权行政管理的硬件，包括城市各级知识产权行政管理机关机构设置、人员队伍、经费预算等情况。巧妇难为无米之炊，没有一定的硬件保障，知识产权行政管理工作是没法做的。第四个是能力，主要指城市各级知识产权行政管理机关的工作理念、工作思路、工作方法、创新力、执行力等。第五个是软件，主要指城市知识产权工作开展的软环境，包括知识产权政策法规环境、保护环境、文化环境等。第六个是实效，主要指城市知识产权工作取得的实际效果，知识产权资源各得其所，知识产权制度良好运转，知识产权作用充分发挥。

表 16－1　城市知识产权行政管理理论模型

要　　素	主要内容
天时	政府领导重视
地利	实体产业基础条件及知识产权与产业紧密结合情况
硬件	管理机构、人员队伍、经费投入等

续表

要　素	主要内容
能力	工作理念、工作思路、工作方法、创新力及执行力
软件	知识产权政策法规环境、保护环境、文化环境
实效	知识产权资源各得其所，知识产权制度良好运转，知识产权作用充分发挥

　　将上述六点称为六个阶段，是因为在一般情况下，这六点的出现具有时间先后顺序，一般先有天时、地利，才会有硬件、能力，进而才会有软件、实效。这六点基本上反映了城市知识产权行政管理工作发展的六个阶段。将上述六点称为六个要素，是因为这六点既是做好城市知识产权行政管理工作的原因，也是城市知识产权行政管理工作的重要着力点，还是城市知识产权行政管理工作做好后的效果。

二、城市知识产权行政管理存在的主要问题

　　根据城市知识产权行政管理工作基础，笔者将城市分为基础薄弱城市和基础扎实城市。

　　根据前述六要素理论模型，基础薄弱城市知识产权行政管理工作的主要问题在天时和硬件。工作发展的瓶颈在硬件，问题的根源在天时。

　　基础扎实城市知识产权行政管理工作的主要问题在能力和软件。工作发展的瓶颈在软件，问题的根源在能力。

三、解决城市知识产权行政管理问题的主要措施

　　针对基础薄弱城市知识产权行政管理工作存在的天时和硬件问题，其工作着力点相应地也应该聚焦于解决这两个问题，工作目标可以概括为"管理有队伍、政策有亮点"。主要工作措施应该包括以下五个方面。一是抓好宣传

普及。充分利用世界知识产权日、全国知识产权宣传周、中国专利周、中国品牌日、中国商标节、全国法制宣传日等重要时机大力开展知识产权宣传普及活动。二是抓好领导干部知识产权素养提升工作。通过政府理论学习、党校学习、党中央与国务院领导讲话和文件传达学习等方式积极提升领导干部对知识产权工作的认知水平。三是抓好若干典型案例。积极指导支持当地企业、高校和科研院所解决知识产权问题，遴选若干典型案例，及时向党委和政府领导报告并广泛宣传。四是抓好一个亮点政策。伤其十指不如断其一指，在资源有限的情况下，根据当地工作实际，着力抓好一个亮点政策。五是整合一支队伍。秉持知识产权界的理念，通过联盟、协会、协作单位、专家库、知识产权专员等方式，团结当地知识产权界各方主体可以团结的力量，调动各方主体积极性，整合一支可以支持配合知识产权行政管理工作开展的队伍。

针对基础扎实城市知识产权行政管理工作存在的能力和软件问题，其工作着力点相应地也应该聚焦于解决这两个问题，其工作目标可以概括为"管理专业化、政策体系化"。管理的专业化主要靠城市各级知识产权行政管理机关的培训和学习，培训和学习的主要内容就是本书第 1 章知识产权基本原理、第 2 章六大技能的原理。知识产权行政管理人员如果能对六大技能中的一项或多项具有实操能力或经验当然更好，如果不能，只要能够深入理解并掌握其中的原理也能够满足管理专业化的要求。

基础扎实城市知识产权行政管理政策体系化，应该从以下三个维度着手。一是知识产权品类维度，政策体系要覆盖发明、实用新型、外观设计、商标、版权、地理标志、商业秘密、集成电路布图设计、植物新品种等法律法规定的各种知识产权。二是知识产权工作环节维度，政策体系要覆盖知识产权创造、运用、保护、管理、服务、宣传、培训、导航分析等各个工作环节。三是知识产权工作主体维度，政策体系要覆盖知识产权行政管理机关、企业、高校和科研院所、服务机构、行业产业协会（联盟）等各类主体。所有政策的初心及核心目标都应该紧紧围绕知识产权行政管理的使命——推动创新成果产权化、商业化，发展知识产权经济来进行。

根据我国知识产权事业发展的态势，基础扎实城市知识产权行政管理政策体系化在"十四五"时期应该以下政策为主要着力点。一是以"好技术变成好专利"为核心目标，优化创新成果专利化的政策措施。二是以"好专利成就好企业"为核心目标，优化高校和科研院所专利运营政策措施。三是以"商标品牌化、培育知名品牌"为核心目标，优化商标品牌培育政策措施。四是以"规范商业秘密管理"为核心目标，优化创新主体商业秘密科学管理引导政策措施。五是以"让产品美起来"为核心目标，优化促进企业有效利用外观设计制度的政策措施。六是以"全面系统、精准匹配"为核心目标，优化知识产权培训和人才培养政策措施。七是以"找准场景、升级工具、降低价格、务求实效"为核心目标，优化专利导航分析政策措施。八是以"种类齐全、质量上乘、精准匹配"为核心目标，优化知识产权服务机构培育政策措施。九是以"为企业插上技术、艺术、品牌三个翅膀"为核心目标，优化企业知识产权意识和能力培育政策。十是以"有错必罚，有罚必疼；惩前毖后，治病救人；敬畏法律，珍视专利"为核心目标，优化知识产权执法维权政策措施。十一是以"奖励先进，树立榜样，推动创新成果产权化、商业化，发展知识产权经济"为核心目标，优化政府专利、商标、版权、发明人、设计人、创作人、代理师、律师、导航分析师、运营师、管理师等知识产权奖项政策措施。

第 17 讲
县域知识产权行政管理基本思路

一、县域知识产权行政管理存在的主要问题

正如 2008 年 1 月 29 日时任国家知识产权局局长田力普在全国知识产权局局长会议工作报告中所指出的："我国知识产权区域发展存在较为严重的不平衡，全国从东部到中部、西部呈现明显的下降态势；即使在区域范围内，多个省区市也存在从中心城市到周边城市不断减弱的现实。这主要是因为知识产权的发展与经济科技发展水平有着极大的相关度。但是我们更应该看到事物的另一面，一是经济发展落后的地方更需要、更应该发展知识产权，以驱动经济社会的跨越发展；二是区域发展不平衡的现实要求我们深入研究、统筹谋划、区别对待，运用战略眼光、出台战略举措推动知识产权区域发展的平衡。此外，我国知识产权资源配置不均衡，正如有的同志常讲我们这个系统是'头大、身子小、没有脚'，我想说的是，不仅我们系统资源配置不均衡，其他管理知识产权的部门也存在这一问题。总之，要逐步解决以上这些问题，必须依靠大力实施知识产权战略才能得以实现。"❶ 县域知识产权行政管理基础普遍薄弱，部分县域政府没有设置知识产权局，甚至一些县域政府没有设置专门的知识产权行政管理内设部门，县域政府知识产权行政管理机

---

❶　田力普. 深入贯彻落实党的十七大精神　不断开创知识产权工作新局面：在全国知识产权局局长会议上的讲话［J］. 知识产权，2008，18（2）：13.

关普遍编制少、经费少、事权少，知识产权行政管理工作开展的难度较大。

二、县域知识产权行政管理的重要意义

首先，做好县域知识产权行政管理工作，是发展县域经济的迫切要求。县域经济是国民经济的重要组成部分，是国民经济的基本单元，是一个相对完整的经济运行体系。第六次全国人口普查数据显示，我国县域人口达 8.154 亿人，占全国总人口的比重为 61.8%；2019 年我国县域经济总量达 39.1 万亿元，约占全国的 41.0%。❶ 发展县域经济，是早在党的十六大就提出的战略任务，《中华人民共和国国民经济和社会发展第十四个五年规划和 2035 年远景目标纲要》强调：发展县域经济，推进农村一二三产业融合发展，延长农业产业链条，发展各具特色的现代乡村富民产业。做好县域知识产权行政管理工作，在县域营造良好的知识产权保护环境、政策环境和文化环境；强化对产业、企业发展的指导和服务；激励发明创造积极性，提高知识产权拥有量；推动知识产权的转化和运用，提高知识产权支撑型商品比重，改善商业环境，吸引投资和创业；推动企业依靠知识产权获得高附加值、提高营利能力，依靠知识产权获得核心竞争力，提高市场占有率、利润率，依靠知识产权提升所在产业链位置、提高产业竞争力：这些对推动县域经济又好又快发展具有重要的意义。

其次，做好县域知识产权行政管理工作，是实施乡村振兴战略的迫切要求。《中华人民共和国国民经济和社会发展第十四个五年规划和 2035 年远景目标纲要》强调：走中国特色社会主义乡村振兴道路，全面实施乡村振兴战略，强化以工补农、以城带乡，推动形成工农互促、城乡互补、协调发展、共同繁荣的新型工农城乡关系，加快农业农村现代化。这些任务的落实，对知识产权工作提出了更高的要求。应该进一步加强县域知识产权行政管理工

❶ 唐晓旺. 把握县域消费特点与促进路径 [N]. 中国社会科学报，2020 – 11 – 25 (7).

作，引导支持农产品注册商标、农特产品申请地理标志保护，推动传统知识资源的开发利用，积极为农业机械化、产业化、现代化提供知识产权支撑和服务，加强知识产权保护，维护农村市场秩序，大力培养农村知识产权实用人才，切实为乡村振兴战略全面实施提供有力支撑。

最后，做好县域知识产权行政管理工作，是实施知识产权强国战略的迫切要求。县域经济在某种程度上可以看作国民经济的一个缩影，具有与国民经济相对应的各个产业、领域和部门。《中华人民共和国国民经济和社会发展第十四个五年规划和 2035 年远景目标纲要》首次提出实施知识产权强国战略。知识产权强国战略作为国家重要发展战略，必须在县域经济层面得到贯彻落实。一方面，只有在县域经济中切实贯彻落实好知识产权强国战略，战略任务才可能完成，战略目标才可能实现，才能够对创新型国家建设提供有效支撑；另一方面，只有大力提高县级政府知识产权行政管理能力，知识产权工作才能深入基层，工作部署才能更好地贯彻落实，知识产权工作对经济社会发展的重要作用才能充分发挥。

三、县域知识产权行政管理的主要思路

县域知识产权行政管理的主要思路参见表 17 – 1。

表 17 – 1　县域知识产权行政管理的主要思路

县域类型	主要思路
基础薄弱县域	建章立制、着力宣教、服务企业、有所突破
基础扎实县域	战略引领、着力运用、服务产业、全面发展

基础薄弱县域知识产权行政管理工作遵循"建章立制、着力宣教、服务企业、有所突破"的思路。以服务重点企业为突破口，扶持一两家本地知识产权服务机构，长期坚持开展知识产权宣传普及工作，为本地企业提供贴身知识产权基础服务。与国内若干家高水平知识产权服务机构建立沟通协作机制，及时解决重点企业遇到的复杂知识产权问题。出台企业培育政策，树立

优秀企业标杆，致力于培育一大批知识产权优势企业。

　　基础扎实县域知识产权行政管理工作遵循"战略引领、着力运用、服务产业、全面发展"的思路。以支撑产业发展为突破口，围绕县域重点产业，大力实施知识产权赋能计划。推动重点产业中规模以上企业、高新技术企业、科技小巨人企业做到"家家有商标、家家有专利、家家有专员"。以集体商标方式打造县域特色产业公共品牌，以品牌宣传、产业大赛、产业论坛等形式，持续塑造县域特色产品的集聚效应和知名度。建立产业知识产权运营中心，跟踪全球技术创新前沿，遴选全球技术创新成果，引进全球先进专利技术；盘点自有知识产权资源，开展知识产权运营，促进知识产权的增值变现。

第 18 讲
知识产权行政管理的
主要工作及能力

一、知识产权行政管理的主要工作

行政管理是运用国家权力对社会事务以及自身内部进行管理的一种活动。知识产权行政管理对社会事务进行管理的主要工作包括：法律、法规、规章的研究制定，战略规划的制定及落实，政策制定及落实，办文、办会、办案、办事等。知识产权行政管理对自身内部进行管理的主要工作包括思想政治建设、团队管理等。

二、知识产权行政管理的六大能力

（一）法律、法规、规章研究制定的能力

知识产权行政管理的第一个主要工作是法律、法规、规章的研究制定。《宪法》第 5 条第 1 款规定："中华人民共和国实行依法治国，建设社会主义法治国家。" 2014 年 10 月党的十八届四中全会通过的《中共中央关于全面推进依法治国若干重大问题的决定》明确：全面推进依法治国，总目标是建设中国特色社会主义法治体系，建设社会主义法治国家。这就是，在中国共产

党领导下，坚持中国特色社会主义制度，贯彻中国特色社会主义法治理论，形成完备的法律规范体系、高效的法治实施体系、严密的法治监督体系、有力的法治保障体系，形成完善的党内法规体系，坚持依法治国、依法执政、依法行政共同推进，坚持法治国家、法治政府、法治社会一体建设，实现科学立法、严格执法、公正司法、全民守法，促进国家治理体系和治理能力现代化。2017 年 10 月，成立中央全面依法治国领导小组，加强对法治中国建设的统一领导。2018 年 3 月，中共中央印发《深化党和国家机构改革方案》，组建中央全面依法治国委员会，中央全面依法治国委员会办公室设在司法部。在依法治国成为我国治国基本方略的前提下，依法行政成为知识产权行政管理的必然要求，研究制定法律、法规、规章成为知识产权行政管理的核心环节。特别是 2015 年 3 月《立法法》修正后，设区的市人民代表大会及其常务委员会可以制定知识产权地方性法规，设区的市人民政府可以制定知识产权地方政府规章，研究制定法规、规章成为知识产权行政管理中比较普遍的需求。

法律、法规、规章研究制定的能力主要有四个方面。第一是立法技术。立法技术是指在整个立法过程中产生和利用的经验、知识和操作技巧，包括立法体制确立和运行技术、立法程序形成和进行技术、立法表达技术等。第二是对社会、行业的洞察能力。好的法律不是发明的，而是发现的，是与老百姓的心灵息息相通的。如果没有对社会、行业的深刻洞察，很难制定出行之有效的好法律。第三是规则设计能力。"人叫人动人不动，制度调动积极性"，规则设计技能是法律、法规、规章研究制定中非常重要的技能之一，好的规则设计能够起到"四两拨千斤"的作用。第四是法律思维能力。法律是社会科学中的"数学"，强调严密的逻辑论证和严谨的证据证明，又要兼顾公平和效率、经济效益和社会效益、短期利益和长期利益等价值选择。立法者是否具有良好的法律思维对立法质量具有非常重要的影响。

（二）战略规划制定及落实的能力

知识产权行政管理的第二个主要工作是战略规划的制定及落实。知识产权战略规划的制定及落实对知识产权事业的发展非常重要，虽然战略规划在执行过程中可能有调整、有变化，但是好的战略规划对事业未来发展将发挥重要的引领、预判和前瞻功能。而且根据我国行政管理中制定实施五年规划的惯例，每过五年对一个地区知识产权事业的发展状况进行一次理性的研究审视，非常有必要，也非常有意义。知识产权战略规划的制定及落实的能力主要包括：战略思维、全局思维、前瞻性思维、创新思维。此外，战略规划者还应具有宽广的胸怀格局。

（三）政策制定及落实的能力

知识产权行政管理的第三个主要工作是政策制定及落实。制定政策是行政管理的一种重要活动方式。知识产权政策的制定及落实，也是知识产权行政管理最重要的工作方式之一。知识产权行政管理涉及知识产权创造、运用、保护、管理、服务等多个环节，涉及发明专利、实用新型专利、外观设计专利、商标、版权、地理标志、商业秘密、集成电路布图设计等，涉及政府、企业、高校和科研院所、服务机构等多类主体，相关工作的落实和提升需要全面、系统、精准的知识产权政策体系的设计和运作。因此，知识产权政策制定及落实的工作水平，很大程度上决定着知识产权行政管理的工作水平。知识产权政策制定及落实的能力主要包括："编剧"能力、研究能力、沟通能力、协调能力、组织能力等。

（四）办文、办会、办案、办事的能力

知识产权行政管理的第四个主要工作相对微观，概括为办文、办会、办案、办事。这些内容基本上是行政管理机关经常开展的日常工作，也是行政管理机关实施行政管理的重要手段。办文、办会、办案、办事的能力主要包括如下几个方面。第一，书面表达能力。因为在行政管理机关工作岗位上，书面表达能力非常重要。如果书面表达不行，将寸步难行，事倍功半。第二，组织协调能力。第三，专业能力。第四，法律能力。第五，分析见识能力。

这需要行政管理人员读万卷书，行万里路，对整个行业有比较深入的了解，而且有观察、有思考、有思想、有思路、有模型、有独到见解。第六，社会沟通能力。

（五）思想政治建设的能力

知识产权行政管理的第五个主要工作是思想政治建设。思想政治建设的水平关系到行政管理机关及其人员的理想、信念、信仰，关乎事业的可持续发展，非常重要。《宪法》第 1 条中规定："中华人民共和国是工人阶级领导的、以工农联盟为基础的人民民主专政的社会主义国家。社会主义制度是中华人民共和国的根本制度。中国共产党领导是中国特色社会主义最本质的特征。"我国的国体决定了行政管理机关更要重视思想政治建设。思想政治建设的能力主要包括：良好的政治意识、廉洁奉公的能力、以"德才兼备、以德为先"为标准的识人用人技能、全心全意为人民服务的使命、爱民为民的情怀。这些素质和能力中，最重要的是爱民为民的情怀。任何行政管理机关及其人员，如果不热爱所从事的事业，不热爱工作对象，是很难把工作干好的。

（六）团队管理的能力

知识产权行政管理的第六个主要工作是团队管理。知识产权行政管理是专业性较强的行政管理类型，且我国知识产权行政管理起步较晚，体系不够完备，发展不够成熟，有限的知识产权行政管理力量要想发挥更大的作用，更加需要团队管理水平的提高。团队管理的能力包括：管理能力、领导能力、决策能力、战略能力、带队伍能力等。

三、知识产权行政管理的思维地图

如第 15 讲拍电影理论所述，知识产权行政管理在我国知识产权事业发展中肩负着"制片人、导演、编剧"的角色，非常重要。思想决定行动，有什

么认识，就有什么行为；有怎样的观念，就有怎样的作为。要做好知识产权
行政管理工作，需要有科学、深刻、系统的关于知识产权行政管理的思维和
理念。概括而言，关于知识产权行政管理的主要思维和理念如表 18 - 1 所示，
称为"知识产权行政管理的思维地图"，简称"1113566667"。

表 18 - 1 知识产权行政管理的思维地图

数 字	思维要点	要点内容
1	知识产权行业的核心价值	开发并独享真善美的商业价值
1	知识产权行政管理的使命	推动创新成果产权化、商业化，发展知识产权经济
1	知识产权行业的本质	知识产权服务
3	知识产权的三大保护模式	公力救济、社会救济和自力救济
5	知识产权行业的五大需求	知识产权挖掘布局代理需求、复审无效诉讼需求、导航分析需求、运营交易需求、咨询管理需求
6	知识产权界的六大主体	政府，企业，高校和科研院所，服务机构，发明人、设计人、创作人，社会公众
6	六大知识产权类型	技术专利、商标、版权、外观设计专利、地理标志、商业秘密（其他的也重要）
6	知识产权行业的六大专业技能	知识产权挖掘布局技能、复审无效诉讼技能、导航分析技能、运营交易技能、金融化运用技能、咨询管理技能
6	知识产权行政管理的六大主要工作	法律、法规、规章的研究制定，战略规划的制定及落实，政策制定及落实，办文、办会、办案、办事，思想政治建设，团队管理
7	知识产权行业生态的七大要素	人、资、网、政、产、知、研

第一个数字"1"，指的是知识产权行业的核心价值，也就是知识产权思

维的本质——开发并独享真善美的商业价值。

第二个数字"1"，指的是知识产权行政管理的使命——推动创新成果产权化、商业化，发展知识产权经济。

第三个数字"1"，指的是知识产权行业的本质——服务，即知识产权服务。

第四个数字"3"，指的是知识产权的三大保护模式——公力救济、社会救济和自力救济。

第五个数字"5"，指的是经济社会发展对知识产权行业的五大需求——知识产权挖掘布局代理需求、复审无效诉讼需求、导航分析需求、运营交易需求、咨询管理需求，也就是第2讲知识产权需求金字塔理论相关内容。

第六个数字"6"，指的是知识产权界的六大主体——政府，高校和科研院所，企业，服务机构，发明人、设计人、创作人，社会公众。知识产权行政管理机关及其人员需要深刻把握知识产权界的理念，并推动知识产权界六大主体深入互动、相互促进，形成良性循环，才能有效提升知识产权行政管理的效率和效益。

第七个数字"6"，指的是六大知识产权类型——技术专利、商标、版权、外观设计专利、地理标志、商业秘密。当然植物新品种、集成电路布图设计等其他类型的知识产权也很重要，但这六类是更高频的、常见的、需求大的，尤其需要重视和加强。

第八个数字"6"，指的是知识产权行业的六大专业技能——知识产权挖掘布局技能、复审无效诉讼技能、导航分析技能、运营交易技能、金融化运用技能、咨询管理技能。

第九个数字"6"，指的是知识产权行政管理的六大主要工作——法律、法规、规章的研究制定，战略规划的制定及落实，政策的制定及落实，办文、办会、办案、办事，思想政治建设、团队管理。

第十个数字"7"，指的是知识产权行业生态的七大要素——人、资、网、政、产、知、研，也就是第4讲生态系统原理相关内容。

第 19 讲
知识产权行政管理人才进阶大纲

一、职务职级进阶

知识产权行政管理人员一般是公务员或者参照公务员管理的工作人员，其职务、职级的进阶遵照《公务员法》及 2019 年 3 月中共中央办公厅印发的《公务员职务与职级并行规定》执行。

二、能力进阶

第 18 讲讲了知识产权行政管理的六大主要工作及其需要的能力。可以看出，知识产权行政管理需要的能力比较多，对人才的能力要求也比较高。知识产权行政管理人才的能力进阶，既要"分开"看，所需要的单项能力需要针对性学习和锻炼；又要"综合"看，一个知识产权行政管理人员是否胜任工作岗位不能只看单项能力，更重要的是看综合能力。

笔者设计了一个综合能力评价模型。如表 19 - 1 所示，模型一共七级，从低到高分别是一级、二级、三级、四级、五级、六级、七级。

一级能力的特征：初步了解相关业务，在上级指导下能够完成基础业务。

二级能力的特征：全面了解相关业务，能独立完成基础业务。

三级能力的特征：具有一定的经验积累，在上级指导下能够完成复杂业务。

四级能力的特征：具有丰富的经验积累，能独当一面地完成复杂业务；在该方面达到一定的造诣，能够就有关业务进行系统性的演讲或授课；能就相关问题提出建设性的意见建议，能够指导下属开展相关业务。

五级能力的特征：能高质量完成相关业务，达到本单位一流水平；在该方面达到较高的造诣，能够就有关业务进行创造性的演讲或授课；能就相关问题快速制订出全面解决方案；对相关问题能够提出独到的见解；能够对其他员工在处理疑难问题中的困惑给予有效的指导和帮助。

六级能力的特征：相关业务达到国内一流水平，能就相关问题快速制定出高水平解决方案，对相关问题具有深刻的理解并能够提出系统化理论模型，能够对其他员工在处理疑难问题中的困惑给予一针见血的指导和帮助。

七级能力的特征：相关业务达到全球一流水平，在相关方面开宗立派，或者作出开创性贡献。

表 19 – 1　知识产权综合能力评价模型

等　级	能力特征
七级	达到全球一流水平，在相关方面开宗立派，或者作出开创性贡献
六级	达到国内一流水平，对相关问题具有深刻的理解并能够提出系统化理论模型
五级	达到本单位一流水平，能够进行系统的知识输出，能够指导下属处理疑难问题
四级	能独当一面地完成复杂业务，能够进行一定的知识输出，能够指导下属处理常见问题
三级	在上级指导下能够完成复杂业务
二级	能独立完成基础业务
一级	在上级指导下能够完成基础业务

三、核心竞争力进阶

对于知识产权行政管理人员来讲，知识产权专业素养是必要条件。但知识产权行政管理人才的核心竞争力不在专业素养，而在于思想力、表达力、执行力。

思想是客观存在反映在人的意识中经过思维活动而产生的结果或形成的观点及观念体系。思想力则是将客观存在快速、准确地反映在意识中并通过思维活动形成与客观相符合的认知的能力。表达力主要包括两个方面：口头表达和书面表达力。执行力是将决策落实到位产生预期结果的能力。

严格来讲，思想力、表达力、执行力难以完全切分开来。因为无论是大事还是小事，无论是复杂事还是简单事，都需要或多或少用到这三种能力。第 18 讲的知识产权行政管理的六大主要工作中每一项也都或多或少用到这三种能力。但是在不同的场景下，对这三种能力的需求程度不同。

总的来看，对知识产权行政管理人才来讲，级别比较低的时候，对三种核心能力的需求，思想力、表达力、执行力依次升高；级别比较高的时候，对三种核心能力的需求，思想力、表达力、执行力依次降低。

思想力、表达力、执行力是知识产权行政管理人才的核心能力，是核心竞争力所在。除了这三种，还有多种其他能力对知识产权行政管理人才的进阶也比较重要，例如，第 18 讲的知识产权行政管理的六大主要工作所涉及的多种能力，以及随着时代发展、技术发展，国家治理体系创新带来的新的能力需求。而且，这三种核心能力与其他多种能力之间不是矛盾关系，而是相辅相成的关系，这三种核心能力的提升能够带动其他能力的提升，其他能力的提升也能够在这三种核心能力中得到直接的体现。因此，知识产权行政管理人才在能力进阶中，要突出思想力、表达力、执行力的重点，也要兼顾其他能力的学习提高。

第 4 章
高校和科研院所模块

冬去春来（张思源）

第 20 讲
高校和科研院所
知识产权管理的使命

一、研发劳动的劳动价值理论

马克思劳动价值理论告诉我们，一切商品的价值都是由人的劳动创造的，凝结在商品价值中的社会必要劳动时间，是决定商品价格变动的终极原因。利用马克思劳动价值理论对研发劳动的经济学价值进行分析，在市场化技术研发领域，对一个政府全额拨款的研发单位输入研发经费，其输出应该是研发成果（专利、技术秘密）。根据劳动价值理论，所输出的专利、技术秘密转让获得的费用，应该大于甚至远远大于研发经费的数额。只有这样，才可以证明该单位的研发劳动在经济学意义上是有价值的。当然这个原理只适用于市场化技术研发领域，科学发现、非市场化技术研发领域不适用这个原理。

目前，我国高校和科研院所相关的市场化研发团队能够做到输出收入大于研发投入的比例还比较低。这是我国科技成果转化中存在的核心问题之一，需要根据马克思劳动价值理论来审视我国高校和科研院所市场化技术领域的研发工作，优化研发工作目标、思路和考核评级指标体系，在研发管理人员和研发人员中牢固树立"输出必须大于输入"的理念，持续推动高校和科研院所研发成果专利化和商业化。

二、高校和科研院所知识产权管理的使命

高校和科研院所的知识产权工作涉及多个角色：一是作为研发主体的专利工作；二是作为人才培养主体的知识产权专业建设及人才培养工作；三是作为智库的知识产权研究工作；四是作为商标持有人的商标品牌管理工作；五是作为技术秘密、版权、集成电路布图设计、植物新品种等知识产权创造主体的相关工作。从知识产权管理的角度来看，高校和科研院所最核心的工作是专利管理工作。高校和科研院所专利管理工作的核心目标就是推动研发成果的专利化、商业化。因此，可以将高校和科研院所知识产权管理的使命表达为："让好技术变成好专利，让好专利成就好企业。"

如第 7 讲所述，专利代理师的五个层次理论，只有超一流、一流的专利代理师才能做到"让好技术变成好专利"。根据笔者对高校和科研院所专利申请授权质量的调研，结合相关工作经验，笔者认为目前我国大多数高校和科研院所在"好技术变成好专利"环节工作效果不够理想，需要进一步加强和优化。

如第 6 讲所述，任何专利，哪怕是价值连城的专利，如果最终没有实现产业化，从经济价值上看，这件专利对于整个社会的价值就是零或者负数。当然不否认的是这件专利可能还有其他价值。常见的有两种价值，第一种是可能产生的学术价值，第二种是可能产生的防御价值。因此，好专利必须通过专利转让、许可、作价入股等方式配置到原有企业或者以创业、作价入股的方式新设企业，实现专利的产品化、产业化，才能充分发挥专利对企业经营发展的支撑作用。

三、高校和科研院所知识产权管理的主要功能

如表 20 - 1 所示，高校和科研院所知识产权管理的主要功能包括四个方面。

表 20 - 1　高校和科研院所知识产权管理的主要功能

序　号	功　能
1	提高技术研发的效率
2	提高技术研发成果的产权化和商业化效率
3	打造并维护单位的商标品牌
4	做好技术秘密、版权、集成电路布图设计、植物新品种等知识产权的登记和管理工作

第一，提高技术研发的效率。专利制度有两大功能：信息功能和保护功能。充分利用专利制度的信息功能，在研发前、研发中、研发后全链条全过程中进行专利导航分析，研发成本能够减少 40%，研发时间能够缩短 60%。缩短时间也是提高效率，减少成本也是提高效率。总之就是充分利用专利导航分析手段、提高技术研发的效率。

第二，提高技术研发成果的产权化和商业化效率。如前所述，知识产权思维的本质是开发并独享真善美的商业价值。这个本质体现在高校和科研院所知识产权管理上，就是提高技术研发成果的产权化和商业化效率和效益。这是利用市场化手段从根本上解决科技成果转化问题的核心环节。高校和科研院所知识产权管理工作应该将此作为重中之重。

第三，打造并维护单位的商标品牌。我国自古以来就有尊师重教的文化，社会公众对于高校和科研院所的商标品牌有着广泛的认知和强烈的好感，因此，我国高校和科研院所的商标品牌具有比较高的商业价值。高校和科研院所知识产权管理中应该对此加以重视，及时全面布局商标保护，持续打造高校和科研院所的品牌及其文化内涵，合理适度开发高校和科研院所商标品牌的商业价值，有效维护高校和科研院所商标品牌的良好形象。

第四，做好技术秘密、版权、集成电路布图设计、植物新品种等知识产权的登记和管理工作。由于研究领域的不同，不同的高校和科研院所的需求也不一样，高校和科研院所知识产权管理部门应根据自身实际，积极开展相关类型知识产权的产权化、商业化工作。

第 21 讲
高校和科研院所知识产权管理的
主要工作及能力

一、高校和科研院所知识产权管理的主要工作

高校和科研院所是我国高价值知识产权创造的重要主体之一。高校和科研院所知识产权管理工作非常重要，很大程度上决定了我国知识产权管理的水平。如表 21 – 1 所示，从实务方面来看，高校和科研院所知识产权管理的主要工作包括七项内容：政策研究、制定、实施，专利申请前评估管理，专利导航分析管理，专利文件撰写质量管理，知识产权合同管理，知识产权纠纷管理，技术营销和谈判管理。

表 21 – 1　高校和科研院所知识产权管理的主要工作

序　号	主要工作
1	政策研究、制定、实施
2	专利申请前评估管理
3	专利导航分析管理
4	专利文件撰写质量管理
5	知识产权合同管理
6	知识产权纠纷管理
7	技术营销和谈判管理

二、七大主要工作需要的能力

（一）政策研究、制定、实施的能力

高校和科研院所的政策研究、制定、实施，基本逻辑跟政府的政策研究、制定、实施是一样的。政府制定的政策，覆盖范围大，变化周期长，它是个"气候"；高校和科研院所制定的政策，覆盖范围小，变化周期短，它是个"天气"。但对于高校和科研院所来说，政策研究、制定、实施是一个战略级的管理工具，会对高校和科研院所的知识产权管理产生深远的影响，需要高度重视，善加利用。

高校和科研院所政策研究、制定、实施需要的能力主要包括："编剧"能力、研究能力、法律制定能力、政策制定能力、沟通能力、协调能力、组织能力等。

（二）专利申请前评估管理的能力

专利申请前评估管理，是高校和科研院所知识产权管理的核心环节之一，一定要给予高度重视。通过专利申请前评估管理，一是能够指导促进有市场价值且有授权前景的技术成果及时专利化，有效解决"应保尽保、颗粒归仓"的问题；二是能够指导促进无市场价值或无授权前景的技术成果不要申请专利，有效解决"滥竽充数、专利泡沫"的问题；三是能够指导促进有市场价值、适合利用技术秘密方式保护的技术成果及时纳入技术秘密保护程序；四是能够指导促进有市场价值但无授权前景的技术成果及时以适当方式进行策略性公开；五是能够第一时间、深入了解高校和科研院所研发成果全面情况，为后续专利运营、科技成果转化、产学研合作等工作的有效开展奠定坚实的基础。

专利申请前评估管理的能力主要包括：规则设计能力、外脑利用能力、

数据管理能力、技术判断能力、专利市场价值判断能力、专利导航分析能力、专利性判断能力等。

(三) 专利导航分析管理的能力

专利导航分析是一个非常重要且有效的手段和工具，对于做好高校和科研院所知识产权管理有非常重要的作用。通过专利导航分析，能够优化研发目标和路线，降低研发成本，缩短研发时间，评估研发成果的专利性，帮助找到研发成果需求者，帮助高价值专利培育布局，帮助存量专利分类分级。

专利导航分析管理的能力主要包括：突出的工具意识、项目管理能力、专利导航分析能力、培训组织能力、数据库管理能力等。

(四) 专利文件撰写质量管理的能力

专利文件撰写质量管理（包含专利答辩、年费管理、流程管理等），是高校和科研院所知识产权管理的核心环节之一，是能否实现"好技术变成好专利"的决定性环节，应该放在突出的重要地位。

专利文件撰写质量管理专业性比较强，需要对《专利法》《专利法实施细则》《专利审查指南》等法律规则比较熟悉，需要具备专利挖掘布局能力、技术方案理解能力、专利文件撰写能力、供应商管理能力、项目管理能力、专利导航分析能力等。

(五) 知识产权合同管理的能力

知识产权合同管理，是高校和科研院所知识产权管理的一项重要工作。知识产权合同的类型涉及专利转让、专利许可、专利作价入股、技术开发、技术服务、技术咨询、商标许可及转让、技术秘密、版权许可及转让、集成电路布图设计许可及转让、植物新品种许可及转让等。

知识产权合同管理的能力主要包括：知识产权商业价值发现和开发能力、商业谈判能力、专利保护范围界定能力、以合同法为主的相关法律运用能力等。

（六）知识产权纠纷管理的能力

知识产权纠纷管理，也是高校和科研院所知识产权管理的重要工作内容。现阶段高校和科研院所知识产权纠纷还比较少，但是随着我国知识产权事业的发展，特别是知识产权保护力度的加强，高校和科研院所的专利、商标、版权等知识产权被侵权将经历一个高发期，高校和科研院所知识产权纠纷管理的需求将越来越大。

知识产权纠纷管理的能力主要包括：专利、商标等复审、无效、诉讼能力，行政诉讼相关法律能力，技术方案理解能力，供应商管理能力，企业经营管理思维能力等。

（七）技术营销和谈判管理的能力

技术营销和谈判管理，是高校和科研院所知识产权管理的重点和难点，也是高校和科研院所做好科技成果转化工作的基础。只有做好技术营销和谈判管理工作，才有可能更大比例地将高校和科研院所的专利、技术秘密等技术成果转移到企业，进而实现产品化、产业化，变成现实生产力。

技术营销和谈判的能力主要包括：知识产权商业价值发现和开发能力、企业经营管理思维能力、市场营销能力、品牌策划能力、商业谈判能力、资源整合能力、专利导航分析能力、专利保护范围界定能力等。

第 22 讲
高校和科研院所专利运营国际经验

一、美国斯坦福大学的模式和经验[1]

(一) 美国斯坦福大学的专利运营模式

为了使科学技术能顺利地向产业界转移，斯坦福大学首创在学校内部成立技术许可办公室（Office of Technology License，OTL），专门负责学校的技术转移工作。自 1970 年成立以来，OTL 不仅为斯坦福大学技术转移做出卓越的贡献，也为学校带来了可观的收入。

OTL 主要工作是收到斯坦福大学教职员工和学生的发明披露后，评估这些发明的商业可能性，并在可能的情况下将其授权给企业。OTL 的使命是：促进斯坦福大学技术转移，帮助师生把科技进步转化为有形产品并为社会带来利益，为社会所使用，同时为发明者和校方带来收入回报以进一步支持大学的自由研究和教育。OTL 的主要管理对象是发明专利，主要工作是发明专利营销。为了让市场更好地认识到一些技术的潜力和作用，OTL 出资设立一项基金并交由副教务长管理，该项基金对实验室技术进一步研发提供一定的支持，弥补实验室技术与市场之间的差距。OTL 还特别注重增进与企

---

❶ 隆云涛，张富娟，杨国梁. 斯坦福大学技术转移运转模式研究及启示［J］. 科技管理研究，2018（15）：120 – 126.

业界的联系。

OTL 具体技术转移的主要步骤如下：

1. 发明披露。发明人向 OTL 提交发明和技术披露表格，表格中有对该技术的描述及其可以为社会带来效益的解释。提交该信息即创建了发明记录，其中包括所涉及的发明人、资助人以及出版物等。OTL 对收到的披露表格分配一个登录号，该账号用于登录斯坦福大学技术发现者门户网站（Tech Finder），以便日后查询发明的转移进度情况。随后由办公室主任分配特定的许可专员去负责该项技术的转移工作。OTL 在 1970 年创立当年收到 18 项发明披露，现在每年处理将近 500 项发明披露。

2. 专业评估。在这个阶段，许可专员与发明人会面，一起讨论发明的制造可能性、专利性、潜在应用市场，并对该项发明进行初步评估，以确定该发明是否有申请专利的必要。具体评估内容包括：该发明是革命性的还是改善型的、该发明目前所处的发展阶段、是否可获得专利授权、该发明的潜在市场规模是多大、发明人的历史发明记录等。发明人也可以通过参与搜索现有技术来协助对发明的评估。

3. 专利申请。在完成相应的基本信息和专业评估之后，OTL 许可联络员往往先去寻找对该发明感兴趣的企业并进行初步的沟通和谈判。只有找到有意向的企业，许可专员才决定斯坦福大学为该项发明申请专利。专利申请事宜往往是许可专员联系有类似案例经验或熟悉该发明领域的外部律师负责。

4. 营销。在此环节中，OTL 会把许可方案的非机密信息更新到官网——技术发现者门户网站，企业在网上注册就可以随时了解自己关心领域的最新技术发明及其转移方案。许可专员也会积极寻找潜在客户，积极向企业介绍该发明及其潜在价值。如果有企业对该发明有兴趣并要求提供额外的技术信息，OTL 通常会与发明人一起商讨是否提供；如果决定提供，必须在保密协议下进行。

5. 谈判。如果发明技术营销成功，OTL 工作人员便与企业进行专利许可协商，直至最终达成令双方都满意的许可协议。许可协议条款将根据具体的技术、市场和企业而有所不同。

6. 监测进度。签署许可协议是斯坦福大学与企业长期合作关系的开始，许可联络员将在许可期间监督被许可人的表现。因为在协议中，很多发明人会继续进行该技术开发或者服务，以进一步提升该项技术的水平，更好地满足市场的要求。OTL 还会向企业询问被许可技术的市场反应情况，以后可能会为该企业推荐其他新的发明。

一旦技术转让成功，斯坦福大学从企业获得专利许可费，但收取方式较为灵活，目前采取的有前期付费、年付、红利和股票四种方式。

（1）许可费为现金时的分配政策。OTL 对技术许可现金收益分配通常有两种方法：一种是从技术许可费中抽取 15% 的行政管理费用以维持自身的日常开销，经扣除后剩余 85% 的技术许可费中，发明人占 1/3，发明人所在学院占 1/3，发明人所在系占 1/3。这种固定比例平分制又被称为"三三三"制，被广泛使用。另一种是学校规定 1~2 个专利许可净收入累计值门槛，该种分配模式下，发明人所得比例随着门槛的提高而下降。如专利许可收入达到一定的数额之前，发明人得 35%，系、学院和学校分别得 30%、20% 和 15%；累计超过一定数额之后，发明人得 25%，系、学院和学校分别得 40%、20% 和 15%。

（2）许可费为股权时的分配政策。斯坦福大学可以接受股权作为技术许可权利的一种补偿形式，OTL 主任或者其他指定人员将根据政策确定权益分配。具体分配为：技术转让所获总股本的 15% 归 OTL 作为行政股份。扣除行政股后剩余的股权被视为净权益，将净权益的 1/3 给发明人，发明人负责管理其相应的股份，并遵守分配、所有权或股权处置的任何相关条例、法律或合同中发明人作为股东的义务等；净股权的 2/3 将作为大学股份发给学校，校长办公室将确定这部分股权如何分配，部门可以向教务办公室申请，以获得其特定教学或教育目的的一部分股权，学校收到的所有权益都将由斯坦福管理公司管理。

（二）美国斯坦福大学专利运营的工作经验

通过对 OTL 的研究与分析可知，其工作经验如表 22 - 1 所示。

表 22 - 1　美国斯坦福大学专利运营模式的经验

序　号	经　验
1	专业的技术转移团队
2	以专利营销为首位的技术转移方式
3	合理、明确的收益分配政策
4	优良的政策环境
5	科学、紧密的技术转移流程
6	以技术许可转让的方式对新发明进行转化

一是专业的技术转移团队。专业化的技术转移团队是技术转移的必要条件。由于近年斯坦福大学的发明大多数来自生命科学与物理科学，因此要求 OTL 员工每个人都要有生命科学、物理科学或者两者兼具的专业知识背景，同时还必须具备法律、企业管理等方面的知识背景，要求每一个员工都可以负责一项新发明从发明披露到最后技术转移成功的整个流程。

二是以专利营销为首位的技术转移方式。斯坦福大学将专利营销视为技术转移流程中极为重要的一步，OTL 将专利营销放在重心位置。当一项新发明申请完专利，OTL 工作人员不是等待企业找到该专利，而是主动地去寻找潜在客户，为客户简要介绍该发明及其能为企业带来的市场价值。此外，专利营销过程增加了发明人与企业接触的机会，使发明人能够近距离了解企业的需求和发展，培养发明人的市场导向和意识。

三是合理、明确的收益分配政策。OTL 的许可收入分配兼顾了各方的利益。适当的物质奖励鼓励发明人以更多的精力投入基础研究当中，同时发明人所在系、学院也能因发明人的新发明而受益。这不仅提高了发明人在所在系、学院的地位，也能使系、学院更加支持发明人的研究，从而形成一个良性循环。

四是优良的政策环境。从 1980 年开始，斯坦福大学技术许可费的增长速度很快，这得益于 1980 年美国的《拜杜法案》的出台。《拜杜法案》规定大学享有联邦政府资助科研成果专利权，从而产生了促进科研成果转移转化的强大动力。

五是科学、紧密的技术转移流程。从斯坦福大学技术转移流程中可以看到，技术转移的各个环节形成一个循环，在每个关键的节点上设置了相应的工作流程，循环中的每一步都为下一步的顺利进行做好了铺垫。

六是以技术许可转让的方式对新发明进行转化。斯坦福大学没有校办科技企业或大学科技园，只负责在企业和学校新发明之间建立技术转移的桥梁，但允许创造该项新发明的发明人为企业提供咨询服务。这样既促进了学校学术与企业界的互动，又避免了学校直接创办企业的风险。

二、德国史太白经济促进基金会的模式和经验[1]

(一) 德国史太白经济促进基金会的工作模式

1868 年，德国双轨制教育制度的创始人费迪南德·冯·史太白在巴符州成立史太白基金会，旨在按照双轨制理念加强对青少年的技术和商业能力培训。1923 年，德国暴发通货膨胀后，基金会业务基本陷入停滞。1971 年，在巴符州经济部倡议下，该州工商会、行业协会、研究机构等共同出资 6.8 万马克，成立非营利公益组织——史太白经济促进基金会。该基金会在巴符州的应用技术大学里设立了 16 个咨询处，提供技术咨询服务。1983 年，约翰·勒恩出任巴符州政府技术转移事务专员兼史太白董事会主席后，对基金会进行了一系列改革，将高校咨询处调整为技术转移中心。

1998 年，史太白技术转移公司成立，负责技术转移中心的管理和市场化

---

[1]　雨田. 管窥德国史太白技术转移中心 ［N］. 中国科学报，2019 - 04 - 04 (6).

运作，同年在柏林创办史太白大学。2005 年起，史太白技术转移公司的业务由单纯的技术转移延伸至咨询、研发等领域，并为此设立了多家咨询中心和研发中心。

史太白经济促进基金会自成立以来实现了快速发展，其地域覆盖范围由巴符州扩大至德国各地和巴西、美国等，业务遍及研发、咨询、培训、转移等各环节，形成了在全球范围内具有重要影响力的技术转移网络。

史太白体系由经济促进基金会、技术转移公司及众多技术转移中心、咨询中心、研发中心、史太白大学及其他参股企业组成。

经济促进基金会设有理事会和董事会。理事会由巴符州州长府、经济部、科技部、州议会各议会党团代表、巴符州工业联合会、高校、科研机构、工商会的 20 名代表组成，政府代表占半数以上。理事会每年召开两次会议。董事会、史太白大学、巴符州政府、巴符州工业联合会等 5 名代表为常务理事，负责与董事会的沟通。董事会主席兼任基金会主席，同时担任技术转移公司总经理，负责日常运转。技术转移公司为基金会的全资子公司，管理技术转移、咨询中心、研发中心及其他下属公司。

技术转移公司及众多技术转移中心是史太白体系的基石和主要收入来源，每个转移中心相对独立、实行市场化运作。最大的技术转移中心员工超过 300人，绝大多数则不超过 5 人，有的甚至只有 1 人。咨询中心向企业、公共部门提供中短期咨询服务，覆盖技术领域和企业设立、市场开拓、运营管理、企业发展战略等环节，同时为企业、信贷机构及投资者提供项目及企业分析和评估，帮助客户抓住机遇，规避风险。通过咨询服务，史太白体系赢得了大量技术转移客户。研发中心利用大批优秀的技术专家和人才，深度开发已有技术，使其更好地与客户需求吻合。史太白大学致力于培养精通技术与商业的企业经营人才。

拥有技术或专利的高校教授或科研院所专家向史太白董事会提出申请，如董事会确认该技术有较大市场价值，双方签约成立转移中心；不愿成立转移中心的，可申请由现有的转移中心进行技术转移。该教授或专家担任新成立的转移中心的负责人，承担相应的启动资金，中心实行自主核算、自负盈亏。技术转移中心需将年度营业额的 10% 左右上交史太白技术转移公司（史太白大学里的技术转移研究所缴纳 15%）。

（二）德国史太白经济促进基金会的工作经验

史太白经济促进基金会的宗旨是促进知识和技术的转移、科学与经济的结合、创新潜力向实践的转化。该基金会每年完成 5000 多个技术转移项目，主要集中在汽车、机械制造、航空航天、能源和环境等德国优势产业，其工作经验如表 22 - 2 所示。

表 22 - 2 　德国史太白经济促进基金会模式的经验

序　号	经　验
1	创立产学研结合的技术转移模式，为高校、科研机构的技术拥有者提供合作平台
2	政府支持与市场化动作完美结合，实现公共资源和市场资源的优化配置
3	推行扁平管理，总部与技术转移中心之间建立灵活高效的运作机制
4	依靠巴符州得天独厚的产业及研发优势，全力打造技术转移平台

一是创立产学研结合的技术转移模式，为高校、科研机构的技术拥有者提供合作平台。该模式充分利用高校和科研机构中未转化为经济价值的知识和技术潜力，可有效降低企业特别是中小企业的研发成本。技术拥有者利用业余时间，兼职管理按市场规则和企业模式运作的技术转移中心，并与企业合作将技术转化为现实生产力。

二是政府支持与市场化运作完美结合，实现公共资源和市场资源的优化配置。政府从税收优惠、拨款资助、采购服务等方面向非营利组织提供支持，史太白经济促进基金会建立之初不仅享受税收优惠，而且直到 1999 年每年都从巴符州政府得到 50 万至 200 万马克资助，目前仍能从政府得到大量项目。1983 年至 2006 年，约翰·勒恩担任技术转移专员与基金会主席双重职务，使州政府与基金会的资源相互利用，实现了双赢的局面。1999 年以后，史太白经济促进基金会开始市场化运作，自主性增强，竞争力不断提高，实现了快速发展。

三是推行扁平化管理，总部与技术转移中心之间建立灵活高效的运作机制。史太白经济促进基金会制定服务准则，指导和督促技术转移中心按基金会章程提供服务。各技术转移中心按照市场化原则自主运营，在涉及经营、管理的具体事务中有独立决策权，无须请示董事会同意。这种外松内紧的管理模式既能充分发挥各技术转移中心的积极性，又能实现基金会的宗旨和目标，比较好地实现了技术拥有者、基金会以及企业之间的共赢合作。

四是依靠巴符州得天独厚的产业及研发优势，全力打造技术转移平台。一方面，巴符州科研力量雄厚，汇集了多所高校以及弗劳恩霍夫研究所、亥姆霍兹联合会、马克斯－普朗克研究所等德国重量级科研机构，知识和技术来源充足。另一方面，该州汽车业、机械制造等行业发展水平高，大中小型企业同步发展，存在不同层次的市场需求。史太白经济促进基金会在上述供需之间搭建了桥梁。按照技术转移中心年度总销售额 10 亿欧元测算，该基金会每年至少创造或保障了 1 万个就业岗位。

三、英国技术集团的模式和经验❶

（一）英国技术集团的工作模式

为推动政府公共资助形成的研究成果的转化，英国政府于 1949 年组建国家研究开发公司（National Research Development Company，NRDC），专门负责

---

❶ 陈宝明. 英国技术集团发展经验［J］. 高科技与产业化，2012，189（2）：100－102.

对政府公共资助形成的研究成果进行商品化。为进一步明确 NRDC 的职责，英国 1967 年颁布的发明开发法规定，NRDC 有权取得、占有、出让为公共利益而进行研究所取得的发明成果，政府资助所产生的研究成果一律归国家所有，由 NRDC 负责管理。

为促进高技术产业发展，1975 年，英国政府又成立了国家企业联盟（National Enterprise Board，NEB），主要职责是进行地区的工业投资，为中小企业提供贷款，研究高技术领域发展的投资问题。

1981 年，英国政府决定将 NRDC 与 NEB 合并，改名为"英国技术集团"（British Technology Group，BTG）。英国技术集团仍拥有原 NRDC 对公共研究成果管理的权利，其目的是为英国大学、研究委员会以及政府研究机构创造的新科技提供财政资助来促进技术开发。

1984 年 11 月，英国政府废除了发明开发法关于国家垄断政府资助科研成果的规定，而给予发明者自主权，发明者可以自由支配自己的发明创造，打破了英国技术集团无偿占有公共资助科研成果的权利，迫使英国技术集团走向市场化。1991 年 12 月，英国政府把英国技术集团转让给了由英国风险投资公司、英格兰银行、大学副校长委员会和英国技术集团组成的联合财团，售价 2800 万英镑。1995 年，英国技术集团在伦敦证券交易所上市。

英国技术集团私有化后，采取了一系列措施拓宽技术来源，从最初着眼于国内市场，主要依靠研究院所和大学，发展成为 75% 以上收入来自英国以外国际化公司的业务。进入 21 世纪以来，英国技术集团在开展技术转移服务之外，还加强运用风险投资手段，逐步扩展业务领域并实现由技术转移中介机构向实体化经营公司的转变，把自己定位于一个国际化的专业医疗保健公司，致力于医疗保健、癌症以及其他精神疾病产品的开发和商业化。

英国技术集团在技术转移方面的主要业务包括以下四个方面：

1. 寻找、筛选技术。英国技术集团每年在世界范围内从公司、大学和研究机构等机构预选 400 项技术和专利，然后从中筛选和评估出 100 项具有较大市场价值的技术项目，帮助其实现专利申请或进行专利授权。

2. 技术转移和增值服务。英国技术集团不仅充当买卖双方之间的桥梁，还进行专利运营增值服务。英国技术集团对经过筛选的专利，帮助卖方申请、保护专利，资助技术进一步开发达到实际应用的程度，再转让给买方。

3. 风险投资。英国技术集团通过直接投资，以提供管理和经营专家的方式来帮助处于早期阶段的企业尽快成长。英国技术集团的专利律师帮助企业共同制定战略性的专利组合。目前，英国技术集团收入的很大一部分来自所投资产品的销售。

4. 支持各种形式的技术开发。包括：帮助公营机构申请获得专利和生产许可证；资助大学师生对创新想法进行早期开发；在大学中设高技术奖励基金，一个奖励项目大约奖励 5000 英镑奖金；帮助有技术专长的集体或个人开办新企业，协助办理开办手续，提供资金帮助等。

（二）英国技术集团的工作经验

通过对英国技术集团的研究与分析可知，其工作经验如表 22 - 3 所示。

表 22 - 3　英国技术集团模式的经验

序　号	经　验
1	独特的运行机制
2	突出的专业化能力
3	发展初期政府支持
4	专利深度开发形成的综合优势

一是独特的运行机制。英国技术集团具有技术转移和风险投资的双重功能，利用投资可以将技术转移双方的需求最大限度地结合起来。比如，技术卖方往往一下子难以满足买方直接使用技术的需求，在这种情况下，英国技术集团往往对卖方的技术进行投资和进一步开发，以达到买方的需求。英国技术集团同英国大学、研究院所、企业集团及众多发明人建立了广泛的合作关系，同世界许多技术研究中心以及技术公司建立密切联系，形成了国际网络。英国技术集团通过许可证贸易、合同研究开发、技术咨询、投资创办新技术企业以及采购

科技成果等经营方式，逐步发展成为英国技术开发和技术转移的核心机构。

　　二是突出的专业化能力。英国技术集团内部组织结构高效、精简，200 多个雇员都是具有技术和商业知识的人才，其中半数以上是科学家、工程师、专利代理人、律师和会计师等，具有很强的技术、市场、法律知识背景和丰富的实践经验。英国技术集团不仅擅长挖掘和评估出真正有开发价值的专利技术，还能够通过投资进一步开发技术和扩大知识产权范围，创造新的价值。正是由于英国技术集团具备独特的专业技能，英美等发达国家的大学、研究机构虽然都成立了技术转移中心，但是对英国技术集团这样专业化的科技中介机构仍然有很大的需求。

　　三是发展初期政府支持。英国技术集团是在政府直接支持下发展起来的。英国技术集团创办初期，具有对政府资助形成的科技成果的垄断经营权。目前英国技术集团作为专门以风险投资支持技术创新和技术转移的机构，仍然具有由国家授权的颁发技术许可证的职能权利。另外，英国技术集团还有根据社会需要对国家的研究成果或有应用前景的技术进行再开发的权责，有权对相关项目给予资金支持。这些都给英国技术集团的发展提供了很多便利，更容易得到英国公立研究机构和大学的信任。正是由于政府几十年的扶持，英国技术集团才逐步实现自负盈亏，成为实力雄厚的技术集团。

　　四是专利深度开发形成的综合优势。英国技术集团不仅注重技术转移和专利转让，更注重通过专利深度开发扩展已有专利的价值，取得长远市场利益。首先是扩展或补充原有的主要专利授权。为延长关键专利授权的经济收入，英国技术集团不断帮助专利保护期届满的专利产生新的补充专利，积极与发明者一起分享关键专利带来的源源不断的市场利益。其次是通过"打包"多种来源的技术，获得多项专利，构建专利组合，扩大专利覆盖面，获得更好的技术转让回报。再次是开发非核心专利。寻找与大型公司主要业务方向关联不紧密的专利技术，筛选出具有潜在市场前景的专利，然后通过专利授权促进这些非核心专利的市场价值实现。最后是投资于技术的进一步开发或技术升级，不急于把不成熟技术推向市场，等待技术成熟时获得更大的市场收益。

四、上述三个国际经验的共同规律

如表 22 - 4 所示，英国、美国、德国三家机构的经验具有共同的规律，主要有七个方面。

表 22 - 4　三个国际经验的共同规律

序　号	规　律
1	工作全过程以专利为核心
2	依赖专业人才
3	合理的利益分配机制
4	与创新源、产业界紧密联系
5	能够提供比较全面的服务
6	良好的政策法规环境
7	发展初期政府的支持

（一）工作全过程以专利为核心

美国斯坦福大学、德国史太白经济促进基金会、英国技术集团这三家机构的技术转移工作都是以专利为核心，从发明创造的披露开始，技术转移机构开始介入，介入后所开展的主要工作从专利申请前评估、专利申请、专利布局、专利营销，到专利运营谈判、专利收益分配、专利合作合同的长期监控，每个项目的工作全过程都是以专利为核心线索展开的。

（二）依赖专业人才

美国斯坦福大学、德国史太白经济促进基金会、英国技术集团作为全球知名、成绩卓越的技术转移机构，都拥有一批专业能力强、结构合理的高端专业人才。这一点是任何技术转移机构成功的基础和前提。根据上述三家机构的经验，技术转移机构通常需要的专业人才包括专利人才、投资人才、技术营销与谈判人才等。

（三）合理的利益分配机制

技术转移的本质是用市场化机制对技术资源进行更高效率的配置，具体来说就是用市场化机制将高校和科研院所的研发成果专利化，并配置到最能创造价值的企业的过程。由于是市场化机制解决市场资源配置问题，因此，建立合理的利益分配机制非常必要、非常重要。只有建立了合理的利益分配机制，才能发挥多个相关主体的积极性。上述三家机构的经验，也充分说明了这一点。

（四）与创新源、产业界紧密联系

专利的属性是生产资料。高校和科研院所技术转移过程的实质，就是高校和科研院所生产专利，然后卖给企业。产业界永远是专利这个商品的唯一最终买家。只有与创新源、产业界保持紧密联系，对"货源"有比较大的掌控力，及时了解企业的实际需求，才能够有的放矢，提高技术转移的效率和效果。

（五）能够提供比较全面的服务

上述三家机构的经验是第 9 讲所述的专利运营四部曲方法论的重要依据之一。回顾三家机构的发展过程可以发现，其所提供的服务都是越来越全面。三家机构能够取得成功，其提供比较全面的服务应该也是原因之一。从产业链的思维来研究技术转移，技术产权的转移不是最终目的，最终目的是专利产业化、企业可持续发展。因此，任何技术转移机构都要考虑不仅仅是把技术产权转让给企业就万事大吉，更要考虑专利转给企业之后，如何发挥专利的作用以及其他方面的支持以帮助企业做大做强。综上，无论是从三家机构的经验来看，还是从技术转移产业链的需求来看，未来技术转移机构提供"从发明创造到企业上市"的全链条服务将是发展趋势。

（六）良好的政策法规环境

高校和科研院所的研发经费投入大部分来自政府。这是世界各国的普遍现象，也是人类科技发展的基本规律。在这种情况下，财政资金投入形成的专利资产，其所有权、处分权、收益权如果不明确，技术转移是很难开展的。上述三家机构的经验也证明了技术转移工作的有效开展离不开良好的政策法规环境。所需要的政策法规环境，除了明确财政资金投入形成专利的所有权、处分权、收益权之外，还要有良好的知识产权保护环境、文化环境，以及良好的促进技术转移的政策环境、人才环境等。

（七）发展初期政府的支持

在世界范围内，技术转移都是复杂、难度大、周期长、不确定性大的商业行为。一般情况下技术转移的特点是"三年不开张、开张吃半年"，这种情况下无法形成商业运作的闭环，很难市场化运作。结合上述三家机构的经验，技术转移机构的发展需要政府的大力支持，特别是发展初期，也就是在技术转移机构的技术转移数量和成功率达到合理的水平之前，非常需要政府财政补贴或者政府购买服务的支持。当技术转移机构的技术转移数量和成功率达到合理的水平之后，才可以完全市场化运作。

第 23 讲
高校和科研院所
知识产权管理的七弦琴模式

一、模式整体情况

（一）模式涉及的主体

高校和科研院所知识产权管理的七弦琴模式主要涉及五方面主体：第一是创新主体，主要指高校和科研院所的技术研发团队，也包括其他有能力进行发明创造的教师和学生；第二是高校和科研院所高价值知识产权培育布局中心；第三是高校和科研院所知识产权转移转化平台；第四是高校和科研院所外部技术转移合作伙伴，包括七弦琴国家知识产权运营公共服务平台、七弦琴合作伙伴、相关孵化器、众创空间、加速器等机构；第五是知识产权产业化的终端用户，主要包括企业、相关行业协会、产业协会、技术联盟、知识产权联盟以及相关的政府产业管理部门。

（二）模式的三条线索

高校和科研院所知识产权管理的七弦琴模式有三条线索。

第一条线索是工作推进流程（如图 23 - 1 中中间箭头所示）。第一主体研发团队产生研发成果，由第二主体高价值知识产权培育布局中心进行培育布局。形成知识产权之后或者过程中，交由第三主体知识产权转移转化平台进行转移转化。第三主体直接跟第五主体终端用户进行沟通，或者通过第四主体外部技术转移合作伙伴跟第五主体终端用户进行沟通，开展转移转化工作。

第二条线索是政策、工具赋能（如图 23-1 中上方两层线条所示）。第一层的线条表达的是高校和科研院所所在地区地方各级政府的知识产权政策，以及高校和科研院所自己的知识产权政策。这两类政策就像"阳光雨露"，覆盖和渗透到高校和科研院所知识产权管理的全过程。第二层的线条表达的是高校和科研院所知识产权管理所使用的工具，主要包括软件、大数据、互联网平台等。这些工具也覆盖和渗透到高校和科研院所知识产权管理的全过程。

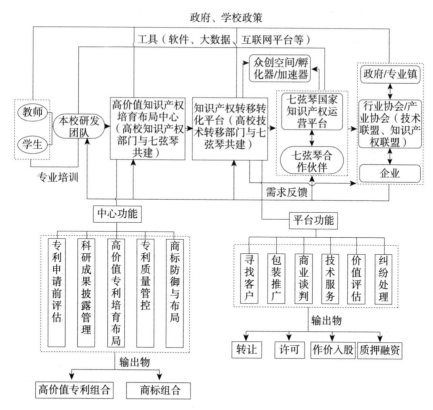

图 23-1　高校和科研院所知识产权管理的七弦琴模式❶

---

❶ 制作人：张雅卓、杨彩珺。

第三条线索是知识产权需求信息反馈（如图 23 - 1 中下方箭头所示）。第五主体终端用户产生知识产权需求之后，可以逐级反馈到第四、第三、第二、第一主体，也可以直接反馈到第三或第二或第一主体。

二、模式的两大支柱及其功能

高校和科研院所知识产权管理的七弦琴模式有两大支柱：第一个支柱是高价值知识产权培育布局中心，第二个支柱是知识产权转移转化平台。

高价值知识产权培育布局中心的主要功能有五个，分别是：专利申请前评估、科研成果披露管理、高价值专利培育布局、专利质量管控、商标防御与布局。高价值知识产权培育布局中心的输出物主要是高价值专利组合和商标组合。

知识产权转移转化平台的主要功能有六个，分别是：寻找客户、包装推广、商业谈判、技术服务、价值评估、纠纷处理。知识产权转移转化平台的输出物主要是知识产权转让、许可、作价入股、质押融资等。

三、模式的主要特点

高校和科研院所知识产权管理的七弦琴模式，是在充分借鉴整合美国斯坦福大学技术转移办公室、德国史太白技术转移中心、英国技术集团等国际先进经验，结合我国高校和科研院所科技成果转化的实践经验，以及华发七弦琴国家知识产权运营公共服务平台的专利运营经验的基础上总结提炼的工作模式。这个模式的本质是知识产权商品的供给侧工作方案。第 10 讲所述的四部曲理论是从需求侧角度论述的，这个模式是从高校和科研院所知识产权供给侧角度论述的。第一个特点是模式的设计紧密围绕高校和科研院所知识产权管理的使命——"让好技术变成好专利，让好专利成就好企业"进行。高校和科研院所知识产权管理的七弦琴模式的第二个突出特点是具有明显的生态型特色。这个模式将与高校和科研院所知识产权管理相关的各个内部、外部因素综合考虑，强调专业的人干专业的事，促进相关各方深度分工合作，发挥各自优势，形成合力。第三个特点就是灵活性、兼容性强。高校和科研院所可以根据自身专业能力，灵活调整跟外部机构合作的深度和广度。两大支柱（高价值知识产权培育布局中心和知识产权转移转化平台）可以分开运作，也可以合并运作等。

第 24 讲
高校和科研院所
知识产权人才进阶大纲

一、职务进阶

我国高校和科研院所知识产权管理人员基本上都是事业单位编制人员，可以纳入高校和科研院所行政职务序列。高校和科研院所的行政职务进阶规则，本书不作论述。

二、职称进阶

2020 年 1 月 8 日，《人力资源社会保障部关于印发经济专业技术资格规定和经济专业技术资格考试实施办法的通知》（人社部规〔2020〕1 号）中明确，经济专业技术资格新增知识产权专业，职称为"知识产权师"。我国首次在国家层面设置知识产权专业技术职称序列，为我国知识产权从业人员职称进阶创造了良好的机会和平台。

知识产权师分为初级、中级、高级三个级别。初级、中级实行以考代评，不再进行相应的职称评审或认定；副高级采取考试与评审相结合方式，正高级仍将采取评审方式。知识产权师资格考试设初级、中级、高级三个级别，全国统一组织、统一大纲、统一命题。初级、中级设置"经济基础知识"和

"专业知识和实务"两个考试科目，高级设置"高级经济实务"一个考试科目。

获得初级、中级知识产权师资格，即可分别认定具备助理知识产权师、知识产权师职称。参加高级知识产权师资格考试合格并通过评审者，可获得高级知识产权师职称。

三、能力进阶

高校和科研院所知识产权管理既是高度实践性工作，需要实操性微观技能的支撑，又是高度复合型工作，涉及多个专业技能，且涉及宏观、中观、微观多个层面。如第 21 讲高校和科研院所知识产权管理主要工作及能力中所述，高校和科研院所知识产权管理的主要工作包括七项内容：政策研究、制定、实施，专利申请前评估管理，专利导航分析管理，专利文件撰写质量管理，知识产权合同管理，知识产权纠纷管理，技术营销和谈判管理。每项工作又需要对应多项技能或能力，这些能力涉及面广、专业性要求高、跨越多个学科。总之，要做好高校和科研院所知识产权管理工作，对管理人员提出了非常高的能力要求。

高校和科研院所知识产权管理人员的能力进阶思路有两个方面：一方面，第 19 讲的综合能力评价七级模型依然有非常好的引导、指导作用；另一方面，"一专多能"的能力进阶策略也会有比较大的帮助。高校和科研院所知识产权管理人员根据岗位需要及自身学历、经历实际，首先，确定高校和科研院所知识产权管理七项工作中的一项作为自己能力进阶的主攻方向，做到"一专"——学深、学透、学精，达到七级模型中的五级能力；其次，注重学习知识产权底层规律、方法和思维，对其他六项主要工作保持关注和学习，做到"多能"——知道、见过、做过，达到七级模型中的三级能力。

四、核心竞争力进阶

如上所述，高校和科研院所知识产权管理需要涉及多种专业能力。这些能力中哪些是核心竞争力？从职业生涯发展的长周期、战略层面看，最重要的或者是能够构成核心竞争力的主要是四种，分别是：技术能力和素养、知识产权技能、商业思维、管理能力。

这四种能力的重要性排序与高校和科研院所知识产权管理人员的层级有关：当级别比较低的时候，重要性排序是技术能力和素养、知识产权技能、商业思维、管理能力；当级别比较高的时候，重要性排序是管理能力、商业思维、知识产权技能、技术能力和素养。

另外，核心竞争力进阶跟高校和科研院所的知识产权管理水平也有密切关系：如果高校和科研院所知识产权管理水平较低，则对技术能力和素养、知识产权技能的需求比较强；如果管理水平较高，则对商业思维、管理能力需求比较强。

第 5 章
企业模块

此君面目含清风（张思源）

第 25 讲
企业知识产权管理的使命

企业知识产权管理的使命，就是为企业插上技术、艺术和品牌三个翅膀，持续提升助力企业腾飞的效率和效果。

如第 2 讲所述，知识产权的一个新定义：为鼓励经济、技术、文化领域真善美的发扬，国家或地区政府给予创新、创造、创意、创作、创业成果所有人的特定地域、特定时间、特定权能的独占权利。这个定义能够更好地帮助理解三个翅膀。如表 25 – 1 所示，技术的翅膀主要指的是技术专利、软件著作权、技术秘密等知识产权，技术翅膀的本质是"真"的翅膀。艺术的翅膀主要指的是外观设计专利、版权等知识产权，艺术翅膀的本质是"美"的翅膀。品牌的翅膀主要指商标、商号、地理标志等知识产权，品牌翅膀的本质是"善"的翅膀。

表 25 – 1　企业的三个知识产权翅膀

翅　膀	内　容	本　质
技术之翼	技术专利、软件著作权、技术秘密	真
艺术之翼	外观设计专利、作品著作权	美
品牌之翼	商标、商号、地理标志	善

三个翅膀的观点与第 4 讲要素本质原理部分所述的产品竞争力十要素分析法是一脉相承的。三个翅膀对应十要素中的前三个。

知识产权是一种生产资料，企业是其终端消费者。企业消费知识产权的环节是将知识产权转化为生产力。从知识产权生命周期的角度看，除了这一环节，其他各个环节都没有为社会创造财富。就企业知识产权管理来说，做好企业知识产权工作——为企业插上技术、艺术和品牌三个翅膀，是工作手段，持续提升企业腾飞的效率和效果才是工作目的。在当今知识经济时代，知识产权是不可或缺的手段，且一定程度上决定着目的实现的效率和效果。从这个意义上，可以说知识产权是知识经济的血液。企业知识产权数量不足，就会得"贫血症"；企业知识产权质量不高，就会得"败血症"。重视知识产权，事半功倍；轻视知识产权，事倍功半，甚至功亏一篑。

第 26 讲
企业知识产权管理的基本原则

如表 26 - 1 所示，企业知识产权的基本原则可以概括为 16 个字：实事求是、市场导向、战略引领、未雨绸缪。基本原则是经过高度概括、抽象、提炼的，其适用性比较强，可以说任何企业都适用。大公司可以用，小公司也可以用；知识产权工作做得好的企业可以用，做得不好的企业也可以用；电子信息产业的企业可以用，生物医药产业的企业也可以用，各个产业的企业都可以用。应该说这 16 字基本原则对各个企业都具有很强的宏观指导性，但具体到实操、案例的时候，这个原则的微观指导性是有限的。

表 26 - 1　企业知识产权管理的基本原则

序　号	基本原则
1	实事求是
2	市场导向
3	战略引领
4	未雨绸缪

一、实事求是

实事求是，是企业知识产权管理的第一个原则。《现代汉语词典》（第 6版）对实事求是的定义是："从实际情况出发，不夸大，不缩小，正确地对待和处理问题。" 实事求是是人类认识世界、改造世界过程中希望达到的一种良好状态，实事求是的核心内涵是追求主客观相统一。实事求是是做好众多工作的指导原则。企业知识产权工作对实事求是的需求和要求更加突出。这主要有以下三个方面的原因：一是企业知识产权管理的主要管理对象知识产权是无形资产，看不见，摸不着；二是我国知识产权事业起步较晚，社会知识产权意识相对薄弱，企业负责人普遍对知识产权管理关注较少，要求也不明确；三是企业知识产权管理工作本身具有较大的弹性，企业知识产权管理的水平缺乏清晰、明确的评价标准。

　　贯彻落实企业知识产权管理的实事求是原则，需要把握如下三个要点：第一，企业知识产权管理者主观上对企业知识产权规律的认识要到位；第二，企业知识产权管理者主观上对企业知识产权未来发展的规划要靠谱；第三，在实际操作中要根据规划，一步一步推动规划的切实落地。

　　实事求是原则在企业知识产权管理中应用，需要特别注意的是企业知识产权工作要与企业自身实力相适应。马克思历史唯物主义理论认为，生产力决定生产关系，生产关系反作用于生产力。企业实力相当于生产力，企业知识产权相当于生产关系。企业自身的实力决定企业知识产权管理的目标和方向，反过来，企业知识产权管理水平反作用于企业自身实力。企业知识产权管理工作一定要与企业自身实力相适应、相匹配。企业知识产权管理目标略高于企业实力是比较科学的。如果企业知识产权管理目标远远高于企业实力，就会出现资源错配、资源利用效率降低的问题；如果企业知识产权管理目标低于企业实力，就会出现知识产权支撑不力、拖企业发展后腿的问题。

二、市场导向

　　企业知识产权管理的第二个原则是市场导向。如第 4 讲要素本质原理所述，知识产权资产的本质就是一种生产要素。在知识经济时代的企业经营中，知识产权成为不可或缺且越来越重要的生产要素，没有这个要素是不行的，但是知识产权要素强而其他要素跟不上导致企业破产的例子也不少。知识产权对于企业发展的价值，既不能神话，也不能无视。企业知识产权资产以及知识产权制度，主要是企业经营发展的手段，仅仅是市场竞争的工具，而不是企业经营发展的目的。企业知识产权管理，应该坚持以市场导向、以助力企业发展为导向来谋划、开展和审视知识产权工作。

企业知识产权管理涉及技术、法律、产品、销售、定价、采购、生产、人力资源等方方面面，但一定要牢牢把握企业知识产权管理的市场导向，凡事以是否有利于提升企业市场竞争力为原则来进行决策，才能够提纲挈领、化繁为简，才能够在长期、复杂的事务性工作中保持初心、不本末倒置。

在企业知识产权创造、运用、保护、管理、服务、宣传、培训等工作环节，时时处处要把握市场导向。知识产权创造环节，开展知识产权挖掘布局时根据市场竞争态势和市场竞争对手状况确定策略。知识产权运用环节，要紧紧围绕企业发展战略，要着力于产品利润率和市场占有率的提高。知识产权保护环节，不是以谁对谁错、谁赢谁输、侵权不侵权为最高工作目标，而是以追求最大商业利益、品牌利益，追求最小商业损失、品牌损失为最高工作目标。知识产权管理环节，要以充分发挥企业知识产权资产和知识产权制度效益、助力企业核心竞争力提升为基本宗旨。知识产权服务环节，一方面，企业知识产权部门要为研发、采购、生产、销售、营销等部门做好服务；另一方面，在外购知识产权服务时要选择具有企业经营思维、能够站在市场竞争角度开展服务的供应商。知识产权宣传环节，不是就知识产权说知识产权，而是要突出知识产权对于企业发展的贡献和作用。知识产权培训环节，除了开展知识产权技能的培训之外，更要注重对知识产权工作人员、研发人员及相关人员的商业思维培训。

三、战略引领

企业知识产权管理的第三个原则是战略引领。与企业其他方面的管理有所不同，企业知识产权管理天然需要战略引领。有以下几个方面的原因。一是知识产权制度决定了知识产权天生具有高度国际化特征。无论是大企业还是小企业，无论是成熟企业还是初创企业，都要站在全球化高度看待知识产权工作。二是知识产权资产的无形性特征决定了知识产权管理受物理空间、历史包袱制约较小，随时可以在战略层面谋划和开展工作。三是知识产权制度决定了知识产权行业天然自带大数据，特别是近年来互联网技术和知识产权大数据的发展，为企业低成本研究制定科学的知识产权战略提供了工具基础。四是知识产权种类的多样性产生了对战略协同的需求。制定并实施统一的企业知识产权战略，将有助于实现多种知识产权业务的一致和协同。

战略引领原则要求企业无论大小、无论发展阶段，都要制定并实施企业知识产权战略。企业知识产权管理模式、目标、方式、方法多种多样，且无一定之规，迫切需要战略的引领。如有科学的战略，将有效实现企业知识产权工作与企业发展战略的协同，企业知识产权工作也将有的放矢，目标清晰。如果没有战略或者战略不清晰，企业知识产权工作将成为"无头苍蝇"，无所适从。

四、未雨绸缪

企业知识产权管理的第四个原则是未雨绸缪。如第 4 讲时间价值原理所述，知识产权行业具有明显的时间性特征，大部分操作都要考虑时间的因素。无论是知识产权注册申请、维权保护、转让许可，还是知识产权价值评估，时间都是重要的考量因素。要想顺利实现工作目标，都要提前一段时间进行合理的谋划和实施。这就是未雨绸缪原则的主要内涵。

"凡事预则立，不预则废"，未雨绸缪原则要求企业在知识产权管理的过程中，要高度重视时间因素，要提前预判和安排。在企业知识产权管理中，未雨绸缪花 1 万元轻松解决问题、临时抱佛脚花 100 万元也解决不了问题的案例比比皆是。

第 27 讲
企业知识产权管理的基本要求

总结借鉴我国企业知识产权管理工作经验，特别是借鉴四川省知识产权局原局长黄峰在四川推动企业知识产权工作的经验，笔者将企业知识产权管理工作的基本要求总结为"五有五会"：有领导、有机构、有制度、有人员、有经费，会申请、会保护、会检索、会运用、会管理。既然是企业知识产权管理的基本要求，那么就意味着这个要求具有较强的普适性和基础性。任何企业开展知识产权工作都要首先做到"五有五会"，然后在这个基础上发展自己的优势和风格。

一、五　有

（一）有领导

企业知识产权管理是企业经营管理的一个重要条线，离不开最高管理层的关注、重视、领导和推动。任何企业，如果不把知识产权管理作为一项重要管理职责给予明确的领导分工，提上日常工作议事日程，那么这项工作是很难开展的。我国企业知识产权管理的国家标准——《企业知识产权管理规范》（GB/T 29490—2013）在原则章节强调："最高管理者的支持和参与是知识产权管理的关键，最高管理层应全面负责知识产权管理。"

（二）有机构

企业知识产权管理工作的有效开展离不开知识产权管理责任机构的设立。这个机构可以是专职的，也可以是兼职的，甚至可以是外部合作机构；可以是独立设置，也可以设置在相关部门内部。但无论如何，要明确知识产权管理职责由某个机构负责。根据现代企业制度的基本原理，企业内部门是分工合作的基本单元，是依据明确的职责设定开展工作，遵循责权一致原则。因此，如果企业没有设立知识产权管理机构，知识产权管理工作的开展将缺乏必要的体制机制支持。

（三）有制度

企业知识产权管理工作的有效开展离不开良好的制度体系。如第 4 讲四大支柱原理所述，知识产权学的理论支柱之一是制度经济学，知识产权政策法规等制度是知识产权工作开展的重要依据和手段。与此类似，企业知识产权制度体系是企业知识产权管理的重要依据和手段，是不可或缺的重要抓手。企业知识产权战略确定之后，关键在于落实。落实过程涉及多个部门、很多人员。知识产权管理的目标与其他部门的目标、相关人员的工作安排往往是不完全一致的，需要通过企业知识产权制度整合相关部门、相关人员的力量，调动积极性，达到资源整合、目标协同的目的。

（四）有人员

有人员跟有机构逻辑差不多，人员可以是专职的，也可以是兼职的；人数可以多，也可以少。但是一定要有明确的人员对知识产权管理工作承担责任，这样的话才有可能实现企业知识产权管理工作的有序开展。无论是内部事宜还是外部事宜，无论是主动事宜还是被动事宜，都应达到"知道找谁，找得到人，事情不会耽误，不会被遗忘"的效果。知识产权管理工作的成效也能够进行考核评价，能够进行复盘和改进。

（五）有经费

综观全球企业知识产权管理的经验，企业知识产权管理离不开外部专业机构的协助和支持。因此，企业知识产权管理工作的有效开展离不开必要的经费支持。"巧妇难为无米之炊"，没有足够的经费支持，再好的战略也难以实施。

二、五　会

五会——会申请、会保护、会检索、会运用、会管理，与第 2 讲知识产权需求金字塔模型基本上一一对应。会申请对应知识产权挖掘布局需求，会保护对应知识产权复审无效诉讼需求，会检索对应知识产权导航分析需求，会运用对应知识产权运营交易需求，会管理对应知识产权管理咨询需求。企业知识产权管理的"五会"要求，是对企业知识产权管理人员专业技能的框架性要求，体现了企业知识产权管理岗位的主要职责和技能需求。不同的企业"五会"的工作范围大同小异，但"五会"的深度要求千差万别。

第 28 讲
企业知识产权水平的五个层次

一、企业五层次理论

2012 年笔者在中关村知识产权促进局挂职锻炼，一年时间调研了 100 多家企业，将对企业知识产权的认知从感性认识上升到理性认识，归纳总结了企业知识产权水平的五个层次，具体参见表 28 – 1。

表 28 –1　企业知识产权水平的五个层次

等　级	知识产权的功能定位	特　征	核心关注点
4 级	法宝	将知识产权作为企业核心资产来维护和运营，充分利用知识产权来帮助企业获得收益或者直接变成收益	高效益运用
3 级	武器	利用知识产权跑马圈地，占据势力范围，以获取市场竞争力为主要目标	高标准保护
2 级	通行证	没指望利用知识产权独占市场，只希望自己的研发成果自己能够自由使用，企业经营不因知识产权问题被别人限制	高质量创造
1 级	花瓶	为了荣誉目的，目标是获得证书	知识产权数量
0 级	空气	既没有知识产权，也不开展知识产权工作	无

第一层次即最差层次的企业既没有知识产权，也不开展知识产权工作，把知识产权当"空气"。原因有两个方面：有的企业根本不知道有知识产权这回事，可谓"无知"；有的企业知道知识产权，但是由于种种原因，觉得知识产权没用，可谓"短视"。这个层次被称为"0 级"。

第二层次即比较初级的层次"1 级"，这类企业的特征是，把知识产权当"花瓶"，主要是个摆设。做知识产权不是为了发挥知识产权的应有作用，而是为了报项目、评职称、获资助、得荣誉等，为了知识产权证书而开展知识产权工作。这个层次企业的核心关注点在知识产权数量。

第三个层次"2 级"，把知识产权当"通行证"，没指望利用知识产权独占市场，只希望自己的研发成果自己能够自由使用，企业经营不因知识产权问题被别人限制。这个层次企业的知识产权工作属于防御战略，已经开始关注知识产权布局的质量和策略，开始具有正能量了。这个层次企业的核心关注点在高质量创造。

第四个层次"3 级"，把知识产权当"武器"，利用知识产权跑马圈地，占据势力范围，以获取市场竞争力为主要目标，重视知识产权布局，重视维权，利用知识产权打击竞争对手。这个层次企业的知识产权工作属于进攻战略，最符合知识产权法律的立法本意，是知识产权资产和知识产权制度的经典应用模式。这个层次企业的核心关注点在高标准保护。

第五个层次"4 级"，把知识产权当"法宝"，将知识产权作为企业核心资产来维护和运营，通过产品化、许可、转让、作价入股、质押贷款、交叉许可、标准化等各种方式实现知识产权的价值，充分利用知识产权来帮助企业获得收益或者直接变成收益。这个层次企业的核心关注点在高效益运用。

大部分企业都反映，知识产权部门只花钱、不挣钱。其实这是一个误解。如果企业处于 1 级或 2 级层次，当然是只出不进；如果到了 3 级层次，也花钱，甚至花的更多，但是已经能够看到知识产权是能够帮助企业赚钱的；如果到了 4 级层次，企业才终于恍然大悟，其实知识产权部门是个赚钱的部门，而且利润率颇高。

二、企业五层次理论的运用

企业五层次理论就像企业知识产权水平的"体检表",可以用来快速判断一个企业的知识产权水平。知识产权服务机构运用企业五层次理论,针对任何一个企业,只要与企业知识产权管理人员进行简单的沟通,就可以比较准确地快速确定这个企业的知识产权水平,进而可以了解企业知识产权工作的痛点、知识产权服务的需求。这有利于服务机构更好地为企业提供实事求是的服务。政府运用企业五层次理论可以快速判断一个地区知识产权事业发展水平,进而制定针对性的企业知识产权政策,有的放矢地提升企业知识产权水平。企业五层次理论可以帮助知识产权意识不足的企业负责人快速了解自己企业的知识产权工作水平,有利于企业找到差距,明确发展思路。

根据企业五层次理论分析,可以发现我国大量的企业知识产权水平都在 0 级和 1 级,达到 2 级的不是很多,达到 3 级的更少,达到 4 级的更是凤毛麟角。这是我国知识产权事业发展最大的现实。这个现实能够解释我国知识产权行业的很多现象。这个现实也为我国知识产权事业发展指明了发展方向,全行业要共同努力,持续提升企业知识产权水平,推动更多的企业达到 2 级、3 级和 4 级。达到 3 级、4 级水平企业的比例应该成为我国实施知识产权强国战略的核心指标。

第 29 讲
企业知识产权管理的
主要工作及能力

一、企业知识产权管理主要工作

根据国家标准《企业知识产权管理规范》（GB/T 29490—2013）的内容，企业知识产权管理主要工作包括基础管理和阶段管理。基础管理包括知识产权获权、维护、运用、保护、合同管理、保密六个方面。阶段管理包括立项、研究开发、采购、生产、销售和售后五个阶段的知识产权管理。此外，企业知识产权管理还包括建立知识产权管理体系，策划、实施、检查并持续改进，保持其有效性，并形成文件；教育与培训、人事合同、入职、离职、激励等人事工作中的知识产权管理等。

《企业知识产权管理规范》对企业知识产权管理工作涉及的方方面面进行了全面、深入、细致的提示，对做好企业知识产权管理工作具有非常好的指导作用。《企业知识产权管理规范》具有经验凝聚度高、系统性高、兼容性高、贯标工作技术含量高等特点。正是由于以上四个特点，贯标工作对于提高企业知识产权管理能力和水平方面更加具有根本性和持续性的作用。可以说，企业贯标既是企业知识产权管理工作快速入门之法，更是我国企业提升知识产权工作水平的治本之策。但由于企业贯标具有一定的技术、成本门槛，因此，笔者认为，对于企业贯标要能贯则贯，不能贯要学，企业要把国家标

准当字典用。笔者将上述所有企业知识产权管理工作概括为四大环节：企业
知识产权创造、运用、保护和管理（狭义）。

二、四大环节的核心职责及需要的能力

企业知识产权管理的四大环节及其职责参见表 29 – 1。

表 29 – 1　企业知识产权管理的四大环节及其职责

序　号	环　节	职　责
1	创造	"不孕不育大夫""爷爷奶奶""月子中心""托儿所"
2	运用	"娶媳妇""嫁女儿"
3	保护	"体育老师"或"武术老师"
4	管理（狭义）	建立企业知识产权管理的体制、机制和制度，并持续改进

（一）企业知识产权创造环节的核心职责及需要的能力

企业知识产权创造环节的核心职责主要包括：帮助创新部门出成果，催
促创新部门将成果整理出来，协调内外部资源将创新成果形成申请文件，知
识产权审批过程中相关事务的有效处理和应对。

结合第 7 讲中发明专利的一生理论，笔者用几个比喻来介绍这四项职责
及其需要的能力。

在帮助创新部门出成果的职责中，企业知识产权管理部门相当于"不孕
不育大夫"。以专利为例，研发部门老不出专利，"不孕不育大夫"赶快去找
它，去帮它的忙，通过专利导航分析、创新方法培训、头脑风暴等方式，为
研发人员提供有效的技术分析、竞争对手情报、技术前沿动态、研发思路等
信息，帮助研发部门尽快产出研发成果，解决创新中的"不孕不育"问题。
这个职责需要的能力主要是专利导航分析和沟通协调能力。

在催促创新部门将成果整理出来的职责中，企业知识产权管理部门相当

于"爷爷奶奶"的角色——想早日抱"孙子"，经常去创新部门提醒催促。由于我国企业整体上知识产权意识和能力还比较薄弱，大部分企业的创新部门知识产权意识和能力不足，不知道哪些成果可以产权化、哪些成果应该产权化、什么时候产权化、如何将创新成果整理成可以产权化的信息。在这个场景中，企业知识产权管理部门就扮演"爷爷奶奶"的角色，经常提醒创新部门及时将创新成果产权化，帮助创新部门分析判断哪些成果可以产权化、应该产权化、什么时候产权化、如何整理有效信息、如何开展知识产权挖掘布局，甚至直接帮助创新人员整理、起草创新成果信息。这个职责需要的能力主要是知识产权宣传培训能力和沟通协调能力。

在协调内外部资源将创新成果形成申请文件的职责中，企业知识产权管理部门相当于"月子中心"。以专利为例，研发部门产出了研发成果，然后企业知识产权管理部门赶快找"接生婆"——专利代理师，请专利代理师来到"月子中心"来"接生"。企业管专利的人、发明人和专利代理师三方面人员在一起交流沟通，讨论技术交底书，进行专利检索，找发明点，研究布局策略，最终确定专利布局方案，起草形成系列专利申请的申请文件。这个职责需要的能力主要是知识产权挖掘布局能力和组织协调能力。

在知识产权审批过程中相关事务的有效处理和应对的职责中，企业知识产权管理部门相当于"托儿所"，对应第 7 讲发明专利的一生理论中的启蒙阶段即婴儿 0 至 3 岁的阶段。这个阶段企业知识产权管理部门要牵头组织或者协同发明人、专利代理师，与审查员之间有一个针对知识产权审查程序的沟通协调。这个沟通协调的过程相当于对婴儿的启蒙教育，对知识产权的最终质量是非常重要的。这个职责需要的能力主要是专利、商标等复审无效诉讼能力和沟通协调能力。

（二）企业知识产权运用环节的核心职责及需要的能力

如本书第 9 讲所述，企业知识产权运用包括知识产权制度的运用和知识产权资产的运用。制度的运用主要包括防御性公开、导航分析、规避设计、失效知识产权利用等。知识产权资产的运用主要包括产业化、转让、许可、投融资、标准化、企业重组、联盟等。

知识产权资产运用的方式可以简要概括为两类：一类是自己用，另一类是给别人用。从这个意义上看，结合发明专利的一生理论，笔者提出知识产权的分类——"自用"知识产权和"他用"知识产权。有的知识产权是"自用"，"自用"知识产权是符合企业发展战略方向的核心知识产权。有的知识产权是"他用"，"他用"知识产权是非企业发展战略方向的知识产权，经过培育包装，要么许可，要么转让。

如果是"自用"知识产权，要主动出击，是主动型知识产权。"自用"知识产权要创业，要有实力，要奋斗，要产品化、产业化。以专利为例，这项专利非常好，而且是企业的核心支柱，就要准备支撑企业的长远发展，要产品化、产业化、做大做强，这就叫创业。同时这个技术和产品还要持续创新、持续迭代，第一代、第二代、第三代、第四代、第五代、第六代……生生不息。"自用"知识产权的运用需要的能力主要是知识产权产品化、产业化能力和资源整合能力。

如果是"他用"知识产权，应该采取吸引战略，做好知识产权的包装，最好打包形成组合，然后做个样机，做个样品等，后续进行技术服务。另外，技术服务与商业谈判也很重要。专利要实现转让，还要有包装、营销、场景的制造、客户的沟通谈判等，这样才能有一个好的经济收益。"他用"知识产权运用需要的能力主要是知识产权运营交易能力和市场营销能力。

（三）企业知识产权保护环节的核心职责及需要的能力

企业知识产权保护环节的核心职责主要包括风险管理、争议处理、涉外贸易、商业秘密保护等。从战略上来看，企业知识产权保护战略主要有两种：一种是防御战略，另一种是进攻战略。

从企业知识产权部门功能定位的角度看，实施防御战略的企业，知识产权部门的功能定位是"体育老师"。"体育老师"的核心职责是负责企业知识产权的"强身健体"，希望别人打来的时候能够轻松应对。实施进攻战略的企业，知识产权部门的功能定位是"武术老师"。"武术老师"的核心职责是负责企业知识产权的武术修炼，要练少林拳、武当拳、降龙十八掌之类的外功，更要练易筋经、全真派之类的内功；只有做到内外功兼修，才能更好地和对手竞争。

从企业知识产权保护环节的核心目标角度看，实施防御战略的企业，知识产权保护的核心目标是建立"城墙"和"护城河"，目的是增加竞争对手攻击自己时的难度；实施进攻战略的企业，知识产权保护的核心目标是打造更加先进的"武器"，目的是提高自己的竞争力。

从做好企业知识产权保护工作需要的能力的角度看，实施防御战略的企业，知识产权部门需要的能力主要是知识产权导航分析能力和知识产权挖掘能力；实施进攻战略的企业，知识产权部门需要的能力主要是高价值知识产权培育布局能力和专利、商标等复审无效诉讼能力。

（四）企业知识产权管理环节的核心职责及需要的能力

广义的企业知识产权管理包括上述创造、运用、保护及狭义的管理。狭义的企业知识产权管理的核心职责主要包括建立企业知识产权管理的体制、机制和制度，并持续改进，涉及人力资源、基础设施、财务资源、信息资源、管理方针、职责、权限、沟通、策划、实施、检查、改进等工作内容。

狭义的企业知识产权管理涉及企业知识产权管理工作及相关工作。要做好管理工作，需要企业领导的重视、必要的资源投入、建立知识产权专业团队、企业相关部门的支持、外部合作伙伴的配合等。追求的目标可以简要概括为：人人有意识、事事有人管、高层有战略、基层有抓手、体系有能力、加持有效果、次次有改进、年年有进步。狭义的企业知识产权管理需要的能力主要包括工商管理能力、制度设计能力和资源整合能力。

第 30 讲
企业知识产权人才进阶大纲

一、职务进阶

无论是国有企业还是民营企业，无论是大型企业还是中小型企业，一般都有清晰的企业内部职务晋升序列。企业知识产权人才当然适用企业内部职务晋升规则。需要重点强调的是，企业知识产权人才应该将企业高管作为知识产权人才职业发展的高阶目标，而不是将知识产权总监作为高阶目标。

二、职称进阶

知识产权人才的职称序列是社会化的，企业知识产权人才的职称序列与高校和科研院所知识产权人才的职称序列是同一个。具体内容参见第 24 讲相关内容。

三、能力进阶

随着知识产权保护环境的改善和全社会知识产权意识的提高，企业知识产权工作的重要性日益提升，难度、复杂性也大幅提高，企业知识产权工作对知识产权人员的能力要求也越来越高。企业知识产权人才能力要求有以下几个突出特点。一是跨学科性。企业知识产权人才既要懂技术、懂市场，又要懂法律、懂管理。二是多技能性。要做好企业知识产权管理工作，企业知识产权管理团队需要具备知识产权挖掘布局技能、复审无效诉讼技能、导航分析技能、运营交易技能、战略管理技能等。三是综合协调性。企业知识产权管理部门负责整个企业知识产权无形资产的创造、运用、保护、管理全周期管理，与企业内部多个部门有密切联系，也离不开外部相关合作伙伴的深度参与，对沟通协调的能力要求较高。

　　企业知识产权人才的能力进阶，首先要根据企业知识产权战略，确定知识产权团队的工作重点。根据工作重点确定所需要的能力重点。在重点能力培养上，主要参照第 19 讲的综合能力评价七级模型。企业知识产权能力建设的另外一个重要原则是内外协同原则。综观全球的企业知识产权管理，基本上不存在凡事自己内部处理、不需要外部知识产权服务机构支持的企业。因此，在规划企业知识产权人才能力进阶中，要有所为有所不为，要重点培养外部机构难以替代的能力以及有助于更好发挥外部机构效能的能力。

四、核心竞争力进阶

　　如上所述，企业知识产权管理需要涉及多种专业能力。这些能力中哪些是核心竞争力？从职业生涯发展的长周期、战略层面看，最重要的或者是能够构成核心竞争力的主要是四种能力，如表 30 - 1 所示，分别是：商业思维、知识产权技能、管理能力、技术能力和素养。这四种核心竞争力与高校和科研院所知识产权人才的核心竞争力是一样的，但是顺序不一样。对企业知识产权人才来讲，商业思维是第一位的；知识产权技能是开展工作的前提；管理能力是做好工作的保障；技术能力和素养也很必要，但重要性比高校和科研院所的降低了。

表 30-1　企业知识产权管理人才核心竞争力

序　号	核心竞争力
1	商业思维
2	知识产权技能
3	管理能力
4	技术能力和素养

　　这四种能力的重要性排序与企业知识产权管理人员的层级有关：当层级比较低时，对技术能力和素养、知识产权技能的要求更高一些；当层级比较高时，对管理能力、商业思维的要求更高一些。

　　另外，核心竞争力进阶跟企业的知识产权管理水平也有密切关系：如果企业知识产权管理水平比较初级，对技术能力和素养、知识产权技能的需求比较强；如果管理水平比较高，对商业思维、管理能力需求比较强。

第 6 章
知识产权服务机构模块

荷塘清影 （张思源）

第 31 讲
知识产权服务机构的使命

一、知识产权服务机构的使命

知识产权服务机构的使命，就是帮助客户知识产权部门实现自己的使命：对政府客户来说，就是帮助政府实现"推进创新成果的产权化、商业化，发展知识产权经济"的使命；对高校和科研院所客户来说，就是帮助高校和科研院所实现"让好技术变成好专利，让好专利成就好企业"的使命；对企业客户来说，就是帮助企业实现"为企业插上技术、艺术和品牌三个翅膀，持续提升企业腾飞的效率和效果"的使命。总结概括起来，知识产权服务机构的使命就是帮助客户做好知识产权工作，实现知识产权对于客户战略的价值。用诗意的语言来表达，知识产权服务机构的使命就是帮客户打造一把"宝剑"，助客户仗剑走天涯、行稳致远。

二、知识产权服务机构应该具有的理念

第4讲中服务本质原理讲到，知识产权行业的本质就是服务。知识产权服务机构的水平在很大程度上决定了一个地区知识产权事业的发展水平。知识产权服务机构的发展除了人才、管理、流程等重要因素之外，拥有正确的服务理念也很重要，应该具有如表31-1所示的理念。

表 31-1 知识产权服务机构应该具有的理念

序　号	理　念
1	为他人作嫁衣，为他人做好嫁衣
2	皇帝不急太监急，皇帝不急我要急
3	陪伴客户终身成长
4	拿人钱财，替人消灾
5	受人之托，忠人之事
6	从善如流，成人之美
7	解决问题才是硬道理
8	你有病，我有药，治不治、怎么治你说了算
9	你想飞，我有翅膀，要不要、要啥样的你说了算

（一）为他人作嫁衣，为他人做好嫁衣

知识产权服务业务的属性决定了服务机构的立场就是全心全意为客户服务，通过成就客户来发展自己。除了遵守政策、法规，获得合理的报酬，以及奉行自身的价值观、道德操守之外，服务机构在服务业务中没有自己特殊的利益和诉求。虽然也曾发生过知识产权服务机构侵害客户利益的极端个案，但这样的案例在近 40 年的行业发展中，是非常罕见的。例如，四川一家专利代理机构曾因为疏于管理，拥有使用权限的流程工作人员将客户交给该专利代理机构的相关费用据为己有，并通过系统伪造已经代客户向国家知识产权局缴纳相关费用的收据和通知书，造成这些专利或者专利申请因为没能按期缴费已经失效或者超期。事发后，该工作人员因刑事犯罪被法院判处刑罚，该专利代理机构则面临赔偿客户损失、客户流失等问题，在行业内造成不良影响。❶ 知识产权服务行业的属性决定了服务机构的任务就是为他人作嫁衣，服务机构应该奉行全心全意为他人做好嫁衣的理念和态度。

---

❶ 胡姝阳.《专利代理机构服务规范》里的这些要求　你做到了吗？［EB/OL］.（2018-03-21）［2021-08-10］. http：//ip. people. com. cn/n1/2018/0321/c179663-29880617. html.

（二）皇帝不急太监急，皇帝不急我要急

我国知识产权事业从诞生到现在，一直具有明显的"供给端"色彩。一方面，可以预判在未来一段时间内，我国知识产权行业发展需求侧内在动力不足，主要依靠供给侧驱动的特点仍将持续；另一方面，知识产权服务专业性强，加上相当一部分创新主体知识产权机构不够健全，人才较为缺乏，造成我国知识产权服务市场中服务机构专业水平高于客户也是一个普遍现象。基于上述原因，在我国知识产权服务业务实施场景中，"皇帝"（客户）不急"太监"（服务人员）急是经常发生的情况。知识产权服务机构要有高度的责任心、使命感，要以更高的积极性、主动性，推动客户做好相关工作，要有"皇帝不急我要急"的服务意识和情怀。

（三）陪伴客户终身成长

知识产权服务业务的属性决定了知识产权服务机构的正确理念就是陪伴客户成长、陪伴客户终身成长。第一，服务机构要有长期主义的态度，不能急功近利、急于求成。第二，服务机构要持续提升自身专业能力、产品结构，要能够跟上客户的成长。第三，要挑选客户，选对客户。只有创新能力、知识产权意识、商业模式、经营战略、人才团队等方面优秀的客户，才有可能持续发展，才有长期陪伴的前提。

（四）拿人钱财，替人消灾

知识产权服务行业是个实战型、实践性很强的行业，需求的产生，一般情况下都是基于客户遇到的问题或者要达到某个目标，属于典型的生产性服务业。客户的基本消费心理就是，你帮我解决问题或达成目标，我付给你报酬。因此，服务机构应该具有强烈的"拿人钱财，替人消灾"的理念，这样才能与客户的心理状态相吻合，才能实现良好的合作。

（五）受人之托，忠人之事

这个理念其实是契约精神或者忠诚度的问题、职业道德问题。服务机构作为客户的受托人或代理人，在客户授权范围内从事相应的活动，活动的结果产生的权利、义务由客户承担。从这个角度看，只有客户对服务机构产生了较大或者充分的信任，才有可能将相关业务委托给服务机构。因此，无论是从道义上、情感上，还是契约关系上，服务机构都应该在不违反法律、道德的前提下，百折不挠、全力以赴地帮助客户解决问题或实现目标。

（六）从善如流，成人之美

优秀的知识产权服务机构都是以专业水平立足的，但如果时时、处处都只有专业性维度，也是不合时宜的。服务机构要有这样的理念：专业性只是知识产权事务考量的一个重要维度，这个维度很重要，但一定也要看到其他决策维度的价值。在服务机构服务客户的过程中从善如流，主要是指在充分沟通过专业性维度的前提下，服务机构要遵从客户的综合决策结果；成人之美，主要指的是服务机构要达成客户希望的结果，而不是服务机构认为的可能更好的结果。

（七）解决问题才是硬道理

"解决问题才是硬道理"的理念与"拿人钱财，替人消灾"的理念比较类似，但更强调结果。服务机构需要牢固树立这一理念，突出结果导向。服务客户的核心是帮助客户取得想要的结果，不是展示服务机构的实力，不是服务人员的炫技，不是展示服务过程的严谨。在合法合规的前提下，一切有利于实现结果的行为都要提倡和鼓励，一切不利于或者无助于实现结果的行为都要反对和取消。

（八）你有病，我有药，治不治、怎么治你说了算

"上杆子不是买卖"，知识产权服务机构作为客户不可或缺、难以自行替代的专业性、智力密集型服务伙伴，在开拓客户的过程中不宜一味地迎合和讨好，而是应该让客户觉知自己的需求，唤醒内在的动力。在这方面，知识产权服务机构的逻辑与医院是非常相似的。一般情况下，医院是没有销售部门的，医院一般也没有主动上门的，医院开展社区"义诊"只是医生在社区设置办公设备，还是等着病人主动"上门"。医院开展营销的方式无非是做一些名医、设备、案例宣传，最多是利用体检的方式让病人知道自己有病需要治疗。

（九）你想飞，我有翅膀，要不要、要啥样的你说了算

上面关于医院与病人的比喻，有一点不够贴切——有的客户是有问题（疾病），需要解决问题（治疗）。但有的客户没有问题，只是想更好更快地发展。这种情况下，客户需要的不是"治病"，而是"美容"。如第 25 讲所言，"企业知识产权管理的使命，就是为企业插上技术、艺术和品牌三个翅膀，持续提升企业腾飞的效率和效果"。从这个意义上，可以把知识产权服务机构提供的服务理解为帮助客户打造一双翅膀。服务机构要有足够的专业自信和能力，客户所要考虑的主要就是意愿和诉求。

三、知识产权服务机构应该具有的心态

知识产权服务机构要想实现帮客户打造一把"宝剑"，助客户仗剑走天涯、行稳致远的使命，除了要有良好的理念之外，还要有良好的心态，参见表 31 - 2。

表 31 - 2　知识产权服务机构应该具有的心态

序　号	心　态
1	信心
2	诚心
3	匠心
4	耐心
5	责任心
6	贴心
7	修心

（一）信　心

知识产权服务机构存在的前提就是专业能力。如果专业能力不过关，不仅帮不了客户，还会给客户添乱。因此，服务机构应该具有的心态，首先就是在专业上有十足的信心（当然这个信心是建立在足够的专业能力的基础上，不是盲目自大的信心，而是胸有成竹的信心；不是骄傲封闭的信心，而是谦虚精进的信心），进而在服务客户上有十足的信心。应坚信自己拥有帮助客户的专业能力，坚信自己能够很好地帮助客户解决问题或实现目标，坚信自己的帮助对客户发展、产业发展、经济发展都有积极的意义。服务机构拥有十足的专业信心，有利于与客户产生良好的互动和合作，有利于服务机构人员在专业上的学习和提高，有利于提高服务机构人员的职业认同感和自豪感。

（二）诚　心

话剧《冬之旅》的一句台词"没有一条道路通向真诚，真诚本身就是道路"，引起了很多人的共鸣，也深刻地揭示了人与人交往中应该坚守的虽基础但可贵的心态。美国学者安德森研究了影响人际关系的人格品质，研究结果表明受喜爱程度第一名的人格品质就是真诚。❶ 知识产权服务机构在服务客户

---

❶　王琳琳. "三维理论"视域下构建大学生良好的人际关系路径研究 ［J］. 才智，2018（1）：6，8.

过程中，应该具有的第二个心态就是诚心。服务机构首先应该是诚心诚意为客户服务，然后才是全心全意为客户服务。只有真诚才能获得客户的长期信任。任何耍小聪明、瞒天过海、蒙混过关的心态都是危险的，可能偶尔占个小便宜，但是长远一定是要吃大亏的。

（三）匠　心

知识产权服务机构应该具有的第三个心态是匠心。因为知识产权服务的行为本质上是一个脑力劳动的手艺活儿，是一个智力密集型、技术性很强的行业，与医生、教师、雕刻师的职业比较类似。知识产权服务工作不仅是一个良心活儿，而且是一个需要长期积累才能达到炉火纯青地步的活儿，所以一定要有工匠精神。只有那些能够沉得下心、坐得了冷板凳、喜欢钻研业务的具有工匠精神的知识产权服务人员，才能成为行业的顶级高手。

（四）耐　心

知识产权服务机构应该具有的第四个心态是耐心。与一般的生活服务业务和大部分的生产性服务业务相比，知识产权服务业务比较复杂，周期比较长，节点比较多，比较考验知识产权服务机构的流程管理水平和耐心。再加上现阶段我国大部分高校和科研院所、企业知识产权意识、能力和水平还比较薄弱，知识产权服务机构在服务的过程中往往需要做大量的培训、辅导和科普工作，需要服务机构付出更大的耐心。

（五）责任心

知识产权服务机构应该具有的第五个心态是责任心。在市场经济环境下，知识产权服务机构"受人之托，忠人之事"，服务机构要对服务合同约定的事项承担应有的责任。责任心是知识产权服务机构应该具有的起码的心态，也是非常重要的心态。一个知识产权服务机构如果具有强烈的责任心，其服务水平不会太差；如果连起码的责任心都没有或者不到位，其服务水平不可能好。

（六）贴　心

知识产权服务机构应该具有的第六个心态是贴心。这一条是比较高的要求，要做到这一条并不容易。一是要"想客户所想，急客户所急"，与客户保持良好沟通，并及时响应。二是要"想客户应想而未想，急客户应急而未急"，要站在客户角度，提前谋划和考虑，及时提醒、建议客户关注相关事宜。三是要持续保持积极主动、热情乐观的服务状态。四是服务团队要有足够的服务能力，并进行足够的资源投入。

（七）修　心

知识产权服务机构应该具有的第七个心态是修心。因为如果不修心，就做不到前面六个"心"。知识产权服务机构要想获得客户长期的信任和依靠，除了专业能力要过硬、服务质量要过关、服务态度要到位之外，还有一个关键因素就是服务团队人员的境界要足够高。境界的高低取决于修心水平，特别是知识产权战略咨询业务，笔者认为要想征服客户，让客户愿意把真金白银付给你，最后你给客户出个咨询报告，除了专业能力和经验之外，很重要的因素就是看服务团队人员的境界、修心的水平。

四、知识产权服务机构的功能定位

第 2 讲知识产权学的外延部分讲到知识产权需求金字塔模型，其认为知识产权行业一共有五种需求，分别是：挖掘布局代理需求、复审无效诉讼需求、导航检索分析需求、运营交易需求、战略管理咨询需求。如表 31 – 3 所示，从需求的角度来看，知识产权服务机构的天职或者使命就是满足客户的这些需求。在不同的需求中，知识产权服务机构的功能定位是不同的。针对客户的挖掘布局代理需求，服务机构的功能定位是"接生婆"和"育婴师"。针对复审无效诉讼需求，如果是防守型战略的客户，服务机构的功能定位是

"盾"；如果是进攻型战略的客户，服务机构的功能定位是"矛"。针对客户的导航检索分析需求，服务机构的功能定位是"千里眼"和"顺风耳"。针对客户的运营交易需求，服务机构的功能定位是"红娘"。针对客户的战略管理咨询需求，根据客户不同的需求层次，服务机构的功能定位分别是"保姆""管家"和"顾问"。

表 31 - 3　知识产权服务机构的功能定位

序　号	需　求	功能定位
1	战略管理咨询需求	保姆、管家、顾问
2	运营交易需求	红娘
3	导航检索分析需求	千里眼、顺风耳
4	复审无效诉讼需求	矛、盾
5	挖掘布局代理需求	接生婆、育婴师

第 32 讲
知识产权服务机构的四种商业模式

　　根据国家统计局批准执行的《知识产权服务业统计调查制度》，国家知识产权局知识产权运用促进司于 2020 年 6 月至 9 月对全国知识产权服务业发展情况进行了统计调查并形成了相关报告。报告显示，截至 2019 年底，我国从事知识产权服务的机构数量约为 6.6 万家，与 2018 年相比增长 8.2%。2019 年从事知识产权服务的机构中，专利代理机构有 2691 家，商标代理机构有 45910 家，代理地理标志商标注册申请的机构有 276 家，代理集成电路布图设计申请的机构有 365 家，从事知识产权公证服务的公证处有 1103 家，从事知识产权法律服务的律师事务所超过 7000 家，从事知识产权信息服务的机构超过 6000 家，从事知识产权运营服务的机构超过 3000 家。截至 2019 年底，我国知识产权服务业从业人员约为 82 万人，较 2018 年底增长 2.6%。2019 年全国从事知识产权服务的机构共创造营业收入约 2100 亿元，同比增长 13.2%；其中，专利代理机构总营业收入为 405.2 亿元，同比增长 18.8%。❶ 如果去考察分析这 6.6 万家知识产权服务机构的商业模式，从服务内容的角度看，主要商业模式可以概括为四种，具体参见表 32 - 1。

---

❶ 我国知识产权服务业发展再上新台阶［EB/OL］.（2020 - 12 - 23）［2021 - 01 - 03］. https：//www. cnipa. gov. cn/art/2020/12/23/art_53_155790. html.

表 32 – 1　知识产权服务机构的四种商业模式

序　号	商业模式	举　例	实　质	比　喻
1	针对一类需求中的一个或几个点提供服务	北京国专知识产权有限责任公司	一招鲜	点
2	针对一类需求提供服务	哈尔滨市松花江专利商标事务所	满足五大需求中的一种需求	线
3	针对五类需求提供服务	广州奥凯信息咨询有限公司、重庆强大知识产权集团	满足五大需求	面
4	针对五类需求及跨界需求提供服务	国家知识产权运营公共服务平台金融创新（横琴）试点平台	满足跨界需求	体

一、"点"的模式

第一种商业模式可以称为"点"的模式，就是针对知识产权需求金字塔模型中的一类需求中的一个或几个点提供服务。这种模式的特点是服务内容非常聚焦，机构人员数量不多（一般在 50 人以下），单一法人机构运作，服务的地域范围较大，一般服务经验较为丰富。

这种商业模式有一个典型代表，就是北京国专知识产权有限责任公司（以下简称"国专公司"）。国专公司成立于 1997 年，是中国专利信息中心下属的全资国有企业。该公司成立 25 年来一直保持 30 人左右的规模，始终专注于专利费用管理这一细分领域，在这个点上深耕细作。该公司采用年金经理制 + 费用管理平台模式，迅速发展成为国内缴费量领先的专利费用管理服务机构。该公司同时面向全球 100 多个国家和地区提供海外专利费用代缴服务，其客户包括华为、中兴等知名企业和代理机构，依靠其专业优势和资源优势，极大地降低服务对象维护专利的风险和成本。

二、"线"的模式

第二种商业模式就是针对知识产权需求金字塔模型中的一类需求提供服务。这种商业模式可以称为"线"的模式。知识产权需求金字塔中的每类需求基本对应知识产权服务的一类应用场景，也基本对应第 2 章六大技能中的一种（知识产权运营交易需求对应知识产权运营技能和知识产权金融创新技能两大技能），基本形成相对完整的逻辑闭环和能力闭环，在服务团队建设和员工能力培养上具有相对的自洽性和合理性。因此，我国知识产权服务机构中大多数的服务机构都是采取这种商业模式。这种模式的特点是满足客户一类特定场景的需求，服务内容比较专注，人员数量中等规模（一般在 50 人至 200 人），单一法人机构或母子公司模式运作，主要是提供本地化服务。

哈尔滨市松花江专利商标事务所（以下简称"松花江事务所"）属于"线"的商业模式，其针对的服务"线"是需求金字塔中的知识产权挖掘布局需求。松花江事务所的前身成立于 1985 年，改制于 1993 年，该所长期坚持聚焦国内外专利代理和国内外商标代理业务，以"让委托人满意、让审查员同意、让法官无歧义、让团队有能力"为宗旨，经过多年的发展现已成为东三省知识产权代理机构的领航者，先后获得全国专利系统先进集体、全国首批知识产权服务品牌机构、中国三星专利代理机构、中华全国专利代理师协会常务理事单位等荣誉。该所专利代理师的专业齐全、技术力量强，有多名专利代理师被评选为国家一星级至四星级专利代理师。该所擅长疑难专利申请代理，其专利代理师团队撰写的专著《无授权前景发明专利申请的答复技巧》在业内产生了广泛的影响。

三、"面"的模式

第三种商业模式就是针对知识产权需求金字塔模型中的五类需求都提供服务。这种商业模式可以称为"面"的模式。这种商业模式是第二种商业模式的"升维"版，第二种模式是一条"线"，如果五条服务的"线"都有，那么五条"线"就形成了服务的"面"。"线"的服务机构一般只能向客户提供一类特定场景需要的服务，"面"的服务机构可以向客户提供关于知识产权的全方位、一站式服务。这种模式的特点是满足客户各类场景的知识产权需求，服务内容比较全面，人员数量较多（一般在200人至500人），多采用集团化、多法人机构模式运作（大多是成立知识产权服务集团，一类服务对应集团下面控股的一个法人机构）。这种模式的优点是，能够给客户提供一站式服务，降低客户的选择成本和沟通成本，服务机构各个服务团队之间容易实现交叉营销和业务协同；缺点是增加了服务机构的管理难度和管理成本。近年来，相当一部分优秀服务机构采用了这种商业模式。

广州奥凯信息咨询有限公司（以下简称"奥凯公司"）就属于这种商业模式。奥凯公司成立于2000年，以"为创新全流程护航"为使命，致力于为客户提供全方位、一站式、智能化的知识产权服务。奥凯公司以知识产权战略管理咨询与专利大数据工具、行业管理软件深度融合为核心产品战略，专注于为企业、高校、科研机构、政府提供高价值专利培育布局、专利导航分析、专利大数据工具及软件、知识产权运营平台、知识产权战略管理咨询、专业化培训等全面的解决方案。经过20多年的发展，奥凯公司打造了一支涵盖高价值专利培育布局、专利情报分析、专利数据分析、信息化技术开发、战略管理咨询等业务的200多人规模的专业化团队，并已在北京、上海、南京、深圳等17地进行业务布局、设立分支机构。奥凯公司先后获得"全国知识产权服务品牌机构""全国知识产权分析评议示范创建机构""高新技术企业""技术与创新支持中心（TISC）"等多项荣誉、资质，逐步发展成为知识产权大数据民族品牌和领先的知识产权综合服务提供商。

重庆强大知识产权集团（以下简称"强大集团"）也属于这种商业模式。强大集团旗下包括重庆强大凯创专利代理事务所（普通合伙）、重庆强大知识产权服务有限公司、重庆强知大律师事务所、重庆强大锐智科技服务有限公司、中新知识产权研究院等法人机构，主要服务领域包括专利、商标、版权、项目申报、法律诉讼、专利导航分析、知识产权运营、知识产权智库等。强大集团 2007 年成立，以"为技术创新指路、为企业发展护法、打造顶级的知识产权智库、成就一流的知识产权人才"为企业愿景，已经为上万家企业和事业单位提供包含需求金字塔五条"线"全方位的知识产权服务。

四、"体"的模式

第四种商业模式除了提供知识产权需求金字塔模型中的第五类即知识产权战略管理咨询服务（有的也包含前四类服务），还提供与知识产权关系密切的相关生产性服务。这种商业模式可以称为"体"的模式。知识产权管理咨询技能是对象相对抽象、目标相对复杂、业务相对复合的中观甚至宏观技能，在管理咨询过程中离不开对知识产权挖掘布局、复审无效诉讼、导航分析、运营交易、金融创新等五大技能的综合运用。虽然如此，知识产权战略管理咨询服务还只是能够帮助客户解决知识产权方面的问题，在不少的客户实际需求场景中不能彻底解决客户的问题，服务机构的服务需要进一步"升维"，因此，才出现了第四种"体"的商业模式。这种模式除了知识产权服务之外，其他的服务主要包括：为客户提供专利服务衍生出来的科技咨询、技术转移和产学研合作服务，为客户提供商标服务衍生出来的品牌策划服务，为客户提供专利导航分析服务衍生出来的软件开发和大数据服务，为客户提供知识产权战略服务衍生出来的管理咨询服务等。这种模式的优点是能够与客户实现深度合作，长期陪伴客户成长；缺点是这种模式对服务机构人员能力的要求太高，难以扩大规模。

国家知识产权运营公共服务平台金融创新（横琴）试点平台（华发七弦琴公共服务平台"www.7ipr.com"）就属于这种商业模式。华发七弦琴公共服务平台是财政部、国家知识产权局 2014 年 12 月批复设立的国家级知识产权运营交易公共服务平台，是国家知识产权运营"1＋2＋20＋N"体系的重要组成部分（"2"之一）。华发七弦琴公共服务平台 2015 年 6 月 23 日正式运作，以智慧增长解决之道为战略定位，以人、资、网、政、产、知、研为战略方针，线上提供"知识产权新闻、商城、服务、培训、挂牌交易、大数据、专利评价、时间标志"等八大功能；线下提供针对企业、高校和科研院所、政府、同行、个人五大客户，包含知识产权服务、技术转移、品牌策划、管理咨询、软件开发五大业务板块，以高价值专利培育布局、专利导航、国家培训基地、研究院、运营公共服务分平台、知识产权顾问、无效诉讼、专利技术运营转移、商标品牌策划、管理咨询等为重点的，一站式系统精准解决方案产品。

第 33 讲
知识产权服务机构的
主要工作及能力

知识产权服务机构作为典型的智力密集型生产性服务机构，属于小众服务行业，一般情况下规模不大、产值也不太高，但"麻雀虽小，五脏俱全"，一个独立法人运作的服务机构需要开展的工作以及具备的能力也是比较丰富的，主要包括八个方面。

一、销售开单

在商业模式确定之后，知识产权服务机构生存的前提就是销售开单。销售开单的主要内容包括产品创新、产品定价、客户定位、销售渠道建设、销售管理、市场宣传等。知识产权服务作为一种高门槛、小众化、无形性服务，服务质量及客户价值是比较难直观展现的，加上社会公众知识产权意识总体上还比较薄弱，因此，知识产权服务的销售难度是比较大的。业界采用比较多的销售模式主要有客户转介绍、互联网营销、上门拜访、会议培训营销、展会营销等。

销售开单工作所需要的能力主要包括客户需求洞察能力、销售能力、交际能力、服务产品知识、基本专业知识、行业发展知识等。知识产权服务行业的销售开单工作与其他行业相比有个突出的特点，就是对专业知识依赖度较高，一般情况下专业知识欠缺的销售人员是很难成功开单的。

二、业务处理

业务处理是知识产权服务机构的核心环节，是创造成果物、直接为客户创造价值的过程，也是服务机构安身立命之所在。负责这个环节的人员，一般占到服务机构人员的大多数。不同服务机构之间的差距，在很大程度上体现在业务处理速度、质量、数量等方面。业务处理能力建设是知识产权服务机构管理的重要方面，也是人才团队建设的主要方面，还是服务机构营业成本的主要部分。业务处理能力与销售开单能力之间要保持一定的平衡。如果业务处理能力超过销售开单能力太多，会导致"产能"闲置，营业成本升高，机构效益降低。如果业务处理能力低于销售开单能力太多，会导致"产能"不足、任务积压、交付周期加长、服务质量降低，最终导致客户满意度下降。比较好的平衡状态是业务处理能力稍大于销售开单能力，这样服务人员可以保持一种比较从容的状态，能抽出时间进行业务技能提升，也有能力应对偶然的服务订单数量的波动。

业务处理环节最能体现服务人员的专业能力，所依赖的主要能力是第 2 章的六大技能。为了持续提升服务人员的业务处理能力，服务机构需要长期开展业务技能的培训，故对培训能力有着较大的需求。为了提升业务处理的质量、效率、稳定性，需要持续强化业务处理工作的模式化、流程化、标准化，故对业务处理管理能力、信息化能力也有较大的需求。

三、质量管控

知识产权服务的本质是一对一的个性化服务，服务者是具体的个人，是个性化的，服务对象也是个性化的项目（不同服务项目可能会类似，但基本不会完全一样）。同一个服务者针对每个服务项目都需要投入个性化的心力，产生不同的服务成果。同一个服务项目，找不同的服务者会产生不同的服务成果。同一个服务者，如果意愿或者状态不同，也会产生不同水平的服务成果。总之，知识产权服务行业服务质量天然趋向不一致。因此，质量管控成为任何服务机构重要且颇具挑战性的一项任务。如果不通过质量管控提高机构服务质量的一致性，就会出现服务质量不稳定的情况，往往导致"一锤子买卖"——客户不复购、客户一边开发一边流失，或者客户"认人不认机构"——客户干预任务分配、骨干员工离职时客户跟着员工走等严重问题。

知识产权服务质量管控工作需要的能力主要是管理能力、机制设计能力、业务处理经验、信息化技术利用能力等。质量管控的效果取决于通过一系列资源投入、机制设计，能否持续提升服务机构整个团队的质量控制意识、能力、动力和效率。质量管控是需要成本的，因此，质量管控不是越强越好，而是要寻求质量管控效果与成本投入的平衡。

四、流程管理

知识产权服务行业所开展的工作有如下几个特征。一是法律属性强。相关工作直接或间接涉及法律程序、实施的法律行为、产生的法律后果，对工作的严谨性要求非常高。例如，在技术专利方面，因笔误、错别字等小失误导致专利无效的案例时有发生。二是项目服务周期长、程序多且一般都有严格的时间限制。例如，发明专利，如果客户委托服务机构进行专利申请及终身年费管理，那么这项目的服务周期可能长达 20 年。三是服务项目数量大且与日俱增。知识产权服务机构的主营业务就是服务客户，随着服务机构的发展以及成立时间的增加，客户与服务项目越来越多。四是保密性要求较高。服务机构的很多业务，在签订服务合同之前，需要先行签订保密协议，客户才会将业务交给服务机构处理。服务过程中涉及的很多资料、信息在公开之前需要严格保密。上述四个特征决定了知识产权服务行业对流程管理的依赖性较强。一个优秀的服务机构，必须以优秀的流程管理为前提。服务机构流程管理的具体操作难度并不是很大，但头绪多、限制多、事项杂、周期长，需要高度的耐心和细心，需要较高的流程管理水平，对信息化系统依赖较大。

服务机构流程管理需要的能力主要是决策者高度的重视和长期的坚持，机构的信息化、数字化能力，流程管理人员的专业和高度的责任心，流程管理团队的稳定性等。

五、数字化、信息化

知识产权服务机构的数字化、信息化主要包括两个方面。一是知识产权大数据系统工具的使用。与其他行业不同，知识产权大数据系统工具的使用不是锦上添花，而是确保服务质量的必要支撑。二是服务机构服务行为、服务流程、客户信息的数字化。这个工作对于服务机构做大做强、打造核心竞争力意义重大。因为知识产权服务的实质是服务人员（或项目组）基于客户需求进行个人智力劳动创造的过程，这个过程与个人技能、智慧和投入密切相关。服务机构如果没有长期持续进行的数字化、信息化的努力，没有刻意进行知识萃取、经验萃取并将其数字化的过程，服务人员个人经验和智慧就难以变成服务机构的组织能力，进而变成服务机构的核心竞争力。

知识产权服务机构数字化、信息化工作需要的能力主要包括决策者高度的重视和长期的投入、数字化规划设计能力、软件开发能力等。目前知识产权服务行业数字化、信息化水平不够高。大数据工具的需求，基本上已经得到满足了。服务机构数字化管理软件主要分为两大块，一块是客户管理系统，另一块是服务机构内部运行数字化综合管理系统，需求比较大，还有比较大的市场空间。

六、人　才

对知识产权服务机构来说，人才是最宝贵的资源，是最宝贵的生产资料，是核心竞争力所在。知识产权服务机构服务人员为客户服务的过程，就是为社会创造价值的过程。服务机构人才团队的业务能力和水平，基本上决定了服务机构的能力和水平。人才问题是服务机构的核心问题，需要服务机构决策者的战略性关注和投入。目前知识产权服务机构人才方面或多或少存在一定的问题，人才问题已经成为影响行业发展的突出问题。究其原因，可能是以下几个方面。一是行业太小众，影响力有限，职业自豪感有限，主动从事这个行业的人较少。二是高校开设知识产权专业的不多，学生数量不多，所开设课程与服务机构的需求匹配度有限。三是服务机构对人才的专业要求比较高。比如说专利服务岗位，需要学工科的，最好是硕士研究生以上学历，因为一般的本科生英语水平看英文专利文献是比较吃力的。所以人才起点最好就是理工科硕士生，然后还要补充学习专利法律知识和技能，培养投入比较大、周期比较长。四是知识产权服务行业职业生涯报酬总体不高。从业一开始不低，但上涨缓慢，天花板不高。五是创立服务机构的门槛比较低，人才成长起来之后自立门户的现象比较常见。六是行业组织不发达，缺乏引导职业生涯发展的标杆和路径，缺乏必要的荣誉体系，职业成就感不足。基于上述原因，相当一部分服务机构在人才方面存在招人难、留人难的问题。

服务机构人才工作需要的能力主要是人力资源管理能力、专业技能培养能力、薪酬绩效管理能力、股权激励设计能力等。人力资源管理能力与其他行业并无实质性差别，主要体现在选人、育人、用人、留人等方面，主要的区别在于需要能够判断岗位候选人的专业技能方向和水平与岗位需要的匹配度。

七、经营管理

知识产权服务机构的商业模式一般较为常规，业务处理模式也相对单一，在人员规模比较小的时候，服务机构对经营管理能力的依赖并不突出。但知识产权服务机构作为市场化运作的独立法人机构，经营管理水平的高低对机构的经营业绩会产生比较明显的差别。任何一个服务机构想做大做强、可持续发展，经营管理是不可或缺的重要工作。经营管理主要用来解决组织能力形成问题，也就是"1 + 1 > 2"的问题，把不完美的个人组合成完美团队的问题。经营管理水平的高低主要从以下两个维度来检验和考察：一是机构效率和效益、组织氛围、业绩增长等内部管理指标；二是客户满意度、员工满意度、政府满意度、社会满意度等利益相关方评价。

服务机构经营管理需要的能力主要包括：高管团队的战略思维能力、决策能力、文化建设能力，中层干部的组织协调和沟通执行能力，基层员工的专业技能水平等。

八、品牌建设

品牌建设是当今时代知识产权服务机构的必修课。在当今信息爆炸时代，眼球数量除以信息数量越来越趋近于零的情况下，客户的注意力和心智容量越来越缺乏，服务机构如果不积极主动长期坚持品牌建设，做大做强、提高服务附加值可能性是比较小的。从现实情况看，我国知识产权服务机构品牌建设意识、能力和水平还比较低。大部分服务机构的决策者没有品牌建设意识，对品牌建设的内涵和价值没有深入的了解，在机构品牌上没有给予必要的关注和投入。品牌是企业一切修炼的结晶，是企业外在美和内在美的集中体现，是最容易在客户心智中留下的印记和信息，是打破消费者心理防御、降低销售成本的可以依赖的无声力量，是企业持续经营过程中与日俱增的无形财富。

服务机构品牌建设工作需要的能力主要包括行业战略洞察能力、商业模式设计能力、品牌策划能力、广告宣传传播能力、市场营销能力、公共关系处理能力、媒体运营合作能力等。

第 34 讲
知识产权服务机构
做大做强的关键问题

第 33 讲讨论的是一个知识产权服务机构要想良好地运作需要关注做好的主要工作，以及做好这些工作需要的能力。本讲重点从宏观上探讨在一个比较长的时间维度上知识产权服务机构做大做强需要关注和解决的关键问题。换句话说，如果这些问题中有任何一个没解决，就很可能导致服务机构无法做大做强。影响服务机构做大做强的关键问题主要有以下几个方面：商业模式、人才、薪酬制度、股权设计、团队带头人、品牌、数字化等。

一、商业模式

第 32 讲的四种商业模式是从服务内容的角度所做的分类，属于知识产权服务机构商业模式的主要分类或基本框架。在这个分类之下，任何一个服务机构在实际经营中还需要进一步的定位、细化和选择。在确定服务内容之后，可以从客户、产业、技术领域、场景、价格、获客渠道、收费模式、服务区域安排等方面进行定位和创新。

商业模式是知识产权服务机构发展战略的重要方面。建立符合服务机构使命和价值观、适合服务机构资源禀赋、顺应经济社会发展需求、利于积累服务优势的商业模式是服务机构高质量发展的前提，也是服务机构做大做强的前提。商业模式不是一成不变的。服务机构在长期的发展过程中，需要根据经济社会发展需求、技术发展水平、政策法规方向、自身关键资源能力等的变化对商业模式进行调整完善，积极做到实事求是、与时俱进，才能支撑服务机构可持续发展。

二、人　才

知识产权服务行业价值创造的基本逻辑是服务人员通过知识密集型脑力劳动帮助客户解决问题或达成目标，通过为客户创造价值从而产生服务机构的劳动价值。这个逻辑决定了服务机构的生产过程就是服务人员针对客户需求的脑力劳动，服务人员既是劳动者，又是主要劳动资料，是服务机构的核心资源所在。因此，服务机构的人才数量、质量是服务机构的核心竞争力所在，也是服务机构做大做强的关键因素。服务机构决策者需要将人才问题作为核心议题，长期给予战略性的关注和投入。持续提升选人、育人、用人、留人能力，确保人力资源能力与服务机构发展战略相一致、与客户需求相适应，以支撑服务机构可持续发展。在人才队伍建设中，薪酬制度和股权设计是非常重要的机制安排，对服务机构能否长期留住人才有着重要的影响，需要进行系统化的专业谋划和实施，并持续优化和完善。好的薪酬制度和股权设计，可以在很大程度上对冲和解决人才成长起来之后自立门户的问题，还有助于吸引更多的高水平人才加盟。

三、团队带头人

"火车跑得快，全凭车头带"，一个市场化企业的发展在很大程度上取决于团队带头人的能力和水平。高度智力密集型、高度人力资源驱动的知识产权服务机构的发展更是有赖于团队带头人作用的发挥。在服务机构中，团队带头人的主要职责包括战略制定、品牌打造、团队能力建设、大客户开发等。

在这些职责中，团队能力建设是服务机构核心竞争力所在，更是"一把手"工程，需要网罗一批人才，需要融合个人能力形成"1+1>2"的团队战斗力，需要将个人经验沉淀下来形成团队智慧，需要将业务流程模式化、标准化、流程化、数字化等。没有团队带头人的深度参与，这些都是难以做好的。

知识产权服务机构的团队带头人有两种情况，一种是大股东个人兼任经营管理主要负责人，另一种是职业经理人。由于我国专利代理机构实施行政审批，且专利代理机构的组织方式只能是人合公司（普通合伙）或人合兼资合公司（有限公司），且公司股东必须都是自然人，不可以是法人，因此我国绝大多数知识产权服务机构都是民营企业，绝大多数服务机构的团队负责人都是第一种情况——大股东个人兼任经营管理主要负责人，职业经理人在知识产权服务行业目前发挥的作用比较有限。《专利法》1985 年 4 月 1 日开始实施，一批设立较早的专利代理机构团队带头人近年来陆续进入退休年纪，团队带头人的接班成为这批专利代理机构的重要议题。如果子女愿意且有能力接班，一般都能够顺利交接。一旦子女专业不对口或者不愿意接班，服务机构将面临较大的难题。另外，一些服务机构做大之后在大股东个人难以独自承担繁重的经营管理任务的情况下，第二类团队带头人——职业经理人的需求就会日益突出。但由于知识产权服务行业业务独特、小众、小市场、专业门槛高，且对职业经理人专业性要求高，知识产权服务机构的职业经理人一般情况下无法与其他行业的职业经理人兼容互通，因此就会出现职业经理人供给不足的问题。随着知识产权行业进一步发展，这一问题将日益突出。服务机构如果不能很好解决团队带头人的接班问题，将会面临比较大的危机。

四、品　牌

对于一个希望做大做强、可持续发展的知识产权服务机构来说，品牌不是可有可无的，而是不可或缺的。从服务机构的长远发展来看，品牌就是市场竞争的"护城河"，只有树立起品牌，才能提升竞争力，提高在市场竞争中获胜的概率；品牌就是说服客户的"催化剂"，能够大大提高市场开发的效率和效果；品牌就是招聘人才的"梧桐树"，能够大大提高服务机构吸引人才、留住人才的能力；品牌就是地域扩张的"聚宝盆"，良好的品牌有助于整合各方面资源，能够有效帮助服务机构更好更快地开设异地分支机构，覆盖更大的服务地域范围。如果服务机构没有积极主动开展品牌建设的意识，或者品牌建设方向走偏，将大大阻碍服务机构的健康发展。如果服务机构长期无法建立起专业、高效、定位清晰、特色鲜明且具有知名度的品牌形象，服务机构就很难做大做强。

五、数字化

随着互联网技术的深入发展和互联网应用的深度普及，对政府、企业、各类机构来说，数字化的脚步是无法阻挡的。对于知识产权服务机构来说，更是如此。第一个原因是知识产权服务行业是典型的生产性服务业态，服务成果严谨性要求高，服务周期长、流程多，对数字化有着天然需求。第二个原因是服务人员的服务经验需要利用数字化技术进行积累、沉淀和推广，才能变成服务机构的竞争力。第三个原因是知识产权服务机构的营业成本中人力成本所占比重普遍较大，只有通过持续强化服务机构管理、服务人员与客户互动的数字化，才能提升服务效率和效果，降低人工成本，提升服务机构整体效益。目前，我国知识产权服务机构大部分数字化水平较低，少量优秀机构的数字化工作还停留在流程的计算化层面，很少有机构开展服务与客户关系的数字化工作，人工智能、区块链、目标客户大数据、服务嵌入客户工作场景等数字化手段更是很少在服务机构的实际经营中使用。数字化工作应该得到服务机构决策者的进一步关注和推动，未来数字化水平将成为优秀服务机构与一般服务机构的重要分水岭。

第 35 讲
知识产权服务机构人才进阶大纲

一、职务进阶

与实体企业类似，知识产权服务机构内部也有明确的职务序列。这个序列是服务机构知识产权人才成长的主要路径。具有一定特殊性的是，服务机构的核心竞争力主要来自具有知识产权专业技能的人才，因此知识产权服务机构的职务序列中普遍重视技能人才，服务机构一般都会设置管理通道与技能通道并行的职务序列。此外，律师事务所、专利代理机构因为是人合公司，相当一部分施行合伙人制度，这也是知识产权服务机构职务序列的一个特点。

二、职称进阶

知识产权人才的职称序列是社会化的，服务机构知识产权人才的职称序列与高校及科研院所、企业知识产权人才的职称序列是同一个。具体内容参见第 24 讲。

三、能力进阶

需求决定供给，供给反作用于需求。随着我国知识产权战略的实施，企业、高校及科研院所知识产权管理水平日益提升，知识产权服务需求的种类日益增多、层次日益提升、质量日益提高，倒逼知识产权服务机构服务产品更加多元、服务层次更加高端、服务质量更加优秀。这对知识产权服务机构的能力进阶提出了更高的要求，不仅要求服务机构提升服务人员的专业水平、扩展专业类别，而且要求服务机构持续提升管理水平，在商业模式、流程管理、质量管控、人才培养、品牌建设、数字化等方面取得突破，持续打造服务机构的核心竞争力。

四、核心竞争力进阶

知识产权服务机构相关工作涉及多种专业能力，从服务机构人员个人职业生涯发展的长周期、战略层面看，最重要的或者能够构成核心竞争力的主要是四种能力：知识产权技能、商业思维、管理能力、跨界沟通能力。

首先，服务机构人才的立足之本就是知识产权技能，因此知识产权技能是服务机构人才打造核心竞争力中最重要、最基础的能力。如果没有这个能力或者这个能力不强，在服务机构中很难有好的发展。

其次，商业思维是服务机构人才打造核心竞争力中第二个重要能力。知识产权思维的本质是开发并独享真善美的商业价值，服务机构的天职就是帮助客户开发并独享真善美的商业价值。只有具有商业思维的服务机构人才，才能更好地帮助客户开发商业价值、独享商业价值。

再次，管理能力是服务机构人才打造核心竞争力中第三个重要能力。当今世界，没有完美的个人，只有完美的团队；只有依靠团队才能胜任客户的需求，作出更大的贡献。因此，管理能力在服务机构人才进阶中也是很重要的。

最后，跨界沟通能力是服务机构人才打造核心竞争力中第四个重要能力。"不谋全局者，不足以谋一域。"如果没有跨界沟通能力，不能形成包含客户行业的更大的大局观，就比较难与客户形成信任，也比较难为客户提供高质量的服务。知识产权包含多种类型，且天然具有跨界的属性，天生贯通科技、经济、文化等多个领域，可以说知识产权行业天生具有跨界性。这就要求服务机构人才具有跨界沟通能力。跨界沟通能力是服务机构人才核心竞争力的重要组成部分。

第 7 章
创新创业模块

秋风瑟瑟 (张思源)

第 36 讲
创新与知识产权的关系

一、进一步全面认识创新

熊彼特认为，创新就是建立一种新的生产函数，也就是把一种从来没有过的关于生产要素和生产条件的"新组合"引入生产体系。这种新组合包括五种情况：一是创造一种新产品，或者给老产品一种新特性；二是创造一种新的生产工艺；三是使用一种新原料、新材料；四是开发一个新市场；五是创造一种新的商业组合，或者打破一种垄断。因此创新不是一个技术概念，而是一个经济概念，它严格区别于技术发明，是把现成的技术革新引入经济组织，形成新的经济能力。但在当前我国经济社会生活的相关场景中，特别是大众创业、万众创新的语境中，大多数人都是将创新的含义理解为科技创新。这个理解跟创新理论鼻祖熊彼特对创新的定义有着较大的不同。笔者认为，这两种理解都不足以适应当今我国经济社会发展的实际，应该立足中国特色社会主义市场经济发展的实际，进一步全面深入地理解创新的意义。

广义的创新应该包括创新（通常理解为科技创新）、创造、创意、创作、创业等多个方面。广义的创新的外延，除了上述熊彼特所说的五种方式，还应包括金融创新、管理创新、人才创新、科学技术创新、商业模式创新、组织创新、文化创新、品牌创新、工具创新、心理模式或体验创新、艺术审美创新、思想创新、生态创新、能源创新等。只有站在这样较为全面、深入的视角认识创新和进行创新，才能在当今中国经济发展的现实中更好地理解熊彼特提出的创新在经济发展中的作用。企业经营中只有创新才能获得利润，没有创新就没有利润；假如存在没有创新的企业还能获得微薄利润的情况，这种利润不叫利润，是社会付给它的管理者工资。

熊彼特认为，在没有创新的情况下，经济只能处于一种所谓的"循环流转"的均衡状态，经济增长只是数量的变化。这种数量关系无论如何积累，本身并不能创造出具有质的飞跃的"经济发展"。创新对于经济发展的重要性已经得到世界范围内越来越多的认可和验证。既然创新这么重要，那么很有必要探讨创新的本质。本书认为：创新的本质是创造真善美。深入把握创新的本质，有利于更好地做好创新工作，有利于更好地把握创新与知识产权的关系。

二、创新是我国经济发展的必修课

改革开放之后的 30 多年内，我国 GDP 实现了平均 10% 左右的高速增长。我国 GDP 增速从 2012 年起开始回落，2012 年、2013 年、2014 年增速分别为 7.7%、7.7% 和 7.4%，是经济增长阶段的根本性转换。基于对经济社会发展规律的深刻洞察和我国经济发展实际的科学研判，2014 年 5 月，习近平总书记提出了中国经济进入新常态的战略判断。新常态就是不同以往的、相对稳定的状态。这是一种趋势性、不可逆的发展状态，意味着我国经济已进入一个与过去 30 多年高速增长期不同的新阶段。经济新常态的主要特点有三个方面：一是速度从高速增长转为中高速增长；二是经济结构不断优化升级；三是动力从要素驱动、投资驱动转向创新驱动。

创新是中国经济新常态发展最突出的特征。正是基于中国经济进入新常态的战略判断，党的十八大以来，我国持续强化发挥创新在经济发展中的作用。从党的十八大报告提出实施创新驱动发展战略、十八届五中全会把"创新"放在五大发展理念之首、党的十九大提出创新是引领发展的第一动力，到十九届五中全会提出坚持创新在我国现代化建设全局中的核心地位,创新在我国经济社会建设中的作用愈发凸显。无论是总结过去发展经验,还是为"十四五"时期乃至更长远阶段谋篇布局,创新都是贯穿其中的鲜明主线。需要特别指出的是,2013 年 9 月,习近平总书记在主持中共中央政治局第九次集体学习时强调,实施创新驱动发展战略决定着中华民族前途命运,更是将创新对于我国经济发展乃至国家发展的重要战略意义提到了史无前例的高度。

早在 20 世纪 50 年代,美国经济学家罗伯特·索罗就提出了经济增长模型,即索罗模型。索罗模型的主要内容是:$O = A^2 \times L \times s/d$。其中,$O$ 代表产量(经济增长),A 代表技术进步,L 代表劳动力,s 代表储蓄率,d 代表折旧率。❶ 可以使用索罗模型分析一下我国改革开放以来经济的增长情况。在改革开放的前 30 年,我国处于经济比较落后的阶段,只要有固定资产投资,马上就能拉动经济增长。再考虑到我国有很多的劳动力,人们还很喜欢储蓄,因此我国的 $L \times s$ 这一项很大。劳动力和固定资产投资给我国带来了一个长时间的高速增长时期。根据索罗模型,想要克服经济增长放缓的宿命,就必须得在技术附加值 A 这一项上做文章才行。美国经济学家保罗·罗默在 1986 年发表的《收益递增经济增长模型》中提出了内生经济增长模型——罗默模型。罗默模型较为系统地分析了知识与技术对经济增长的作用,并认为知识和技术研发是经济增长的源泉。❷ 保罗·罗默因此获得了 2018 年的诺贝尔经济学奖。索罗模型和罗默模型都突出强调技术进步对于经济增长的核心作用。这些理论从侧面反映了我国实施创新驱动发展战略的重要性和必要性,也在一定程度上体现了创新成为中国经济必修课的时代特征。

企业兴则国家兴,企业强则国家强。日本前首相中曾根康弘曾说过一句

---

❶ 爱读书的少侠.《模型思考者》(万维钢·精英日课 S3)[EB/OL].(2019 – 11 – 10)[2021 – 12 – 18]. https://zhuanlan.zhihu.com/p/91135983.

❷ 罗默模型 [EB/OL].[2021 – 12 – 19]. https://baike.baidu.com/item/%E7%BD%97%E9%BB%98%E6%A8%A1%E5%9E%8B/4708448?fr = aladdin.

话:"在国际交往中,索尼是我的左脸,松下是我的右脸。"一个国家如果没有一大批优秀企业的崛起,国家的经济实力就无从谈起。从企业层面看,中国企业的增长、发展也离不开创新。正如熊彼特所说,在企业经营中只有创新才能获得利润,没有创新就没有利润。中国企业的发展壮大、可持续发展同样需要长期持续地对创新工作进行战略级的重视和投入。站在企业经营发展的视角看,"万般皆下品,唯有创新高"的论断,具有非常深刻的现实意义。

三、创新与知识产权的关系

2020 年 11 月 30 日,习近平总书记在主持中共中央政治局第二十五次集体学习时指出:"创新是引领发展的第一动力,保护知识产权就是保护创新。"这是党和国家领导人对于创新和知识产权重要战略意义的重要论断,也是对于创新和知识产权关系的经典论述。创新是中国经济发展的必修课,因此,国家需要大力投入、发展、保护创新的意识、行为、成果。知识产权是创新成果的产权化,是创新的结晶,是标的确定、范围清晰、权限明确的法律权利。与保护创新相比,保护知识产权具有更大的现实可行性。从工作实际看,只有通过保护知识产权,才能更好地保护创新。因此,可以说保护知识产权就是保护创新。

如前所述,创新的本质是创造真善美,知识产权的本质是产权化的真善美,知识产权思维的本质是开发并独享真善美的商业价值。在本书第 2 讲中,笔者对知识产权的新定义是:为鼓励经济、技术、文化领域真善美的发扬,国家或地区政府给予创新、创造、创意、创作、创业成果所有人的特定地域、特定时间、特定权能的独占权利。从这个定义可以看出,知识产权制度天生具有鼓励创新投入和商业化创新成果的使命,采取的手段是产权化创新成果和赋予权利人独占权。通过创新行为创造真善美,通过知识产权行为开发并独享真善美的商业价值,使创新者能够获得高额回报,从而调动该创新者及其他人进行创新的积极性，促进形成"创新—知识产权—开发并独享商业价值—高额回报—再创新"的良性循环。

结合创新和知识产权实践经验，本书借助两个比喻来更好地揭示创新和知识产权的关系，参见表 36 – 1。

表 36 – 1　创新与知识产权关系的两个比喻

序　号	创　新	知识产权
1	房屋	房产证
2	高速公路	收费站

第一个比喻是房屋和房产证。创新的过程好比修建房屋，创新的成果就是修建好的房屋，知识产权好比房产证。房屋作为不动产，占有房屋不代表取得了房屋所有权，只有办理了房屋产权登记才能合法取得房屋所有权。这个逻辑与创新和知识产权一样，即使是自己的创新成果，如果不申报知识产权并获得授权，创新成果的产权可能就不是自己的，甚至可能被别人善意或恶意申报知识产权并获得授权（著作权等个别不需审批的权种除外）。这种情况下，如果权利人不允许创新者使用这个创新成果，很可能导致创新者无法使用自己的创新成果（无效或先用权抗辩成功的情况下除外）。反过来，如果房屋修建得很差，即使拿到了房产证，也没有太大价值。

第二个比喻是修高速公路和收费站。创新好比修建高速公路，知识产权好比在高速公路上设收费站。如果创新者投了很多钱，经过长期的努力，终于把一段高速公路修好了，很多车辆在上面行驶，但是创新者没有申报知识产权或者申报不成功——不能在高速公路上设立收费站，那么一方面可能过多的车辆进入这条高速公路导致堵车，伤害了交通效率；另一方面导致创新者修建高速公路的成本长期难以收回，挫伤该创新者以及其他人创新的积极性。反过来，如果修建的高速公路距离很短、修得质量不高或者位置不好，即使设立收费站，也没有太多车辆通行，无法获得良好的经济收益。

通过讨论创新与知识产权的关系，可以看出，当今时代是知识经济深入发展的时代，创新与知识产权都是企业核心竞争力的重要来源。在构成企业核心竞争力的逻辑中，创新与知识产权不是加法关系，而是乘法关系，因为知识产权制度设计中的"垄断性"能够对企业创新的真善美产生倍数级的放大效应。在这个意义上可以说，知识产权经济时代企业的核心竞争力等于创新乘以知识产权。这个公式能够解释经济生活中的很多现象。

四、知识产权对于创新的角色定位

厘清知识产权对于创新的角色定位，对于我国知识产权事业的发展具有重要的意义。从事知识产权工作的人员在创新工作中到底应该是什么样的角色定位？笔者用六个词——"保姆、管家、顾问、教练、导师、军师"来指代各角色定位。

如果创新者的知识产权意识、能力和水平都比较高，创新者完全有能力处理自己的知识产权业务，只是基于时间或者人力成本上的考虑，需要委托知识产权服务机构在自己的指导下承担相关的具体任务。在这种情况下，从事知识产权工作的人员把自己的角色定位为"保姆"就是合适的。如果创新者知识产权工作量比较大，需要一个团队来完成，且创新者希望能够省心——脱离对具体业务的指导，从事知识产权工作的人员把自己的角色定位为"管家"就是合适的。如果创新者的内部部门或者委托的外部合作单位已经将知识产权常规业务处理妥当，只是对一些知识产权疑难问题、中长期战略规划或者某些政策问题把握不准，需要专家级的指导帮助，从事知识产权工作的人员将自己的角色定位为"顾问"就是合适的。

如果创新者知识产权意识、能力和水平不够高，不能满足创新主体发展对知识产权工作的需求，创新者对从事知识产权工作的人员的需求不仅是业务外包，还包括指导帮助创新者知识产权部门提高业务素养和能力的需求，从事知识产权工作的人员将自己的角色定位为"教练""导师""军师"是比较合适的。

在上述六个定位中，"军师"是最为全面、准确的。一方面，"军师"的内涵包括了其他五个定位的内涵；另一方面，"军师"的定位包含了"上对下""平等对话""下对上"等多层次的维度。在知识产权的专业问题上，从事知识产权工作的人员相对于创新者往往处于"上对下"的指导帮助角色。在共同谋划针对创新主体的知识产权战略和策略上，从事知识产权工作的人员相对于创新者一般处于"平等对话"的参与讨论角色。在业务执行上，从事知识产权工作的人员相对于创新者经常处于"下对上"的业务执行角色。

第 37 讲
技术创新的三种模式

1988 年 9 月 5 日，邓小平在会见时任捷克斯洛伐克总统胡萨克时，提出了"科学技术是第一生产力"的重要论断。索罗模型认为经济增长与技术进步的平方成正比。罗默模型进一步提升了技术进步的重要性。罗默认为技术进步不是外生的，而是内生于劳动力和资本之中的。教育投资、研发投资都会加快知识累积，使劳动力素质提高，资本收益提高——正因为此，边际投资回报率下降，在现实中比在传统理论中要慢得多，知识累积方面投资的持续增加，能够长期地提高一个国家的经济增长率。基于科技创新的重要性，本讲进一步讨论科技创新特别是技术创新的模式。

一、深入理解科学技术的分类

科学技术分为两类，参见表 37 – 1。

第一类是科学。科学研究的主要成果是科学发现，科学成果的保护和促进方式主要是发现权、版权，科学研究成果的主要表现方式是论文。

第二类是技术。技术研究的主要成果是技术方案。根据技术的市场化属性，可以把技术分为市场化技术和非市场化技术。这个分类在讨论技术创新与知识产权制度的场景中非常有解释力。

市场化技术有两个特点：首先，它的保密性没有刚性要求；其次，它离产业、离市场很近，相对容易产品化和产业化。所以市场化技术的保护和促进方式，或者促进这类技术创新的方式是专利权、技术秘密。申请专利之后也可以发表论文。

非市场化技术又分为两类。一类是涉及国防军工等领域的保密技术。国家对这类技术的保密性有刚性要求，它的保护和促进依据是国家保密法和国防专利制度，也可以采用技术秘密方式。另一类是基础技术。这类技术虽不涉及保密的问题，但是属于底层技术，离产品太远，难以市场化。这种技术的保护和促进方式与科学研究成果类似，主要是发现权、版权。

表 37 - 1　科学技术的分类

第一层	第二层	第三层	成果形式	保护和促进方式
科学	—	—	科学发现	论文 （发现权、版权）
技术	市场化技术	—	技术方案	专利、技术秘密、论文 （发现权、版权）
	非市场化技术	涉及国防军工等领域的保密技术	技术方案	国家保密 国防专利 技术秘密
		基础技术（难以市场化）	技术方案	论文 （发现权、版权）

二、技术创新的三种模式

综观全球技术创新的历史，技术创新主要有三种模式。

第一种是经验积累型，是技术创新的自发状态。技术创新活动没有职业化，技术创新的发生主要是劳动者在长期的重复劳动中获得的启发或灵感。

第二种是科技攻关型，是技术创新的自觉状态，是技术创新的计划模式。

主要方式是一国政府或者某个组织，根据现实需要确定技术攻关的题目，投入足够的预算，然后组织可以调动的相关研发机构或者相关技术领域的专家联合攻关。其优点是能够很好地整合资源，集中投入资金和人力。其缺点是缺乏市场适应性，不利于个人创造力的发挥，而且作用范围有限，不可能面面俱到。

第三种是专利制度型，是技术创新的自觉状态，是技术创新的市场模式。在这种模式下，国家主要通过专利制度激励技术创新。其特点是个人、企业或是其他机构投资并进行研发，并将研发成果申请专利，通过行使专利权获得回报。其优点是具有非常灵活的市场适应力，有利于个人创造力的发挥，有利于在众多的领域取得进展。其缺点是调动资源的能力较低，不适合重大项目的开发；其运行以市场为导向，对非市场化的领域无效。

三、三种模式对李约瑟难题的解释

英国学者李约瑟在其编著的《中国科学技术史》中提出疑问，尽管中国古代对人类科技发展作出了很多重要贡献，但为什么科学和工业革命没有在近代的中国发生？1976 年，美国经济学家肯尼思·博尔丁称为李约瑟难题。李约瑟难题很耐人寻味。❶ 李约瑟难题的解答，李约瑟本人以及其他多位学者都给出了相应的观点，这些解答形成了一定的共识，但也都没有形成公论。笔者从技术创新三种模式的角度，提出自己的观点，供读者参考。

6 世纪到 17 世纪初，世界各国或地区的技术创新模式都是经验积累型。在同一个技术领域都是经验积累型技术创新模式的情况下，产生技术创新的可能性主要取决于不同国家或地区生产活动的累计次数。哪个国家或地区生产活动次数多，哪个国家或地区就更可能自发产生出先进的技术方案或者改

---

❶ 李约瑟难题 ［EB/OL］. ［2021 - 12 - 04］. https://baike. baidu. com/item/% E6% 9D% 8E%
E7% BA% A6% E7% 91% 9F% E9% 9A% BE% E9% A2% 98/1920734？ fr = aladdin.

进方案。那么，生产活动的次数跟什么因素有关？主要是人口数量、历史延续时间、人口迁徙等因素。6 世纪到 17 世纪初的我国，无论是人口数量、历史延续时间，还有人口迁徙等因素，在世界主要国家或地区中都占有优势。在这个时期，在人类生产生活的相当一部分领域，我国生产活动的累计次数在世界上都是最多的，技术创新就会更多地在我国发生，因此这个时期我国的技术水平在世界上处于领先水平。

人类进入 17 世纪之后，随着资本主义的兴起，技术创新的经验积累型模式陆续被淘汰，世界主要国家陆续进入技术创新的自觉状态，陆续采用科技攻关型模式和专利制度型模式。现代意义的专利制度最早诞生于 1624 年的英国。继英国之后，美国于 1790 年、法国于 1791 年、荷兰于 1817 年、德国于 1877 年、日本于 1885 年先后颁布了本国的专利法。❶ 而我国的《专利法》1985 年才实施，与最早的英国晚了 361 年，与较晚的日本也晚了 100 年。在科技攻关型模式和专利制度型模式之下，技术创新的发展主要取决于研发投入水平、研发人员的专业化水平、理工科教育水平、专利制度实施水平等因素。从 17 世纪初到 20 世纪 80 年代我国改革开放之前，我国的这些因素都是处于劣势，因此，这个时期我国技术水平在全球处于落后位置，科学和工业革命没有在近代中国发生也是在情理之中的。

四、三种模式的用武之地

当今时代，经验积累型技术创新模式已经被淘汰，因为自发状态的效率太低了，不能满足社会对技术创新的需求。科技攻关型模式和专利制度型模式是目前世界各国或地区普遍采用的两种主流模式。这两种模式有不同的特点，适合不同的场景，各有千秋，各有用武之地。

科技攻关的模式，它的用武之地主要是非市场化技术领域，能够使处于

---

❶ 郑成思. 知识产权论［M］. 3 版. 北京：法律出版社，2007：5.

技术追赶阶段的国家在一些重点领域取得跨越式发展。但是它对于市场化技术领域发挥的作用极其有限，这种模式无法在各个技术领域取得全面的进步。专利制度型模式的特点是"八仙过海，各显神通"，以市场需求为导向，以专利制度为框架，充分发挥市场对技术资源配置的能力。它的用武之地主要是市场化技术，能够自动调整技术发展的方向，有效调动配置社会的资本和技术资源，能够加速信息的传播和利用。使用这种模式可以在市场化技术各个领域取得全面的进步，并可持续，但对于非市场化技术基本上起不到作用。

下面以"二战"后日本与美国电子工业的竞争为例说明这两种模式的特点。

1976 年至 1979 年，为了在超大规模集成电路（VLSI）方面赶超美国，日本政府出面协调五家最大的半导体制造商，组成 VISI 技术研究组合，研制 VISI，政府也投入大量补助。由于集中投入资金和人力，1980 年日本比美国早半年研制出 64K 存储器，比美国早两年研制成功 256K 存储器。这些新开发出来的半导体产品，由政府支持的大财团生产和销售。1981 年，日本生产的 64K 动态随机存取存储器（DRAM）占领了 70% 的世界市场。1986 年，日本半导体产品已经占世界市场份额的 45.5%，高于美国的 44%；日本 DRAM 的世界市场占有份额高达 90%，成为世界最大的半导体生产国。❶

在取得半导体产业霸主地位以后，日本继续沿用政府主导的科技攻关型模式。按照通产省和日本广播协会（NHK）规定的技术路线，在模拟式基础上开发高清晰度电视（HDTV）。继 1986 年开发出新型 HDTV 系统以后，日本在 1991 年正式开始了 HDTV 的播放。在这段时间里，美国视听技术仍以专利制度模式发展，美国公司千军万马各显神通，谁家取得了成功就以谁的技术标准作为行业标准。1988 年，美国有 24 个不同公司开发的、互不兼容的 HDTV 制式方案。1991 年日本人正在欢庆播送模拟式 HDTV 成功的时候，一家美国公司向美国联邦通信委员会（FCC）提交了开发数字式 HDTV 的计划。

---

❶　吴敬琏. 制度重于技术：发展中国高新技术产业［M］. 北京：中国发展出版社，2002：17 – 19.

接着，另一家美国公司在 1993 年开发出数据压缩和解压缩技术，在单个频道中可以传输多达 10 套电视节目。这样一来，美国一举超越了日本的领先地位，使日本在模拟式 HDTV 方面整整 20 年的投资毁于一旦。1996 年美国联邦通信委员会最终批准了数字式 HDTV 标准，并且规定了到 2006 年全部电视实现数字化的时间表。数字技术的重大意义不止于视听领域，实际上，随着数字化的发展，电视与计算机网络和通信网络结合在一起，形成集成化的宽带网络体系。美国由此形成了对包罗万象的多媒体产业不容挑战的霸主地位。

为什么日本在前后两个时期中采用政府主导的攻关模式形成了如此不同的结果呢？著名经济学家吴敬琏认为：“据我看，原因是在过去的‘赶超时期’，先进国家走过的路是清楚的，政府拥有相对充分的信息。在这样的条件下，政府发挥了民间力量所不及的调动资源的能力，故而成功的把握大。然而当面对创新的课题、需要探索未知的时候，政府并不具有信息优势，它的反应能力、运作效率则肯定不如民间机构，而且政府直接组织、管理高技术开发和生产，又必然压制个人创造力的发挥，这就导致了九十年代与美国争夺信息产业霸权竞争的失败。”❶

---

❶ 吴敬琏. 制度重于技术：发展中国高新技术产业 ［M］. 北京：中国发展出版社，2002：17－19.

第 38 讲
创业中的知识产权问题

一、创业的"板凳"模型

创业是一个多因素、长期性、资源整合并创造价值的复杂过程。在众多的因素中，有一些因素几乎是所有的创业都不可或缺且需要重点关注的。这些因素构成了极简创业模型——"板凳"模型，参见表 38 - 1。创业组织向社会提供的产品（包含服务）好比板凳的凳子面，板凳的三条腿对应商业模式、资源实力和竞争壁垒。不管创业者是否意识到，这四个因素都是创业过程中特别是创业启动时不可忽视的重要因素。

表 38 - 1　创业的"板凳"模型

板　凳	创　业
凳子面	产品（包含服务）
三条腿	商业模式
	资源实力
	竞争壁垒

产品是价值的载体，如果没有产品，创业者创造的价值将无法传递。商业模式则是价值传递或交换的方式，也是企业经营不可或缺的重要因素。不管创业者是否意识到、是否重视，商业模式都是创业中必然存在的基础因素。资源实力包括人力资源、财务资源、客户资源、人脉资源、管理资源等。巧妇难为

无米之炊，资源实力也是创业过程中不可或缺的重要因素。

　　竞争壁垒也是非常重要的基础因素，但因为其间接性、隐蔽性特征，往往没有得到创业者足够的重视。实际上，竞争壁垒的塑造对于企业的生存发展有着非常重要的战略意义，属于"一票否决"因素。其他各项都很好，如果这一项不合格，企业的生存就会成为问题，更谈不上发展壮大了。在竞争壁垒的塑造上，知识产权具有突出的、得天独厚的优势。专利、商标、版权等知识产权法律制度都赋予了权利人不同期限的合法垄断权利，这种合法垄断权利在塑造竞争壁垒上是非常有效、有力的手段。

二、知识产权是创业者培育竞争优势最可指望的机会

　　如前所述，构成产品竞争力的要素主要有十个：技术、品牌、工业设计、渠道、质量、服务、价格、资本、人才、管理。

　　一方面，创业组织作为新的市场竞争主体，与行业大企业相比，其资源实力一般情况下处于劣势地位。在上述十个要素中，行业大企业在十个方面都有机会培育自己的竞争优势。而创业组织可能仅仅在技术、品牌、工业设计、价格等方面培育自己的竞争优势。技术、品牌、工业设计方面竞争优势的获得主要依赖技术专利、商标、外观设计等知识产权的创造、运用、保护和管理，价格优势的取得往往依靠技术的进步和技术专利的保护。因此，从这个意义上，可以说知识产权是创业者培育竞争优势最可指望的机会。

　　以专利为例，专利制度提供了使创业者获得行业大企业较为全面的技术情报的条件。此外，行业大企业的技术一般很难做到面面俱到、面面俱强，因此创业者可以集中优势力量在某些领域取得领先。专利的垄断性又为创业者"片面的领先"获得丰厚的回报提供了保证，专利制度为创业者赶超行业大企业提供了可能。商标、版权以及其他知识产权也有类似的特点。因此，笔者认为知识产权是创业者可以把握的为数不多的以少胜多、以小胜大、以弱胜强的发展空间之一。

另一方面，从资金投入产出和见效周期的角度看，上述十个要素中，技术、品牌、工业设计等因素的改进提升，投入产出比比较高，效果立竿见影，见效周期比较短。从这个意义上，可以说知识产权是创业者培育竞争优势性价比最高的机会。

三、创业中需要注意的知识产权问题

（一）从战略上洞察知识产权本质

创业组织特别是核心创始人需要从战略上洞察知识产权的本质，才能在创业过程中在知识产权方面不走弯路、少走弯路。如前文所述，知识产权思维的本质，是开发并独享真善美的商业价值；是将好创新变成好知识产权，好知识产权成就好企业；是为企业插上技术、艺术、品牌三个"翅膀"。此外，第 28 讲的企业五层次理论对于从战略上深刻把握创业组织知识产权工作也有较强的指导意义。

（二）从战术上做好知识产权工作

知识产权行业是个实践性行业，没有战术上长期扎实的实施，再好的蓝图也难以变为现实竞争力。创业组织知识产权工作需要从创造、运用、保护、管理和服务等方面全链条、系统化推进。

在创造方面，做到"应保尽保、颗粒归仓"，将所有创新成果都变为知识产权，特别是要做到将好创新变为好知识产权。

在运用方面，做到"鸟瞰视野、见缝插针"，要善于运用专利导航分析的手段，强化产业技术制高点的洞察和布局。做到"不求所创、但求所有"，要建立全球产业前沿技术的发现机制和合作机制，善于通过技术转移手段利用全球技术研发最新成果。做到"能用则用、不用则卖"，对于自用知识产权，积极推进产品化、产业化；对于自己不用的知识产权，积极利用知识产权运营手段，实现其经济价值。

在保护方面，做到"该打就打、以打促和"。要将维护知识产权权利、处理知识产权纠纷作为知识产权经济时代创业者的日常工作，敢于"亮剑"，善于"亮剑"，通过知识产权维权形成并巩固企业的竞争力。

在管理方面，做到"高层重视、制度贯彻"。企业知识产权管理不在于做大做强，而在于该在的时候要在。需要知识产权意识在场的环节或场景，只要有这个意识就能解决大部分的问题。

在服务方面，做到"巧用外脑、合作共赢"，企业知识产权管理特别是初创期的创业组织的知识产权管理，更要充分发挥外部知识产权服务机构的作用。

（三）从思想上注意规避知识产权风险

知识产权工作具有涉及面广、渗透性强、复杂性高、不确定性强等特点，导致即使是知识产权实力强、知识产权工作水平高的市场主体，也难免在布局上出现漏洞、在保护上出现被动、在管理上出现失误等。因此，创业者在创业过程中要长期注意规避知识产权风险，要有"蓝军思维"，要经常站在竞争对手的角度审视自己的知识产权工作，有条件的可以以一定的频率长期开展内部攻防训练。

第 39 讲
创业者的十七项修炼

一、创业者的难与贵

创业之难是说，创业是难度非常大的事，用九死一生来形容可能还不足以表达它的难度。据《中国中小企业人力资源管理白皮书》调查显示，中国中小企业的平均寿命仅 2.5 年，集团企业的平均寿命仅 7 至 8 年。中国企业数量众多，但企业的生命周期短，重复走着"一年发家，二年发财，三年倒闭"之路，能做强做大的企业更是寥寥无几。1158 万个中小企业，平均从业规模仅为 13 人。近八成中小企业主年龄在 20 至 40 岁之间，50% 的企业主拥有专科以上学历。[1] 2017 年 8 月 19 日，赛富亚洲投资基金管理公司首席合伙人阎焱在 2017 亚布力中国企业家论坛第十七届年会上表示，中国的创业成功率是小概率事件，从中国投资机构的总体数据来看，这个概率小于 1%。[2] 根据中国人民大学发布的《2016 年中国大学生创业报告》，我国近 90% 的在校大学生有创业的意向，20% 的在校大学生有强烈的创业意向。2016 年自主创业的大学毕业生仅占毕业生总数的 3% 左右。在这些大学生创业企业中，创业成功

---

[1]　傅洋. 调查显示中国中小企业平均寿命仅 2.5 年［EB/OL］.（2012 – 09 – 03）［2021 – 09 – 30］. http：//finance. people. com. cn/n/2012/0903/c70846 – 18906006. html.

[2]　相欣. 赛富阎焱：中国的创业成功率低于 1%［EB/OL］.（2017 – 08 – 19）［2021 – 09 – 30］. https：//tech. qq. com/a/20170819/014662. htm.

率只有 2% 左右。❶

创业之贵是说，创业行为对国家经济发展具有非常重要的意义，创业者及其创业精神是一个社会极其宝贵的财富。熊彼特在其著作《经济发展理论》中指出，经济发展的两个核心要素分别是企业家和货币（信用或投融资）；企业家已经成为市场经济的最稀缺的资源，是社会的宝贵财富，它的多少是衡量一个国家、一个地区经济发展程度的重要指标。创业者与熊彼特所说的企业家基本上是一类人、一个群体，创业者的使命就是整合社会资源创造新的更大的社会财富。因此，也可以说创业者是一个社会财富创造的主力军。

创业者的难与贵，还体现在创业者的五个宿命。

宿命一：化"不可能"为可能。创业的本质就是将一个看似不可能、难度极大但符合客观规律的事情变成现实。如果一件事难度小且有利可图，那大概率是已经有很多人进入，成为"红海"了，在这件事上创业大概率也成功不了。硅谷资深创业者本·霍洛维茨曾用一句话总结了自己的创业史——在担任首席执行官的八年多时间里，只有三天是顺境，剩下的八年几乎全是举步维艰。

宿命二：终生与失败共舞。创业的过程需要面对大量的不确定性，需要无数次的探索和试错，失败在所难免，创业者所要追求的是尽量减少失败，从失败中获得更大的收获，不要出现致命的失败。

宿命三：成也萧何，败也萧何。企业发展往往呈现出非线性特征，昨天成功的经验可能成为今天发展的障碍，今天的边缘业务可能成为明天的生存支柱。这就要求创业者长期保持谦虚谨慎、实事求是、与时俱进的作风和能力。

宿命四：创业伙伴的"分手"。在漫长的创业征程中，有可能要面对与创业伙伴"分手"的局面。这就要求创业者要有坚定而强大的内心，对各种复

---

❶ 大学生创业成功率只有 2%？［EB/OL］.（2018 - 01 - 26）［2021 - 09 - 30］. http：//it. people. com. cn/n1/2018/0126/c1009 - 29788154. html.

杂局面有超前的预判，要有大局观和牺牲精神。

宿命五：迟早要交班。再优秀的创业者，无论怎么努力进取，由于身体原因或者其他种种原因，迟早有一天会不能胜任自己的岗位。因此，创业者要有培养接班人的意识，要有选择接班人的智慧，要有急流勇退的魄力，要有追求无我的境界。

二、知识经济时代创业者的十七项修炼

1990 年，联合国研究机构将 21 世纪命名为知识经济时代。所谓知识经济是指"以智力资源的占有、配置，以科学技术为主的知识的生产、分配和使用（消费）为重要因素的经济"。❶ 知识经济更通俗的定义是以知识为基础、以脑力劳动为主体的经济。知识经济时代有资源利用智力化、资产投入无形化、知识利用产业化、经济发展可持续化、世界经济全球化、企业发展虚拟化等重要特征。❷

知识经济及其时代特征决定了当今时代的创业与 20 世纪的创业有着明显的区别，主要体现在：第一，企业的核心竞争力来源于专业能力，而不是自然资源和机器设备；第二，企业的"天花板"取决于创业者的认知水平，而不是其他资源；第三，企业管理运营依赖于创业者科学的管理素养及训练，靠经验和直觉无法满足企业管理的需要；第四，企业的可持续发展依赖于创业者或核心团队全面、系统且融通的知识结构，知识结构未能系统化的企业很难走得长远。基于上述原因，知识经济时代的创业者需要更加全面、系统且融通地学习，主要包括如表 39 - 1 所示的十七项内容。

---

❶　观良．知识经济及其时代特征 [J]．渤海学刊，1998（4）：94.

❷　知识经济 [EB/OL]．[2021 - 10 - 01]．https：//baike. baidu. com/item/%E7%9F%A5%E8%AF%86%E7%BB%8F%E6%B5%8E/22646？fr = aladdin.

表 39 - 1　创业者的十七项修炼

序　号	项　目	序　号	项　目
1	技术研发（产品）	10	精益化生产
2	市场营销和销售	11	供应链
3	经营管理	12	知识产权
4	数字化和信息化	13	艺术设计
5	行业认知和洞察	14	法律风险防控
6	商业模式设计	15	修身养性
7	品牌广告	16	养生保健
8	人力资源	17	写作和演讲表达
9	财务资本运作		

（一）技术研发（产品）

德鲁克在《管理的实践》一书中指出，关于企业的目的，只有一个正确而有效的定义：创造顾客。[1] 由于企业的目的是创造顾客，因而任何企业都有两个基本功能，而且也只有这两个基本功能：营销和创新。[2] 企业的第二个功能是创新，也就是提供更好、更多的产品或服务。[3] 知识产权经济时代，企业为顾客提供更好、更多产品或服务的主要手段之一就是技术研发。从全球创业的实践来看，大部分的创业项目都是基于技术研发的突破。技术研发的突破促使企业能够为顾客提供更好、更多、更便宜或者更便捷的产品或服务，因此，技术研发是创业者需要把握的重要领域、基础领域，需要放在优先且突出的位置考虑。

（二）市场营销和销售

德鲁克在《管理的实践》一书中指出，营销是企业的独特功能。企业之

---

[1]　德鲁克. 管理的实践：中英文双语版［M］. 齐若兰，译. 北京：机械工业出版社，2020：31.
[2]　德鲁克. 管理的实践：中英文双语版［M］. 齐若兰，译. 北京：机械工业出版社，2020：32.
[3]　德鲁克. 管理的实践：中英文双语版［M］. 齐若兰，译. 北京：机械工业出版社，2020：34.

所以有别于其他组织，是因为企业会营销产品或服务，而教会、军队、学校或政府都不会这么做。任何通过营销产品或服务来实现本身目的的组织都是企业。任何一个不从事营销或偶尔从事营销的组织都不是企业，也不应该把它当成企业来经营。事实上，由于营销扮演重要的角色，只建立起强大的销售部门并赋予销售的重任还不够。营销的范围不仅比销售广泛得多，而且不限于专业的活动，而是涵盖整个企业的活动，是从最终成果的观点来看待整个事业。换句话说，是从顾客的角度看企业。因此企业的所有部门都必须有营销的考量，担负起营销的责任。❶ 企业的运转包含很多环节，例如研发、计划、采购、生产、包装、人力资源、财务、法务等。企业运转与农民种庄稼一样，前面讲的研发、计划、采购等环节相当于开荒、施肥、浇水、播种、除草、打农药等，都是过程性环节，只有到市场营销和销售环节，才是收获的环节，企业创造的价值才能变现。过程性环节当然也重要，但是如果收获环节没做好，过程性环节做得再好，企业也无法正常运转。因此，任何一个创业者都要高度重视市场营销和销售，特别是日益重要的互联网营销和销售，要将其作为创业者的重要课题进行学习和训练。

（三）经营管理

知识经济时代，企业经营管理的复杂性日益凸显，对创业者的经营管理能力也提出了更高的要求。一方面，当今时代，仅仅靠经验、直觉、本能想管好一个有了一定规模的企业，基本上是不可能的。创业者的使命就是整合社会资源创造新的更大的社会财富，整合社会资源的过程需要管理，创造新的更大的社会财富的过程也需要管理，可以说，创业者离开管理将寸步难行。另一方面，经营管理水平本身就是一个企业的核心竞争力所在，管理效率的提升会带来成本优势。而且管理是一个系统，竞争对手很难模仿，管理是企

---

❶ 德鲁克. 管理的实践：中英文双语版 [M]. 齐若兰，译. 北京：机械工业出版社，2020：32－33.

业长期的"护城河"。因此，经营管理能力是创业者的必修课，需要长期在这方面学习、成长、与时俱进。

（四）数字化和信息化

香港中文大学商学院院长周林认为：互联网的发明让人类接近了数字世界，智能手机的出现让现实世界和数字世界完全合为一体。在数字化时代，人们的每一项活动（交流、购物、饮食、求医、娱乐、理财、学习，甚至思考）都深深打上了数字的烙印。企业如果在数字世界里没有存在感，那么它在现实世界里的日子也屈指可数了。❶ 香港中文大学商学院原院长陈家乐指出：数字化对商业模式造成巨大的冲击，数字化给很多领域带来创新，同时颠覆着传统行业。处于这个时代，企业要想免于被淘汰，必须具备数字化能力，拥有数字化思维，突破传统企业框架，创造新的商业生态。❷ 埃森哲原首席执行官皮埃尔·南佩德谈道："自 2000 年以来，数字化技术成为超过一半世界 500 强企业破产的罪魁祸首。"❸ 当今时代，数字化是大势所趋，数字化和信息化能力成为创业者需要具备的重要能力。

（五）行业认知和洞察

随着经济全球化的深入发展和我国改革开放 40 多年市场经济的建立完善，我国国民经济各个行业都得到了长足的发展，市场竞争比较充分，商品供给比较充足，商业形态比较丰富。每个行业的创业者，要想在创业过程中少走弯路，都离不开对行业的全面认知和深刻洞察。所谓的全面认知主要包括国内、国外、过去、现在、未来五个维度，所谓的深刻洞察主要包括宏观战略、中观模式、微观战术的逻辑、结构、本质、定位、功能、角色、利益

---

❶❷　海飞门，习移山，张晓泉. 数字跃迁：数字化变革的战略与战术［M］. 北京：机械工业出版社，2020：V.

❸　海飞门，习移山，张晓泉. 数字跃迁：数字化变革的战略与战术［M］. 北京：机械工业出版社，2020：40.

等方面。对行业的全面认知和深刻洞察是创业成功的必要条件，是创业者需要长期持续修炼的功课。

（六）商业模式设计

商业模式本质上就是利益相关者的交易结构。完整的商业模式包括定位、业务系统、关键资源能力、盈利模式、自由现金流结构和企业价值六个方面。商业模式解决的是企业战略制定前的战略问题，同时也是联结客户价值和企业价值的桥梁。商业模式为企业的各种利益相关者，如供应商、顾客、其他合作伙伴、企业内的部门和员工等提供了一个将各方交易活动相互联结的纽带。好的商业模式可以举重若轻、化繁为简，在赢得顾客、吸引投资者和创造利润等方面形成良性循环，使企业经营达到事半功倍的效果。❶ 不管创业者是否意识到，商业模式都是创业的基石。在第 38 讲创业的"板凳"模型中，商业模式是"板凳"的三条腿之一，不可或缺。如果商业模式设计有问题，其他方面做得再好，效果也很难好。因此，商业模式设计是每个创业者需要修炼的重要功课，需要进行系统化的学习和训练。

（七）品牌广告

自 20 世纪 60 年代以来，人类社会的数据量发生了爆炸式的增长。麻省理工学院的科学家统计过，2008 年人类创造了近 10 亿张 DVD 能够存储的数据。❷ 在互联网高度融入人类经济社会发展的当今时代，商业传播面临的最大挑战，也可以说是最大特征，就是眼球数量除以信息数量约等于零，且日趋接近于零。在这样的时代背景下，酒香也怕巷子深，对于创业者来说，品牌广告不是可有可无的锦上添花，而是关于生死存亡的必修功课。品牌本身就是"护城河"，品牌是降低交易成本的利器，是提升产品附加值的理由，是提

---

❶ 魏炜，朱武祥. 新金融时代：发现商业模式 ［M］. 北京：机械工业出版社，2009：10 – 11.

❷ Cidic. 信息爆炸和传播逻辑变迁 ［EB/OL］.（2018 – 09 – 18）［2021 – 10 – 02］. https：//www. huxiu. com/article/263439. html.

升核心竞争力的工具。

（八）人力资源

知识经济是以知识为基础、以脑力劳动为主体的经济。一方面，以脑力劳动为主体，必然对人力资源有着更强的依赖。虽然随着人工智能的发展，一些简单的工作可能会被人工智能所取代，企业员工数量可能有所减少，但对人力资源特别是特定领域专业化高端人才的需求和依赖不仅不会降低，反而还会增加。另一方面，随着数字化技术的深入发展，个人职业生涯发展对单位的依赖度持续降低，导致企业在招人、留人方面的难度加大。技术迭代的周期越来越短，需要企业在培训方面进行更大的投入。这些都对创业者的人力资源能力提出了更高的要求。创业过程中，人力资源的需求和约束可能是长期持续的，持续提升人力资源能力成为创业者的重要课题。

（九）财务资本运作

资金是企业的血液，没有资金或者健康的资金流，企业很难生存。财务资本运作在企业的整个生命周期中都居于重要地位。企业设立时，需要解决启动资金，否则企业无法开张。企业正式运作之后，要做好财务管理，算好财务账，保持良好的现金流；保障往来账目清晰，收款、付款及时准确，年度、季度、月度资金往来统计报表支撑经营管理决策。企业有了一定规模之后，投融资业务、资本运作的需求日益明显，需要在企业战略层面做好内外部资金的顶层设计和调度。在市场经济条件下，资本为王。资本有两个特征：一是资本是天生跨界的，资本不分行业，可以调度不同行业的资源；二是资本处于产业链的上游，调动其他生产要素的能力强。好的资本运作能够大大提高企业发展的效率，因此，财务资本运作能力是创业者需要掌握的一项重要能力，既是基本功，又是战略工具，需要长期重视和修炼。

（十）精益化生产

以产品为载体向顾客提供价值的企业，无论是委托代工，还是自己生产，生产环节都是非常重要的。生产环节是应用新技术、新设计，保证产品质量、降低产品成本的重要环节，是企业竞争力的重要组成部分。精益化生产是对丰田生产方式的赞誉，也指具备丰田生产方式特征的生产组织、管理方式。精益化生产有两大特征：准时生产、全员积极参与改善。正是因为这两大特征，其才能以越来越少的投入获取越来越多的产出。❶ 精益化生产的主要优势是数字化、高效率、高品质、低成本、低库存、快交货等。精益化生产是知识经济时代生产制造的发展方向，是企业可持续发展的重要能力，也是创业者需要重视和学习的重要方面。

（十一）供应链

供应链是指围绕核心企业，从配套零件开始，制成中间产品以及最终产品，最后由销售网络把产品送到消费者手中的，将供应商、制造商、分销商与最终用户连成一个整体的功能网链结构。供应链管理的经营理念是从消费者的角度，通过企业间的协作，谋求供应链整体最佳化。成功的供应链管理能够协调并整合供应链中所有的活动，最终成为无缝连接的一体化过程。❷ 随着社会分工的日益深入化、精细化、专业化，企业之间深度协同的需求越来越大，供应链能力成为企业发展的重要基础，也是创业者需要重视和学习的必备技能。

（十二）知识产权

本书关于知识产权对企业的价值和意义已经讨论得比较充分了。如本书

---

❶ 精益生产 ［EB/OL］. ［2021 - 10 - 02］. https：//baike. baidu. com/item/% E7% B2% BE% E7%9B%8A% E7%94%9F% E4% BA% A7/2040173？fr＝aladdin.

❷ 供应链 ［EB/OL］. ［2021 - 10 - 03］. https：//baike. baidu. com/item/% E4% BE% 9B% E5% BA%94% E9%93% BE/139061？fr＝aladdin.

第 36 讲所述，创新的本质是创造真善美，知识产权思维的本质是开发并独享真善美的商业价值。从这个角度，可以说知识产权是创新的孵化器、加速器、放大器。没有创新，知识产权就是无本之木、无源之水。没有知识产权，创新成果就会变成公共产品，无法形成竞争力，导致竹篮打水一场空。且知识经济时代，知识产权要素在经济发展中的作用大幅提升。简而言之：重视知识产权，事半功倍；轻视知识产权，事倍功半，甚至功亏一篑。因此，在知识经济时代，知识产权成为创业者不可或缺的重要功课。

（十三）艺术设计

习近平总书记在党的十九大报告中指出："中国特色社会主义进入新时代，我国社会主要矛盾已经转化为人民日益增长的美好生活需要和不平衡不充分的发展之间的矛盾。"随着经济的发展和人民生活水平的不断提高，人民不仅对物质文化生活提出了更高要求，而且对美好生活的需求日益增强，传统上认为"无用之用"的艺术设计重要性空前提高。信息爆炸时代，在巨量信息面前人类的注意力越发捉襟见肘的情况下，"读图时代""颜值即正义"的思潮不可阻挡地兴起，艺术设计在形成市场竞争力中的作用日益凸显。因此，艺术设计成为这个时代创业者的必修课，艺术设计能力和素养成为创业者行事风格和品位以及品牌调性的重要精神源泉。

（十四）法律风险防控

党的十八届四中全会通过的《中共中央关于全面推进依法治国若干重大问题的决定》指出："社会主义市场经济本质上是法治经济。使市场在资源配置中起决定性作用和更好发挥政府作用，必须以保护产权、维护契约、统一市场、平等交换、公平竞争、有效监管为基本导向，完善社会主义市场经济法律制度。"在市场经济条件下，企业的经营管理过程中需要高度重视法律风控工作，第一要严格遵守国家法律、法规、政策；第二要善于运用法律手段维护自身合法权益；第三要建立风险防控体系，积极防范企业经营中的风险；

第四要善于运用保险、期货、外部协作、对冲业务等手段来化解可能出现的风险。特别是在知识经济条件下，知识产权培育布局、维权应对、运营交易成为企业经营管理活动中一项常态的日常工作，更是大大拓宽了企业知识产权法律风险防控工作的范围、调动了工作的主动性。因此，法律风险防控意识和能力成为创业者不可或缺的重要功课。

（十五）修身养性

儒家经典《大学》讲道："自天子以至于庶人，壹是皆以修身为本。"创业者的使命是整合社会资源创造新的更大的社会财富。"修己"才能"安人"，每一个创业者都需要长期持续进行修身养性的学习和修炼才能支撑创业过程的良好发展。

修身养性主要包括以下五个方面的内容。一是提升认知。企业的"天花板"取决于创业者的认知水平，思想有多远，企业才可能走多远。二是扩大胸怀。一个创业者拥有多大的胸怀，才有可能开创多大的事业。三是提升境界。"会当凌绝顶，一览众山小""欲穷千里目，更上一层楼"，创业者只有持续提升自身的境界，才能驾驭更大的事业。四是修炼利他精神。企业主和企业家的本质区别就在于有没有利他精神。利他精神是创业者重要的精神修炼，没有利他精神的创业者充其量能够成为一个富翁，只有具有利他精神的创业者才能成为一个企业家。五是保持良好心态。《大学》讲道："知止而后有定，定而后能静，静而后能安，安而后能虑，虑而后能得"，好心态是创业者作出好判断、好决策的前提。

（十六）养生保健

创业过程的艰难是众所周知的，长期的创新性奋斗拼搏需要强健的身心的支撑。只有身体好，才能长期保持旺盛的精力，才能长期保持好的心理状态，才能有效支撑长期高质量的决策。对一个创业者来讲，长期保持好的身心状态是创业成功的必要条件。因此，养生保健也就成为创业者的重要功课，需要长期重视、投入和坚持。通过学习和探索，形成一套适合创业者自身实际的放松、锻炼、调理、强身、静心方法，建立良好的生活饮食作息习惯，长期坚持不断提升自己的身体素质和状态。

（十七）写作和演讲表达

创业者的使命是整合社会资源创造新的更大的社会财富。当今时代，社会化分工体系深刻发展，在创业领域，个人英雄主义单打独斗的方式已经被淘汰，创业者必须动员更多人的力量并将其深度整合才能创造更大的价值。写作和演讲表达能力是创业者动员群众的主要手段，是不可或缺的核心能力。写作能力的训练，有助于提高创业者的思考能力和思考深度。好的写作能力，是创业者跟员工、顾客、股东、媒体、市场沟通的有力武器，有助于各利益相关方深入理解创业者的思想和思路，有助于创业者整合社会资源。

演讲与口才，天下第一才。口头表达能力对创业者也非常重要，口头表达是创业者每天跟核心团队沟通情况、讨论业务、交流感情、传达指令的主要方式。好的口头表达，是创业者领导力、人格魅力的重要组成部分，也是创业者塑造个人形象、打造公共影响力的重要方式。

三、没有完美的个人，只有完美的团队

在当今社会化分工高度发达和信息爆炸的时代，指望一个人在上述十七项都达到很高的造诣，这个可能性是比较小的。因此，创业者的十七项修炼，这里的创业者可以理解为创始人本人，也可以理解为创始人及其核心团队。没有完美的个人，只有完美的团队。创业者要对上述十七项有全面的认识。第 1 项至第 14 项尽量做到一专多通或者多专多通，最重要的是要找到合适的合伙人。随着企业的发展，力争做到整个合伙人团队的专长能够覆盖第 1 项至第 14 项。第 15 项至第 17 项：修身养性、养生保健、写作和演讲表达，是每个优秀创业者个人的必修功课，很难通过合伙人来替代或弥补，需要创业

者长期持续学习和提升。凡事有规律，凡事有方法。创业过程虽然高度复杂，但也遵循这一规律。创始人或创业核心团队如果能在上述十七项修炼到位，创业的成功率将大幅提升。近些年出现的一些知名成功创业案例，也能体现这一点，例如美团公司的创始人王兴与联合创始人王慧文、前首席运营官干嘉伟，阿里巴巴集团的创始人马云与董事局执行副主席蔡崇信，腾讯公司的创始人马化腾和董事会执行董事兼公司总裁刘炽平，美国谷歌公司的创始人佩奇和施密特。

第 40 讲
创新者、创业者的
知识产权必备素养

一、创新者的知识产权必备素养

(一) 创新者的常见思维误区

1. 不好意思谈钱

我国文化受儒家文化影响深远，"万般皆下品，惟有读书高""学而优则仕"，大部分知识分子都有清高的特点。不好意思谈钱，不敢谈钱，是很多人的通病，尤其是读书人、文化人，认为谈钱有辱斯文。由于这个原因，创新者作为真善美的创造者，普遍以追求真善美的创造为荣，大都不重视真善美的商业化应用。这是比较严重的思维误区，特别是在当今市场经济、知识经济条件下，市场是配置资源的基本手段，知识成为价值创造的基础资源，在这种时代格局下，强调知识（创新成果）变现，不仅不是有辱斯文，而是贡献社会、非常光荣。根据本书第 10 讲所讲的研发劳动的经济学价值原理，知识变现，不仅是光荣的工作，而且是创新者应该追求的核心目标。

2. 因为不了解而低估知识产权的价值

没有知识（创新成果）的产权化，知识变现就很难实现，知识产权是知识变现的桥梁。第一，如果不进行产权化，创新成果很难成为边界明确的有效资产，就很难进行流通和交易。第二，如果不进行产权化，创新成果无法获得法律保护，就无法独享开发真善美产生的商业价值。第三，如果不进行产权化并公开信息，不利于供需双方对接，不利于避免重复创新。由于我国知识产权制度建立时间较短，更重要的是知识产权制度理念与我国文化传统存在较大的差异，因此相当多的创新者对知识产权缺乏必要的了解。缺乏了解会进一步导致创新者对知识产权价值的低估，没能给予必要的重视和投入。从这个角度来看，创新者的知识产权必备素养具有很强的现实意义。

（二）创新者的知识产权必备素养

创新者应当具备如下所示的知识产权素养。

1. 拥有知识产权思维

创新者应该准确把握知识产权思维的本质是开发并独享真善美的商业价值。创新者除专心致志创造真善美以外，一定要有强烈的开发和独享真善美商业价值的意识和思维。笔者用知识产权思维来审视分析我国存在多年的专利泡沫问题。关于专利泡沫问题的本质，可以概括为：该申请的没申请，不该申请的申请了。不该申请的，是说那些不是真善美的研发成果，或者是真善美但没有商业价值的研发成果。从知识产权思维来审视，这样的研发成果没有商业价值，根本就无法开发，就不应该申请专利。这样的研发成果如果申请了专利，就形成了专利泡沫，不仅对社会毫无价值，还浪费了社会资源。该申请的没申请，是说创新者创造出了真善美，但是缺乏开发并独享真善美的意识，没有将创新成果产权化并商业开发。

2. 具备知识产权大数据检索能力

如本书第 9 讲所述，知识产权大数据在提高创新效率、降低创新成本、助力市场竞争等方面具有重要的作用。因此，创新者应该高度重视知识产权大数据的利用，并具备较高的知识产权大数据检索能力，还要会进行创新成果对比分析（是不是真善美、真善美的程度等）。法律分析（能不能授权，是不是侵权等）比较专业，创新者不一定要掌握，必要时可借助供应商等外力解决问题。

3. 具有一定的商业思维

创新者有了知识产权思维，就有了开发并独享真善美商业价值的意识。但对这个真善美有没有商业价值、有多大商业价值、如何开发这个真善美的商业价值（主要是知识产权转移角度）这些问题的初步回答要求创新者具有一定的商业思维。对商业思维的学习，不一定非要创新者从事创业或企业经营活动，可以通过关心、思考、分析身边的商业现象，阅读一些商业书籍或杂志等方式，围绕"为顾客创造独特价值"这一基本命题及其相关问题进行分析和把握。

4. 随时可以咨询的知识产权顾问

第 2 讲知识产权通需论讲道：从广泛意义上讲，在当今中国，一个中专以上学历的人，在其一生之中都可能会对知识产权产生需求。因此，创新者要拥有一个随时可以咨询的专业的知识产权顾问，可以是你的供应商，也可以是你的私人朋友。创新者任何时候有知识产权具体问题，可以不假思索地找这个顾问请教或讨论。顾问还要比较专业，每次提供给创新者的信息都要是专业的和负责任的。

5. 初步了解知识产权基本原理及技能原理

创新者准确把握知识产权思维的本质是开发并独享真善美的商业价值，这只是把握了知识产权的"灵魂"，还无法把握知识产权的"骨架"。知识产权的"骨架"即知识产权的十大基本原理和六大技能原理。创新者还应该对这些有初步的了解。这些可以帮助创新者形成关于知识产权的全局观和方法论，对创新者在知识产权服务机构的帮助下更好地制定实施知识产权战略、开发并独享真善美的商业价值具有重要意义。

二、创业者的知识产权必备素养

第 39 讲创业者的十七项修炼中的第 12 项是知识产权的修炼。其含义是创始人或者其核心团队成员要在知识产权方面达到较高的造诣，才能满足企业可持续发展的需要。创业者的知识产权必备素养，指的是一般创业者要对知识产权具有一定的了解、一定的能力。其主要包括两个方面。一方面，创业者应具备常识性的认识和意识：一是商标意识；二是技术专利意识；三是外观设计专利意识；四是版权意识；五是商业秘密意识；六是商品的文化附加值意识。另一方面，创业者应具备相关的知识和能力：一是准确把握知识产权思维的本质是开发并独享真善美的商业价值；二是拥有一个召之即来、来之能战、战之能胜的贴身知识产权服务机构供应商；三是了解知识产权十大基本原理；四是了解知识产权六大技能原理；五是了解本书第 5 章企业模块——第 25 讲至第 30 讲有关内容。

第 8 章
知识产权思维点亮人生

一花一世界　一叶一如来（张思源）

一、知识产权思维有利于个人事业发展

本书第 2 讲知识产权通需论讲道：从广泛意义上讲，在当今中国，一个中专以上学历的人，在其一生之中都可能会对知识产权产生需求。特别是以创新创业为职业的创新者、创业者对知识产权有着更多、更高频、更重要的需求。随着知识经济的深入发展、创新在各行各业的深入渗透、知识产权法律法规的深入实施，知识产权已经涉及政治、经济、文化、社会、生态等各个方面。每个行业的从业者如果拥有科学的知识产权思维，将在创新、知识产权工作及相关工作方面具有明显的优势，将对个人事业发展产生有效的帮助。

二、知识产权思维本质对人生的启发

知识产权思维的本质是开发并独享真善美的商业价值。这个理念或逻辑对人生规划有重要的启发。人生规划的主要逻辑相应就是：发现并强化人的真善美，开发并独享人的真善美的商业价值。发现人的真善美，要深刻认识人的多元价值，首先不能只看人的学历文凭，其次不能只看人的德行和才华，要从技能、性格、人品、才华、德行等多个方面挖掘人的真善美。强化人的真善美，主要通过用人所长和刻意练习，并长期专注坚持。开发人的真善美的商业价值，主要通过加入合适的平台、设计合适的商业模式、找到合适的应用场景等方式。独享人的真善美的商业价值，主要通过知识产权、管理壁垒、资源壁垒等方式。

三、知识产权核心属性对人生的启发

本书第 2 讲讲到，技术专利的核心属性是新颖性、创造性、实用性，新颖性可以表达为"标新立异"，创造性可以表达为"更上层楼"，实用性可以表达为"一针见血"；商标的核心属性可以表达为"扬名立万"；外观设计的核心属性可以表达为"婀娜多姿"；版权的核心属性可以表达为"别出心裁"；地理标志的核心属性可以表达为"正宗地道"；商业秘密的核心属性可以表达为"独门绝技"。这八个词语可以理解为知识产权的脱颖而出之道，其对人的成长和发展也有重要的启发，可以说这八个词语也是当今时代个人成长发展的重要理念。具体来说，在不违反法律、道德的前提下标新立异，对于建立个人品牌、打造公众影响力是非常有价值的。更上层楼，体现了一个人开拓进取、不断超越、精益求精、与时俱进的良好品质，这种品质非常有助于一个人的精进和成功。一针见血，体现了一个人思考、决策、说话、做事的准确性、稳定性、有效性，这样的能力能够大幅提升做事的效率和效果。在不违反法律、道德的前提下扬名立万，体现了一个人的品牌意识、目标意识、奋斗意识。婀娜多姿，体现了一个人对美的感觉、素养、追求美的意识和能力。别出心裁，体现了一个人的创意能力和水平，是非常有价值的特质。正宗地道，体现了一个人的本分、厚道、口碑、底蕴，也是非常有利于个人成长发展的品质。独门绝技，体现了一个人独特的思维方式、能力以及其取得的非常好的效率或效果，是一个人核心竞争力的重要体现。

四、为企业插上三个"翅膀"对人生的启发

本书第 25 讲谈到：企业知识产权管理的使命，就是为企业插上技术、艺术和品牌三个"翅膀"，持续提升助力企业腾飞的效率和效果。这个观点对人的成长发展有着较强的借鉴意义。技术、艺术、品牌三个"翅膀"对企业的

成长发展具有重要的作用，相应地，人的成长发展也可以从这三个方面着手。技术翅膀的核心价值导向是求真，艺术翅膀的核心价值导向是求美，品牌翅膀的核心价值导向是求善。人的成长发展也要沿着真善美的方向，长期持续学习，在技术、艺术或相关方面掌握一技之长，以善良为底层价值观，注重美的精神、美的价值的创造。

五、学习改变命运

如何塑造并强化一个人的真善美，最主要的方式就是学习。学习，是指通过阅读、听讲、思考、研究、实践等途径获得知识和技能的过程。学习分为狭义与广义两种：狭义的学习是指通过阅读、听讲、研究、观察、理解、探索、实验、实践等手段获得知识或技能的过程，是一种使个体可以得到持续变化（知识和技能、方法与过程、情感与价值的改善和升华）的行为方式；广义的学习是指人在生活过程中，通过获得经验而产生行为能力或行为潜能的相对持久的行为方式。❶ 人非生而知之者，人类技能、性格、人品、才华、德行等方面素质、能力和修养的形成，离不开后天长期的学习。

学习是人类的礼物。巴尔扎克认为人生最美好的主旨和人类生活最幸福的结果，无过于学习了。学习犹如母亲一般慈爱，它用纯洁和温柔的欢乐来哺育孩子，如果向它要求额外的报酬，也许就是罪过。人类通过学习，获得身体、亲密关系、心理、智力、灵魂的成长，提升人观察世界、感受世界、认识世界、改造世界的能力，提升人与社会、他人、自己沟通和相处的能力，提升人存在的意义和获得幸福的能力。

彼得·圣吉认为：真正的学习并非掌握知识，而是为学习者带来心灵转换及行为的改变。❷ 学习的本质就是谋求身体、亲密关系、心理、智力、灵魂

---

❶ 学习［EB/OL］.［2021 - 10 - 07］. https：//baike. baidu. com/item/% E5% AD% A6% E4% B9% A0/222729？ fr = aladdin.

❷ 邓德隆. 2 小时品牌素养［M］. 北京：机械工业出版社，2021：XXV.

的改善。这五个方面既是学习的重要方面，也是构成多维度、立体化人类个体的重要方面。学习的内容、方法、目标和结构都应该围绕这五个方面切入和展开。在身体方面的学习，主要针对体育、医药、保健、养生、营养等内容。在亲密关系方面的学习，主要针对孝道、恋爱、养育等内容。在心理方面的学习，主要针对心理学、管理学、艺术、历史、文化等内容。在智力方面的学习，主要针对语言、数学、自然科学、社会科学等内容。在灵魂方面的学习，主要针对哲学、宗教学、神话、童话、音乐等内容。

在知识经济深入发展的当今时代，终身学习已经成为每个人的必修课。一般情况下，每个人的职业生涯发展、人生发展的状况，在很大程度上是由其学习的内容、速度、质量、方法、持续时间等决定的。人与人之间后天的差别，也主要是由学习的差别导致的。因此，在这个意义上，可以说学习改变命运。任何一个希望获得高质量幸福人生的人，都应该高度重视学习的作用和价值。通过学习，塑造并强化自己的真善美，为开发并独享这个真善美、实现人生理想打下良好的基础。

六、管理成就人生

如何放大一个人的真善美，最主要的方式就是管理。将自己融入一个团队，充分发挥自己和他人的聪明才智，共同创造更大的价值。管理就是实现未来目标的活动。人和动物的区别是组织管理。作为类的动物只能成群，作为类的人才有组织。现存的跟人类最相近的动物是黑猩猩和倭黑猩猩，它们跟人类的基因差异只有不到2%。但是它们都不会组成很大的群，只有人类可以形成超过一千人、一万人、十万人甚至更大的组织。因为，只有人类会组织管理。● 从人与动物的对比中，可以看到管理对于人类的重要性。对于人类个体的成长发展来讲，管理非常重要。在当今社会化分工高度发达的时代，

● 刘澜. 极简管理学 [M]. 北京：东方出版社，2018：3 - 4.

依赖个人单打独斗、施展个人英雄主义成就一番事业的可能性基本上没有了；任何一个人想成就一番事业，都需要团队的配合和支持。要提高团队工作的效率和效果，离不开必要的团队管理能力的支撑。因此，任何一个人想拥有健康的体魄，离不开饮食、作息、运动、养生、保健、医药等方面必要的管理能力的支撑。任何一个人想拥有良好的亲密关系，离不开感情、婚姻、家庭、子女教育等方面必要的管理能力的支撑。任何一个人想拥有良好的心理状态，离不开社交、心理、情绪、压力等方面必要的管理能力的支撑。任何一个人想拥有过人的才能，离不开选择专业、选择学校、选择老师、长期刻意练习等方面必要的管理能力的支撑。任何一个人想拥有宽广的胸怀、超凡的境界、高超的洞察，离不开哲学、思想、理论、修身、历史、文化等方面必要的管理能力等方面的支撑。从这个角度，可以说管理成就人生，没有高超的管理能力，人生面临的很多问题就难以解决好。只有高度重视管理，持续提升管理能力，才可能有效解决人生过程中不断出现的课题和问题，最终实现圆满幸福的人生。

七、让四亿读书人拥有知识产权思维

如前所述，从广泛意义上讲，在当今中国，一个中专以上学历的人，在其一生之中都可能会对知识产权产生需求。第七次全国人口普查数据显示：截至 2020 年 11 月 1 日，全国人口中，拥有大学（指大专及以上）文化程度的人口为 218360767 人，拥有高中（含中专）文化程度的人口为 213005258 人，两者加起来大约 4.31 亿人。笔者初步推断 4.31 亿人中拥有知识产权思维的人数不足 200 万人，知识产权思维推广之路依然任重而道远。令人振奋的好消息是，2021 年 9 月，中共中央、国务院印发《知识产权强国建设纲要（2021—2035 年）》，提出建设制度完善、保护严格、运行高效、服务便捷、文化自觉、开放共赢的中国特色、世界水平的知识产权强国的目标，并从指导思想、工作原则、发展目标、制度建设、保护体系建设、市场运行机制建设、公共服务体系建设、人文社会环境建设、全球治理、组织保障等方面对知识产权强国建设进行了高规格的全面部署，为未来十五年我国知识产权事业发展指明了方向和道路。相信随着知识产权强国战略的深入实施，我国4.31亿高中（含中专）以上人口中将有更大比例的人了解知识产权知识，产生知识产权意识，获得知识产权思维。笔者的夙愿，以及撰写本书的使命就是让四亿读书人拥有知识产权思维，为知识产权强国战略实施贡献一份微薄之力。

参考文献

[1] 隆云涛, 张富娟, 杨国梁. 斯坦福大学技术转移运转模式研究及启示 [J]. 科技管理研究, 2018 (15): 120 - 126.

[2] 雨田. 管窥德国史太白技术转移中心 [N]. 中国科学报, 2019 - 04 - 04 (6).

[3] 陈宝明. 英国技术集团发展经验 [J]. 高科技与产业化, 2012 (2): 100 - 102.

[4] 郑成思. 知识产权论 [M]. 3 版. 北京: 法律出版社, 2007.

[5] 吴汉东. 知识产权法 [M]. 北京: 法律出版社, 2021.

[6] 吴汉东, 等. 知识产权基本问题研究: 分论 [M]. 2 版. 北京: 中国人民大学出版社, 2009.

[7] 江平. 民法学 [M]. 北京: 中国政法大学出版社, 2000.

[8] 全国高等教育自学考试指导委员会. 行政法学 [M]. 北京: 北京大学出版社, 2000.

[9] 田力普. 深入贯彻落实党的十七大精神 不断开创知识产权工作新局面: 在全国知识产权局局长会议上的讲话 [J]. 知识产权, 2008, 18 (2): 3 - 15.

[10] 王玉民, 马维野. 专利商用化的策略与运用 [M]. 北京: 科学出版社, 2007.

[11] 韩秀成. 专利往事 [M]. 北京: 知识产权出版社, 2015.

[12] 赵曙明, 陶向南, 周文成. 国际人力资源管理 [M]. 北京: 北京师范大学出版社, 2019.

[13] 刘锋, 刘长威, 王峻岭. 生物农业专利预警分析 [M]. 哈尔滨: 哈尔滨工程大学出版社, 2018.

[14] 冯晓青. 企业知识产权战略 [M]. 4 版. 北京: 知识产权出版社, 2015.

[15] 郭民生. 通向未来的制胜之路: 知识产权经济及其竞争优势的理论与实践 [M]. 北

京：知识产权出版社，2010.

[16] 温旭. 捍卫智慧：没有硝烟的战场［M］. 北京：法律出版社，1998.

[17] 王雩. 赢在路上［M］. 天津：天津教育出版社，2009.

[18] 苏引华. 经与营［M］. 广州：广东经济出版社，2021.

[19] 陶鑫良，王勉青. 中国知识产权人才培养研究［M］. 上海：上海大学出版社，2006.

[20] 刘敬东. WTO 中的贸易与环境问题［M］. 北京：社会科学文献出版社，2014.

[21] 张楚. 知识产权法［M］. 2 版. 北京：高等教育出版社，2010.

[22] 宋河发. 科研机构知识产权管理［M］. 北京：知识产权出版社，2015.

[23] 来小鹏. 知识产权法案例研究指导［M］. 北京：中国政法大学出版社，2019.

[24] 孙国瑞. 知识产权法学［M］. 北京：知识产权出版社，2012.

[25] 宋伟. 知识产权管理［M］. 合肥：中国科学技术大学出版社，2010.

[26] 国家知识产权局.《企业知识产权管理规范》培训教程［M］. 北京：知识产权出版社，2015.

[27] 苏平. 知识产权论丛：第 1 卷［M］. 北京：法律出版社，2014.

[28] 董新凯. 国防知识产权制度的价值基础研究［M］. 北京：知识产权出版社，2017.

[29] 刘海波，吕旭宁，张亚峰. 专利运营论［M］. 北京：知识产权出版社，2017.

[30] 林毅夫，张军，王勇，等. 产业政策：总结、反思与展望［M］. 北京：北京大学出版社，2018.

[31] 刘瑛. 中关村商标品牌故事［M］. 北京：知识产权出版社，2016.

[32] 胡波. 知识产权法哲学新论［M］. 北京：法律出版社，2017.

[33] 熊绍员，张祥志. 强企支撑强省：知识产权入园强企的理论架构与江西实践［M］. 北京：知识产权出版社，2017.

[34] 薛华. 当代知识产权研究与实践的生态逻辑：基于马克思主义的反思［M］. 北京：法律出版社，2021.

[35] 吴敬琏. 发展中国高新技术产业制度重于技术［M］. 北京：中国发展出版社，2002.

[36] 德鲁克. 管理的实践：中英文双语版［M］. 齐若兰，译. 北京：机械工业出版社，2020.

[37] 海飞门，习移山，张晓泉. 数字跃迁：数字化变革的战略与战术［M］. 北京：机械

工业出版社，2020.

［38］魏炜，朱武祥. 发现商业模式［M］. 北京：机械工业出版社，2009.

［39］刘澜. 极简管理学［M］. 北京：东方出版社，2018.

［40］稻盛和夫. 心［M］. 曹寓刚，曹岫云，译. 北京：人民邮电出版社，2020.

［41］江波. 良知的力量：王阳明［M］. 长春：吉林文史出版社，2021.

［42］华杉，华楠. 超级符号原理［M］. 上海：文汇出版社，2019.

［43］王志纲. 王志纲论战略：关键阶段的重大抉择［M］. 北京：机械工业出版社，2021.

［44］谢春霖. 认知红利［M］. 北京：机械工业出版社，2019.

［45］宫玉振. 善战者说：孙子兵法与取胜法则十二讲［M］. 北京：中信出版集团，2020.

［46］佩奇. 模型思维［M］. 贾拥民，译. 杭州：浙江人民出版社，2019.

［47］诺思，托马斯. 西方世界的兴起［M］. 厉以平，蔡磊，译. 北京：华夏出版社，2017.

［48］虞崇胜. 中国行政史［M］. 北京：外语教学与研究出版社，2012.

［49］王宁. 中国文化概论［M］. 长沙：湖南师范大学出版社，2000.

［50］李大钊. 李大钊文集［M］. 北京：人民出版社，1984.

［51］程裕祯. 中国文化要略［M］. 北京：外语教学与研究出版社，2000.

［52］吉藤幸朔. 专利法概论［M］. 宋永林，魏启学，译. 北京：专利文献出版社，1990.

［53］汤宗舜. 回忆专利法的起草［M］//刘春田. 中国知识产权二十年. 北京：专利文献出版社，1998.

［54］杨俊，伊学. 王选为什么不愿申请专利？［EB/OL］.（2006－03－09）［2021－03－15］. http：//news. sohu. com/20060309/n242212103. shtml.

［55］李雪寒. 全业务证券化（WBS）交易结构分析［EB/OL］.（2014－11－04）［2021－04－05］. http：//blog. sina. com. cn/s/blog_436fc5b60102v4of. html.

［56］爱读书的少侠. 模型思考者：万维钢·精英日课S3［EB/OL］.（2019－11－10）［2021－12－18］. https：//zhuanlan. zhihu. com/p/91135983.

［57］唐晓旺. 把握县域消费特点与促进路径［EB/OL］.（2020－12－25）［2021－01－18］. http：//www. cssn. cn/gd/gd_rwhz/gd_ktsb_1666/xyzlztjjgzlfz/202011/t20201125_5221298. shtml.

［58］胡姝阳.《专利代理机构服务规范》里的这些要求你做到了吗? ［EB/OL］.（2018 - 03 -
21）［2021 - 08 - 10］. http：//ip. people. com. cn/n1/2018/0321/c179663 - 29880617. html.

［59］我国知识产权服务业发展再上新台阶 ［EB/OL］.（2020 - 12 - 23）［2021 - 01 -
03］. https：//www. cnipa. gov. cn/art/2020/12/23/art_53_155790. html.

［60］国家知识产权战略制定工作领导小组办公室. 挑战与应对：国家知识产权战略论文
集 ［M］. 北京：知识产权出版社，2007.

［61］季节. 论专利权的法律保护：以行政保护为视角 ［D］. 北京：中国政法大
学，2010.

［62］季节. 知识产权是创新驱动的核心支柱 ［EB/OL］.（2016 - 03 - 01）［2021 - 10 -
13］. http：//static. nfapp. southcn. com/content/201603/01/c50535. html.

［63］季节. 试论创新驱动发展战略的实施模式 ［EB/OL］.（2015 - 11 - 27）［2021 - 12 -
19］. http：//dangjian. people. com. cn/gq/n/2015/1127/c241150 - 27864891. html.

跋

强国建设从知识产权科普开始

知识产权制度是世界各国或地区普遍采取的保护和激励创新、促进创新成果推广运用、推动经济社会发展和科技文化进步的重要法律制度。知识产权制度也是中国特色社会主义法律体系中的重要法律制度。与西方国家相比，我国知识产权制度尽管起步较晚，但在短短的几十年内实现了"弯道超车"，取得了举世瞩目的巨大成就。进入 21 世纪以来，知识产权已成为我国的国家战略；随着《知识产权强国建设纲要（2021—2035 年）》的深入实施，我国知识产权制度将在社会主义现代化建设中发挥更加重要的作用。

我国知识产权制度的蓬勃发展，也唤醒了人们的知识产权意识，尤其是企业等市场经济主体逐渐意识到知识产权是其获取市场竞争优势的法宝，纷纷从战略高度谋划和运用其拥有的这种"神奇财富"。随着人们知识产权意识的增强，全社会对于普及知识产权知识的读物要求也愈加强烈。本人在 20 世纪 80 年代末步入知识产权专业领域，至今在该领域深耕 30 年，深感我国在知识产权科普方面的著作奇缺，而这与当前贯彻新发展理念、进入新发展阶段深入推进知识产权强国建设，在全社会大力普及知识产权知识的要求很不相称。

令人欣慰的是，季节博士这本《知识产权思维 40 讲》在出版之际本人得以"先读为快"，深感本书是我国知识产权科普方面的一部佳作。该书站在外行读者的视角，深入浅出、条分缕析地将作者近20年知识产权工作经验、心得和体会总结提炼出来，将艰深晦涩的知识产权专业知识和实务要领，用生动形象的语言表达出来，唯恐读者不能把握其要点。

希望更多的读者能够阅读这本知识产权科普方面的力作，愿更多的人拥有知识产权思维，成为知识产权强国建设的积极力量。

中国政法大学民商经济法学院知识产权法研究所所长

中国知识产权法学研究会副会长

冯晓青

2022年2月22日

思想无形·利胜于剑

——也谈季节《知识产权思维 40 讲》

　　季节，是我在国家知识产权局认识的。当时是 2014 年上半年，我刚到厦门市知识产权局工作一年多，为响应省委、市委贯彻落实习近平总书记关于支持福建高质量发展赶超跨越使命要求，前往国家知识产权局汇报请求支持重大专项政策。季节当时任专利管理司综合处主任科员，对接各地方知识产权局，他的博学与高见给我留下深刻印象。也正是在与他的交谈中，我们讨论了知识产权经济试点的工作思路。此次申请在厦门开展"两岸知识产权经济试点"的想法，得到了国家知识产权局的大力支持并被写入了国务院对福建省的政策文件里，厦门成为全国唯一试点（后来在国家知识产权局有关领导的重视和关心下进一步升格为两岸与"一带一路"知识产权经济发展试点，这也是厦门在三年后成为十大知识产权强市创建市和首批八大知识产权运营服务体系建设重点城市的主要策源点）。2015 年，季节去了珠海横琴，带了一个团队负责华发七弦琴国家知识产权运营公共服务平台。在厦门知识产权"十四五"规划编制时，专门请了他的团队来作顶层设计。季节也为此专程来了厦门几次，亲自为规划编制做了翔实的辅导和修订，厦门知识产权专项规划也因此具有更高远的视野和更广阔的格局，奠定了未来五年厦门知识产权高质量发展坚实的基础。

　　接到季节为他的专著《知识产权思维 40 讲》做点评的邀约，是到北京出差的元宵节当晚，我踟蹰寻思间，想到了在航班上看到撒贝宁穿越回到四百多年前徐霞客时代，与这位立志"大丈夫当朝碧海而暮苍梧"而走遍大江南北、用脚步丈量和考察祖国名山大川的先贤大家，在艺术虚空里交流的节目，心想，季节的经历与作为，其勇闯新路的精神、其深耕与奉献知识产权事业的情怀、其著书立说为知识产权鼓与呼的意义，与许许多多的"徐霞客"们有共同之处。那就是无论身居何处，都胸怀祖国、奉献时代的信念。这何尝不是一种"位卑未敢忘忧国"的赤子之心，一种"为天地立心、为生民立命、为往圣继绝学、为万世开太平"精神的践行，于是便应承下来。

中华文明上下 5000 多年，历史长河里，星光璀璨，无数古圣先贤穷其一生之探索实践，奉献毕生之心力，共同铸就煌煌如日月之中华文明，成就和赓续四大古国文明仅存之硕果。

知识产权，传承古今，沟通虚实，直指人类社会物质世界与精神领域之成果结晶。知识产权博大精深的范畴里，论著赓续了知识智慧的精髓与气脉，艺术与影视作品记载和展望了人类对物质精神二元世界的创作再现与憧憬神往，专利引领了科技进步与社会进化，集成电路布图设计实现了虚空中天涯咫尺量子纠缠的具象化，技术秘密造就了毫无科技含量的可口可乐的一世辉煌，商业秘密刷新了经济业态模式、提升了经济能量级数、成就了互联网"龙岩军团"等新经济体百花齐放，商标老字号蕴含了《史记·货殖列传》里范蠡们经世济民千年传袭的情怀神韵，传统民间文艺接驳了古今民间烟火与旷古悠思念想、延续了秦汉礼仪唐宋遗风以及苏格兰风笛里的异域风情，植物新品种联通了炎帝《神农本草经》与隆平杂优稻、占熺巨菌草。

在我国，全社会的知识产权意识还十分薄弱，关注知识产权的主要是两类人，一是从事知识产权工作与研究的人，二是吃过苦头与尝过甜头的企业家，相对于全国、相比于国外，人数十分稀少。而且高校犹然，如，评职称论文须在外文期刊发表，无异于在制度设计上为外国无偿提供高端科研理论成果；再如，有些教授带领科研团队，用国家经费研究多年取得成果，不是去申报知识产权，而是热衷于国际论坛演讲，翔实的 PPT 演示被台下的专利强盗窃取，申报专利，抢注知识产权。甚者如屠呦呦的青蒿素，尽管荣获诺奖，但其知识产权及产业化经济利益，绝大部分早已为外国占据。

同时，知识产权转化率低，融资难，维权难，知识产权的应有价值难以得到充分实现与保障。电商领域则是重灾区，存在四个痛点：假冒伪劣多，维权打假难，收税难，无节操的低价严重冲击实体经济。

此外，本属中国的端午节、印刷术、浑天仪已被他国申遗成功，越来越多的汉方医药成为他国的知识产权，众多中华瑰宝，持续遭遇知识产权流失的风险与危险。

2015 年 1 月，全国知识产权局局长会上，申长雨局长指出：知识产权是国家核心战略资源，是国家竞争的利器。"科学技术是第一生产力，知识产权是核心竞争力"，"世界未来的竞争，就是知识产权的竞争"，这一"未来"，随着 2018 年中美贸易之争与中兴、华为事件已经到来，知识产权已实实在在从企业、国家参与市场与国际竞争的核心战略资源上升为国家间竞争的利器。

2020 年 11 月，习近平总书记在中央政治局学习时专门就知识产权发表重要讲话，强调知识产权保护工作，关系国家治理体系和治理能力现代化，关系高质量发展，关系人民生活幸福，关系国家对外开放大局，关系国家安全。2021 年 9 月，中共中央、国务院印发《知识产权强国建设纲要（2021—2035 年)》，知识产权事业迎来了春天。

思维，乃观察万物、着力万事之视角与方法，亦是勘破规律、承启今昔、迈向未来之路径与要隘，既是认识论、方法论、实践论之奠基石，又是世界观、人生观、价值观之路由器。存在决定思维，但思维具有特殊属性，不仅可以总结指导存在，还可以超越引领存在。是故，思维决定行为。思想无形，光芒四射，笔柔如毫，利胜于剑。

季节的《知识产权思维 40 讲》，于当下中国知识产权现状，乃一巨献，对助力先知先觉，唤醒普罗大众，破解全社会知识产权意识薄弱与应对中国传统知识产权流失等难题，重构知识产权规则，重塑世界经济地理，重立国际经济格局，支持高质量发展，建立现代化经济体系，建设社会主义现代化强国，必将带来积极的正外部效应。期待越来越多的"季节"们涌现，期待越来越多的人将知识产权思维入心入脑，为祖国的发展、为民族的复兴、为人类的文明创造更多的辉煌。

是为记。

厦门市知识产权局局长
卢琳兵
2022 年 3 月 2 日

知识的清风，产权的劲风，创新的季风

时值《知识产权强国建设纲要（2021—2035 年)》和《"十四五"国家知识产权保护和运用规划》颁布实施，季节博士的《知识产权思维 40 讲》一书即将印刷出版，在此表示热烈祝贺。

《知识产权思维 40 讲》共 8 章 40 讲，是季节先生多年的知识积淀、认真的专业研究、深刻的洞察感悟之心血力作。该书打破以往固定程式，用拟人化形象对比手法，展现给我们的是对知识产权的重新认识、重新定义，具有清晰的技术逻辑、商业逻辑和呈现逻辑。该书犹如知识产权界流淌的一股清泉，知识产权书丛中的一阵清风，让人眼前一亮、耳目一新。

该书把深奥的理论简单化、复杂的问题通俗化，让人听得懂、好理解。作者以独特的市场眼光、需求导向、价值导向、资本理念、实操技巧，贯穿了知识产权的产业链思维、转化思维、创新思维，最为亮眼的是"市场是检验知识产权价值的唯一标准""高价值知识产权市场表现的若干形式"充分彰显作者倡导知识产权的商业属性和市场属性。

书中好一个"通需"、好一个"开发并独享真善美的商业价值"。对于改革开放 40 余年的中国来说，全民的知识产权意识和思维仍亟待提高。此书的出版恰逢其时，既是一本知识产权认识论、方法论的集成，也是一本填补业界空白的知识产权深度科普之书。

"版权作品的别出心裁""商业秘密的独门绝技""实体经济＋知识产权＝如虎添翼"等观点用词精准、易懂到位。书中"十大基本原理"观点新颖、首次出现，显示作者发现的眼睛、"点银成金"的能力。

　　该书创新务实，有高度、有深度、更有温度，体现作者的责任感和对中国知识产权事业的美好期盼。书中的 10 个"不一致"充分体现出作者"权利求同""文化求异"的知识产权理念。"中国知识产权的六大趋势"体现作者知大势、识趋势、明胜势。

　　书中明确指出我国专利及知识产权保护与运营的突出问题，既实事求是，又理论创新，更务实落地。书中针对专利保护存在的六个突出问题提出了颇有见地的独家观点，凸显作者扎实的经验功底、独到的案例解读、平台实践探索以及一线的实地调研。

　　难能可贵的是，针对《知识产权强国建设纲要（2021—2035 年）》首次提出的"知识产权促进创新创业蓬勃发展"，作者专门提出了创新与知识产权、创业中的知识产权问题、创业者的十七项修炼以及创业者知识产权必备素养，很有针对性和现实意义。

　　我国不仅需要知识产权法学人才，更需要知识产权管理人才，特别需要知识产权运营和知识产权经纪人才。《知识产权思维 40 讲》是知识产权实务管理研究的好册子，是党政管理人员、知识产权行政管理人员、高校教研人员，特别是作为创新主体的企业知识产权管理工作者、技术研发人员研究学习的好教程。

　　作者用心良苦、抛砖引玉，引导全社会用知识产权思维点亮人生，点亮中国知识产权经济。

成都知度知识产权研究院院长

张廷元

2022 年 3 月 4 日

知识产权思维是关乎
知识产权行业发展的重要课题

　　思维决定思路，思路决定出路。建设社会主义强国的关键在于科技和知识产权强国，知识产权强国的根本在于全民的知识产权思维的高低。人类社会对财产的认识有一个渐变的提升过程，一开始是从动产开始的，然后是将不动产也列为财产，随着现代工业与技术的发展，又渐渐认识到一种全新的财产——无形财产。无形财产又分为自然属性的无形财产及社会属性的无形财产。知识产权就属于社会属性的无形财产，许多人也将其列为虚拟经济的范畴。

　　《知识产权思维40讲》这本书从根本上阐述了知识产权思维的作用及其重要意义。社会公众建立了知识产权的思维模式，有了知识产权的意识，才会认识知识产权的价值并尊重他人的知识产权，知识产权的价值才能得到充分体现与兑现。科技人员或发明创造者有了知识产权的思维模式，一方面会激发创新的动力与活力，另一方面会用知识产权思维的方式从事科学与技术研究，不仅仅从单纯的研究思路进行研究，而且会从一开始就先行检索现有技术与信息，避免做无谓的重复性研发与投入，同时还会考虑研发成果如何才能更好地获得保护并进一步转化成生产力。科学技术是第一生产力，科技是推进生产力不断前行发展的动力，知识产权思维是催化并引领科技发展并转化为生产力的非常重要的因素。知识产权思维与科技发展是相辅相成的：科技越发展，人们的知识产权意识越强；知识产权思维理念越强越缜密，必然也会更有助于科技的发展及创新的保护。

知识产权包括版权、专利、商标、商业秘密等。版权通常可视为大多数知识产权的在先权利或基础，因为许多知识产权最起始的表现形式为作品，例如图纸及文字关联数据的表达方式。我们保护知识产权，首先要重视版权的保护，并在保护作品版权基础上不断延伸扩大其他知识产权的保护。

知识产权是 21 世纪的货币，中国赶超世界强国步伐的快慢，在很大程度上取决于知识产权尤其是类似 5G、6G 这类领先科技领域知识产权的数量与占比。我们期待《知识产权思维 40 讲》这本书的出版能够帮助提高人们的知识产权意识，让广大科技人员都知道如何从知识产权思维角度从事发明创造，因而也特别推荐大家好好阅读这本书。我虽然从事知识产权业务 36 年之久，但也很期待此书能够早日出版发行，希望通过学习此书进一步提升自己的知识产权思维高度。

资深知识产权律师、享受国务院政府特殊津贴专家、教授

北京大学第一位知识产权法硕士研究生

温 旭

2022 年 2 月 21 日

知识产权行业第一性原理的深度挖掘

18 年积淀成一书，不惑之年始薄发，《知识产权思维 40 讲》的内容跃然纸上。期待良久，季节的大作终于要面世了。

此时此刻，心中大写的赞。

1

邓小平同志说过，科学技术是第一生产力；而这本书，说的就是人类历史上最有利于科学技术进步的法律客体——知识产权。

知易行难。"40 讲"的数字 40，很容易让人想到的巧合是 TRIZ 理论中最核心、最具有普遍用途的 40 个创新原理。数字的巧合表达了作者物尽其用的著书初衷。书中处处可见的原理、模型、难题、方案、条件、出路，讲出了是什么、为什么、怎么做的理性思考框架，站位高远，定位精确，取舍得当，条理清晰，推进合理，首尾相顾，实用性极强。

作者很谦虚地说书中实操的案例少。我在通读过程中反复与自己的工作实践印证，强烈的感受是，通篇都是深化实操，都在面对实操。尤其是行业六大技能模块，字字都在指导、引领和帮助实操。作者之所以不长篇大论地说案例，一方面利于技术法律专业语言的深邃简约，更多的可能是为了避免挂一漏万，弱化思维。

从理论到实践，"实用"才是硬道理。本书难能可贵。

2

创新是一个民族进步的灵魂。

通览全书，无论是政府、高校和科研院所模块，还是企业、服务机构、创新创业模块，在清晰界定知识产权研究对象的基础上，在严谨科学的研究方法的梳理下，关于知识产权的新理论、新观点层出不穷，知识产权的新方法、新模型跳脱灵动。此处，"宝藏男孩"的梗只能正解，思维宝藏值得反复挖掘。

信息量大、干货多，往往是很多场合评价的套话。但用这两个词来形容该书的内容，本人觉得是名副其实的，而且"干货多"即使改成"鲜货多"，也一定不会过分。是的，几乎从头到尾的原创思维，让该书在整个知识产权专业书籍中，起码对于我这样的一个普通的知识产权从业者而言，具有充分的毫无异议的"新颖性"。

世界创新进程到今天，不能不谈马斯克。

马斯克的在线支付、电动车、火箭、星链、脑机接口等创新成果，震撼了全球，被誉为当今世界最 Man 的人。他从物理学概念出发，从创新的思路和逻辑出发，直指事物的本质思维方式，被称为第一性原理。

该书作者对知识产权基本模块，从不同的角度尝试对知识产权创造、运用、保护、管理、服务的底层逻辑进行寻找、剖析、对比、定位，来甄选其最适合原理，并通过形象的文字或者模型表述出来，便于读者理解和把握。所以，我们在读书的过程中很容易体会到作者在知识产权领域的深厚底蕴，也能够感受到作者为了讲清楚知识产权思维而上下求索、深度思考、反复鉴别、止于至善的探究精神和创新意识。

我相信，无论作者剖析的众多知识产权板块的原理是否是最准确和最恰当的定义和限定，是否被知识产权行业实践运用和验证，都会对知识产权领域的从业者有所启发，甚至受益。可以想象，未来一定会有很多人说，是《知识产权思维40 讲》给自己指明了前进的方向，避开了陌生行业问道于盲的坑。

该书既关注了各个主体不同应用维度，又从骨子里构建了底层逻辑，表里兼备。至此，该书内在质量的厚度体现得理直气壮，理论研究的深度彰显得顺理成章。

3

技术专业的书，难免枯燥，尤其是有深度的；法律专业的书，容易呆板，特别是有厚度的。而《知识产权思维40讲》却"离经叛道"，不按技术和法律的规矩出牌，将书中的文字诠释得煞是生动有趣。

不说制片人、导演、编剧、剧务、演员、摄像与区域知识产权几种管理者的精准连线，不提企业的心脏、脸蛋、身材、衣服与专利、商标、外观、版权巧妙碰撞，就单单科技成果转化环节里服务机构的"红娘"角色定位，就足以让人信服。书中如"牵牛花""收费站"的比喻和定位，更是比比皆是。

出现成语的书有很多，一篇《淮阴侯列传》让韩信变身成语大男主。但是在技术法律书中出现诸多成语，而且运用得适逢其会，恰当贴切，丝毫没有牵强附会的感觉，又让你忍俊不禁，就难得一见了。该书这些化枯燥为生动的演绎，化艰深为浅白的塑造，足见匠心和底蕴。成语类比只等闲，读你千遍不厌倦。

4

在物理学中，当一些原理或者方法很难向公众介绍清楚的时候，科学家会引入一种或者几种模型，让深奥晦涩变得直白易懂。

如早期物理学家汤姆生用枣糕状模型来解释原子结构，让核式结构深入人心；薛定谔把猫和放射性物质放盒子里，成就了薛定谔论证量子力学对微观粒子世界超乎常理的认识和理解理论，将不确定从微观变成了宏观，拯救爱因斯坦于水火之中。

而《知识产权思维40讲》的作者，足足创造了56个原创理论模型。

芸芸众生皆为利来，熙熙攘攘皆为利往。专利，让智慧之火添加利益之油。而将专利类比为创新主体心脏理念的《知识产权思维 40 讲》，你确实值得拥有。对知识产权从业者而言，对比越来越多的知识产权著作，该书解决行业关键共性问题，非显而易见的"创造"无疑突破行业瓶颈。

5

在互联网的世界里，与一款款风靡世界的软件相比，硬件越来越被忽略，因为软件才是事物生根、发芽、开花、结果的灵魂。毫不夸张地说，该书可以给知识产权从业者安装或重装一整套从愿景到使命、从星空到实地的豪华操作系统，在游刃有余中静等补丁。

唯学习方永生。知识产权思维的普及和全面建立关系社会发展中的每一个领域，是新世纪一门了不得的技能。或者不算是恭维，该书能够让社会公众轻松涉足知识产权，或深或浅均可气定神闲，从哪儿读起都能不迫从容。

立言，不朽之业也，致谢季节。

向作者致敬，愿该书与知识产权事业常青。

河南行知专利服务有限公司创始人

季发军

2022 年 2 月 27 日

后 记

从 2021 年 2 月 8 日开始动笔，到完成初稿，到预审修改、一审修改，到汇总序言、跋文、专家推荐语，再到完成参考文献、后记，经过 13 个月的艰苦奋斗，《知识产权思维 40 讲》终于要跟大家见面了。此时此刻，思绪万千。

1

这是我在知识产权行业的第一本书。

"为人性僻耽佳句，语不惊人死不休。" 2003 年本科毕业之后，我就进入知识产权行业，至今已经 18 年有余。因为我深知当今信息爆炸时代，学富五车也就相当于当代小学生的知识量，一个优盘所存储的知识量超过古代任何一个大儒，再勤奋的人哪怕一天阅读一本书、一生所能学习的信息量也只不过人类信息世界的九牛一毛。如果不是真正有价值的知识，向社会增添知识也许不是帮忙，而是添乱。我喜欢这句话：除非成为受欢迎的礼物，否则不要走进他人生活。2015 年以来，由于工作需要，我做了近 200 场授课或演讲，受到了普遍好评，因此才敢将这些年的经验和思考总结提炼成书。希望这是一份受欢迎的礼物。

2

这也是我在知识产权行业的最后一本书。

孔夫子"吾十有五而志于学，三十而立，四十而不惑，五十而知天命，六十而耳顺，七十而从心所欲不逾矩"的人生经验给了我很好的人生指引，在我去年 40 岁的时候，果然就进入了不惑状态。40 岁之后，我要将绝大部分精力放在知识产权与工商管理的融合、知识产权思维的跨界推广上，因此，我不会再独著关于知识产权行业规律和方法的书，如果再独著出书也是以实业发展为目的、知识产权为手段的工商管理类或者其他书籍。这本《知识产权思维 40 讲》如果反响良好，我会持续迭代。

3

我大概是从初中开始就崇尚思想的力量。

我还记得当年的《读者》杂志中哲理类的文章给了我很多的启发和滋养，使我坚定地走上了独立思考、崇尚思想的修身之路。在成长的过程中，我也时常因为独立思考而爱提意见、太有个性产生过一些烦恼，但崇尚思想带来的好处远大于烦恼，也促使我进入了热爱思考的良性循环。回头想想，如果我没有养成崇尚思想的品格，大概率也就不会有《知识产权思维 40 讲》这本书。因为从经济上看投入产出比，出这本书的账是算不过来的。但从幸福感上看，我从独立思考、崇尚思想中获得了太多的幸福。在这方面，我的体验和感受，与古希腊三贤的观点有着强烈的共鸣。苏格拉底说："智慧是唯一的美，无知是唯一的恶，其他东西都无关紧要。"柏拉图说："思想永远是宇宙的统治者。思维是灵魂的自我谈话。"亚里士多德说："人生最终价值在于觉醒和思考的能力，而不只在于生存。"奥地利心理学家阿德勒认为观念决定人生，因此，从某种意义上可以说改变观念就是改变世界。愿我亲爱的读者，能够通过这本书改善关于知识产权的观念，进而从知识产权中获得力量。我更加希望的是通过我的经验和这本书，读者朋友能够体验到思考之乐、思维之美、思想之力。

4

没有一个人能全面把握真理。

　　亚里士多德的提醒此时对我非常有用。世界上第一部现代意义的专利法是英国 1624 年颁布的垄断法案，第一部著作权法是英国 1709 年颁布的《安娜女王法》，第一部商标保护法律是法国 1803 年颁布的《关于工厂、制造场和作坊的法律》。如果从 1624 年的英国垄断法案算起，现代意义的知识产权制度已经走过了近 400 年的历史。在这近 400 年中，知识产权的种类持续增加，知识产权的国际条约持续增加，知识产权涉及的社会主体种类和数量持续增加，知识产权与经济、科技、文化的融合持续增强，人类知识产权的知识海洋越来越宽广。此外，知识产权是实践性很强的学科，知识是一方面，技能可能是更重要的另一方面。随着科技的持续快速进步，人类知识产权技能的海洋也是越来越深邃。可以说，再聪明勤奋的人终其一生也难以掌握人类知识产权的全部知识和技能。我是一个资质一般的普通人，18 年时间所能学到的知识和技能更是十分有限。苏格拉底说，认识自己的无知就是最大的智慧。我想目前我还拥有一点这样的智慧。从知识产权类型来看，专利我比较熟悉，商标、地理标志有点熟悉，著作权、商业秘密只能说有所了解，其他类型如集成电路布图设计、植物新品种等基本上一窍不通。从知识产权行为主体工作经验来看，我只拥有知识产权行政管理机关和一个知识产权服务机构的长期工作经验，对工商企业、高校、科研院所等主体则没有实际的工作经验。从六大知识产权实际操作经验来看，我仅仅实际操作过少量知识产权运营交易、金融创新、管理咨询的项目，知识产权注册代理、复审无效诉讼、专利导航等业务基本没有实际操作过。因此，书中错漏之处在所难免，希望读者朋友们能够通过我的视频号与我联系，给予批评和指正。

5

　　珍惜读书中的缘分。

　　读书是生命中的美好体验。爱默生说，两个人如果读过同一本书，他们之间就有了一条纽带。张爱玲说，你的气质里藏着你走过的路、读过的书以及你爱过的人。假如这本书能够进入您的书架，您能够阅读这本书，还能够读完全书来到这里，那会是多么大的缘分。为答谢读者您的厚爱，珍惜读书中的缘分，我愿意跟诸位亲爱的读者建立进一步的连接和合作。所有为本书撰写推荐语的专家都是我的好朋友，他们都有我的私人微信，也都有本书的配套课件。读者朋友们可以找到其中认识的人沟通交流，也可以通过我的订阅号直接与我联系，还可以通过"在行 App"找到我。

6

每个人的思想都是他过去人生的总和。

假如未来《知识产权思维 40 讲》能够给读者朋友们带来一些帮助的话，我则需要衷心感谢很多人，正是他们支撑、帮助、滋养了我过去的人生，在可以预见的未来，他们还将支撑、帮助、滋养我未来的人生。

感谢我的爸爸、妈妈、大姐、二姐、哥哥，感谢我的爱人和两个孩子。感谢我的小学马庄小学的老师和同学。感谢我的初中潦河坡镇初级中学的老师和同学。感谢我的高中南阳市八中和南阳市一中的老师和同学。感谢我的大学本科郑州大学的老师和同学。感谢我的第二本科中国人民大学的老师和同学。感谢我的在职研究生中国政法大学的老师和同学。感谢我的博士澳门科技大学的老师和同学。感谢我得到高研院广州五期二班的同学。感谢"得到 App"众多好课老师、"樊登读书 App"众多好书长期的陪伴和启迪。

感谢我职业生涯第一站国家知识产权局的领导和同事，特别感谢国家知识产权局对我长达 12 年的精心培养。人生第一次坐飞机、第一次出国、第一次上党校、第一次作会议纪要、第一次起草红头文件、第一次起草领导讲话、第一次主持会议、第一次发表演讲、第一次讲课……太多的人生第一次都发生在国家知识产权局的工作中，如果说未来我能做出一点点成绩，很大的比例要归功于国家知识产权局培养的职业基本功。走出校门之后，领导是最好的老师。我曾有幸多次跟多位国家知识产权局局领导开会、出差，并从领导们的思维方式和见识格局中获益良多。在外观设计审查部和专利管理司工作期间，我更是近距离接触部领导宫宝珉、林笑跃等，司领导马维野、曹冬根、雷筱云、赵梅生、李昶等，聆听领导教海、接受工作指导，才得以练就过硬的专业本领和管理思维。由于工作关系，我有幸跟各省区市知识产权局和有关城市知识产权局领导开展工作交往，从他们身上学到很多一线的实践智慧和地方政府治理方法论。

感谢我目前所在单位横琴国际知识产权交易中心的领导和同事。感谢国家知识产权局、广东省知识产权局、珠海市政府和珠海市知识产权局、横琴政府长期的关心支持，感谢公司全体同人的不懈努力，有了他们公司才得以快速发展、取得良好的成绩。感谢全体员工的支持和配合，有了他们很多创新举措才得以开花结果。特别感谢广东省知识产权局时任领导马宪民、何巨峰、谢红等，珠海市时任领导芦晓凤、贺军等、珠海市知识产权局时任领导钟国胜、张彪文、石学斌、张思源、黄宝山、邓未等，横琴新区政府时任领导刘佳、牛敬、叶真、阎武、罗增庆、闫卫民、池腾辉、康洪、吴创伟、胡红光、王彦、张戈、梁鸿明等，股东单位领导李光宁、谢伟、郭瑾、赵国沛、葛志红、苏华、夏德兴等的关心和支持，有了他们，公司及我个人才获得了较快的成长。

感谢知识产权行业的专家和同人。《知识产权思维40讲》初稿出来后，我邀请我认识且对我有过指导帮助的行业专家对本书进行指导，获得了众多专家的指导和鼓励，有的专家为本书写了推荐序，有的写了跋文，有的写了推荐语。特别感谢专家们的鼓励和支持，你们写的每一个字都是对我莫大的激励和鼓舞，我将更加努力工作，全力推广知识产权思维，让更多的人对知识产权从不知道，到有意识，到有知识，进而到有思维，再到有能力，最终到有战略，让更多的人拥有知识产权思维，获得开发并独享真善美商业价值的强大力量。

感谢广东省专利信息协会会长、广州奥凯信息咨询有限公司董事长王峻岭女士，广东省专利信息协会副会长陈富满先生对本书策划、研究工作的大力支持和指导。感谢中国科学院科技战略咨询研究院隆云滔、杨国梁老师，中国矿业大学（北京）管理学院张富娟老师对斯坦福大学技术转移模式的卓越研究，感谢中国科学技术发展战略研究院陈宝明老师对英国技术集团发展经验的卓越研究，感谢《中国科学报》雨田老师对德国史太白技术转移模式的卓越研究，这三项研究为我在中国专利运营模式的探索方面带来了很大的帮助和启发。感谢珠海丹德图像技术有限公司蔡德垓董事长、闫研总经理为本书提供的图像防伪技术友情支持。

感谢珠海中国画学会常务副会长、中国国门书画院副院长张思源先生为本书创作插图，感谢全国公安书法家协会副主席方玉杰先生为本书题写书名。两位艺术家的作品为本书增添了怡人的书香气、文化味、艺术缘。

感谢上述之外我所有的亲戚、同学、朋友、合作伙伴对我长期的关注、关心、支持和帮助。

最后，感谢知识产权出版社为本书付出的辛勤劳动。本书的出版得到了知识产权出版社刘超、李程、王润贵等领导的指导和支持。感谢责任编辑卢海鹰以及编辑武伟不厌其烦的细致工作。

季　节

2022 年 3 月 9 日

专家推荐

一、师长（排名不分先后）

我国知识产权事业正处在知识产权强国建设的重要战略期，促进知识产权高质量创造和高效益运用、推动知识产权事业高质量发展是未来努力方向。在这样一个变革的时期知识产权从业者最需要的是思维和能力提升，特别是在知识产权保护与运用方面。正逢其时，有这样一本新书《知识产权思维40讲》来到了我们面前，我认为此书最大的特点在于知识产权理论和实操的完美结合，理论研究深入、角度新颖，实操案例经典、可操作性强。此书能做到这一点与作者的经历和理论功底是分不开的。他在知识产权领域深耕多年，从微观到宏观积累丰厚，从实践到理论不断升华。应该说这本书是作者近20年辛勤耕耘的结晶，是近些年来知识产权领域难得的好书，非常值得研读。

——林笑跃（国家知识产权局专利局外观设计专利审查部原部长）

"善谋者胜，远谋者兴"，世界正经历百年未有之大变局，未来国家强盛、区域繁荣、人民富裕的途径和方式将发生根本性变化——知识创造财富！具有知识产权思维，用全新的视角研判未来，运筹帷幄，必能无往而不胜！"不入虎穴，焉得虎子？"正是季节的丰富阅历，从专利审查员、知识产权行政官员、国家知识产权重大课题研究者、国家知识产权运营平台建设者到知识产权服务机构掌舵者，加之勤学善思、学而致用、开拓市场、创业悟道、道有所精，才有《知识产权思维40讲》与读者畅怀交流。季节的"知识产权思维"来自他对知识产权学认知的独有性、独到性、独特性。打破知识产权固化的概念，重新认识知识产权学（内涵、外延、核心价值、价值导向、生态体系、学科特征等）是本书的基点，也是建设知识产权强国的全新起点。不止于此，季节还能以创新者、创业者、从业者、服务者和管理者的角度，把专业的、晦涩的、绕口的知识产权制度及其原理等理论概念简洁化、通俗化，使之易学、易懂、易用、活用、妙用。更加难能可贵的是季节以他丰富的阅历、执着的追求和事业的磨砺为我们披露了六大核心技能和五大领域秘籍，为广大读者描绘了"知识产权思维"的人生价值！总之，您从实体经济、网络经济、数字经济、文创产业和中介服务的研究开发、教学育人、创新创业、咨询服务、企业管理、外经外贸和诉讼代理等方面，我坚信《知识产权思维 40 讲》一定能带给您意想不到的收获和体会。

——郭民生 ［国家知识产权专家咨询委员会委员（享受国务院政府特殊津贴）、

河南省知识产权局原局长］

第一眼看到这本书稿，令我感兴趣的不是它的书名——《知识产权思维 40 讲》，而是它的作者——季节。季节是我认识多年的青年朋友，记得三年前他对我说，希望有一天能当一名大学教授。当时我不以为然，今天看到这部即将付梓的专著，我突然觉得他说这句话可能是认真的。在我印象里知识产权方面的书读起来都比较费时费力，出乎意料，今晚我居然一口气读完了这部不算短的专著，而且受益良多。这是一部视角独特、构思巧妙、内涵充实、条理清晰、雅俗共赏的作品，透过字里行间，我感受到了作者对知识产权事业的浓浓感情，品味其中的文字，亦如品尝一杯清茶，清香而让人回味。

——朱宇（江苏省科技创新协会名誉会长、江苏省知识产权局原局长）

看完《知识产权思维 40 讲》，满是惊喜！这本书既是知识产权知识的深度科普，又是知识产权行业认识论、方法论的系统总结，还是从知识产权扩展到工商管理、人生发展的阶梯，一网打尽知识产权知识的艰涩，厚重且条理清晰，严谨且形式多样。长江后浪推前浪，知识产权强国建设需要这样既扎根知识产权，又超越知识产权，还贯通知识阶层的好书。

——龚世益（湖南省知识产权局原局长）

季节长期在国家知识产权局从事知识产权行政管理、行政执法工作，后又承担华发七弦琴国家知识产权运营公共服务平台的管理工作。他的这本《知识产权思维 40 讲》是从实施国家知识产权战略的高度，从理论和实践相结合的视角来思考完善我国知识产权制度的问题，对于知识产权工作者以及企事业单位都有指导意义。

——蒋天才（贵州省知识产权局原局长）

现代社会发展的历史是科学技术与产权制度创新的历史，随之而来的是科学思维和与之相适应的新的产权制度思维的诞生和发展。《知识产权思维40讲》帮我们打开了一扇窗，帮助我们理解科技创新与产业发展的内在规律，尤其是理解科技创新与制度创新对社会发展的巨大推动作用和实现路径。在我国加快国家治理体系和治理能力现代化建设、知识产权强国建设的今天，具有非常重要的参考价值。作者在我国知识产权界长期耕耘，善于总结和研究鲜活的知识产权现实问题。这些在书中均有精彩阐述。此书十年磨一剑，不负众望，值得一读。

——袁杰（重庆市知识产权局原局长）

知识产权很大，因为知识产权涵盖的面、包括的内容很多。知识产权涉及所有的科学技术学科、几乎所有的学术领域，涉及地球上面积最大的海洋学，涉及宇宙中面积最大的天文学。知识产权的价值在历史上也是很大的。工业革命以来，人类社会的高速发展，与科技进步和知识产权有很大的关系。知识产权学或知识产权理论对于我们国人来讲又是很新的。为帮助国人能从宏观上了解和认识知识产权，能以最快的速度学会做好知识产权工作，发挥好知识产权制度的作用和价值，季节博士根据他长期在国家知识产权局和国家知识产权运营平台工作中积累的实践经验，用他在高等学府深造学到的行政管理、民商法、工商管理等理论，总结提炼出这套知识产权研究成果——《知识产权思维40讲》，书中提炼的若干洞若观火、直击本质的方法论、原则、大纲、模式、体系、模块、属性、关系图、结构图等新模式、新理念、新概念让知识产权学习者耳目一新，豁然开朗，思路大开。这本《知识产权思维40讲》不仅是刚进入知识产权领域的新人很好的学习教材，也是长期在知识产权领域工作学习研究的资深人士很好的学习读本和理论参考书。

——洪涌清（中国外交部南南合作促进会上海办事处主任，上海市突出贡献专家协会
知识产权专业委员会会长，上海市知识产权局原副局长，中国驻匈牙利
大使馆、驻芬兰大使馆、驻加拿大多伦多总领事馆原科技参赞）

季节同志是我认识多年的青年朋友，2012年他在中关村知识产权促进局挂职时我们共事过一年，当年他在知识产权方面的理论思考给我留下了深刻的印象。近日读完季节同志的大作《知识产权思维40讲》，既惊讶于本书理论体系的系统性、原创性、深刻性，又觉得在意料之中，本书正是季节同志18年积极实践、深入思考的结晶。本书是知识产权行业

深度科普书籍，推荐广大创新创业者早日阅读。

——周砚（北京市知识产权局原副局长）

人之所以为人，与世间万物的本质区别在于智慧。人类社会的发展史从最根本上来说是人类智慧的发展史。衡量不同社会形态先进程度的标准是社会所运用智慧的层次和程度。也就是说，社会的智慧水平是社会文明和先进水平的标志。知识是产生智慧的基础。知识是人们获得的能够减少不确定性的信息。创新是产生知识的必由之路。知识产权是通过国家法律赋予创新主体对特定的能够减少不确定性的信息（知识）的产业利用权。在物质资源稀缺的时代，人类会进行以物质资源（包括资本）为目标的物质资源之战。随着人类社会经济的发展，知识创新逐渐成为社会发展的最关键要素和主要动力，以知识产权为目标的知识产权之战必会成为经济竞争的主战场。国家、企业、个人如何在知识产权之战中抢得先机，攻克战略要地，造就不败之身，是当今世界各主体均应高度关注的至关重要的问题。令人欣喜的是，甚至人人均能在《知识产权思维 40 讲》中找到并品悟出对自己有益的答案。更为难能可贵的是本书将蕴涵人类智慧的文化及其对真善美的追求融入知识产权之中，并且全方位、多维度地梳理知识产权之道。通读本书即便是从事知识产权工作数十载之人仍会有耳目一新之感。穿上知识产权铠甲的你，必将在知识产权之战中百毒不侵，所向披靡！

——宫易生（中央电视台《创新设计之夜》《创新盛典》评委会主任、

专家团召集人，宫易文化缘俱乐部创始人）

创新驱动，最大的驱动就是每个人的智慧劳动要得到社会的承认，要让劳动者、创造者充分享受属于自己的智力劳动成果。知识经济时代，人们的智力劳动成果主要凝结体现在知识产权上。未来之中国是智慧之中国，智慧之中国需要智慧之人才，智慧之人才需要用知识产权保护他们的智慧成果。《知识产权思维 40 讲》就是这样一本帮助智慧人才用知识产权保护智慧成果的好书。阅读本书可以帮助创新者建立正宗的知识产权思维，学会开发并独享智慧成果的商业价值，用知识产权思维点亮人生！

——韦东庆（港珠澳大桥管理局党委副书记、行政总监）

经济高质量发展必然依靠科技创新的强大力量，在科创成果转化过程中，知识产权保护尤为重要，因此科学家、企业家及相关管理部门工作人员等，都需要有深刻的知识产权意识，掌握丰富的知识产权知识。季节老师的这本《知识产权思维 40 讲》恰好响应了这些需求，是学习知识产权知识的经典教科书。

——汪斌（中国技术创业协会副理事长、北京高精尖科技开发院院长）

这个时代，创新成为主旋律，真是"万般皆下品，唯有创新高"。而知识产权制度提供了非常重要的可持续创新的保障，知识产权是创新的重要保障。知识产权的观念、理念、原则、规则，不完全是专业人员需要掌握，所有的企业家和文明人都应该有所了解，提升全民的知识产权意识、知识，是非常必要的。本书的特点是结合实际、通俗易懂、老少皆宜、全民普及、理论体系完整、视角全方位、思路清晰，相信对提升社会建立知识产权思维、重视知识产权保护、维护知识产权权益的意识，会有极大的帮助。

——凌鸿（复旦大学管理学院信息管理与信息系统系主任、教授、博士生导师）

我与季节结缘于我的《赢销截拳道》课堂。在课堂互动中，我就感受到季节是一个极度的近乎疯狂的持续认真学习者，他不仅是博士，而且工作后他一直在多个知识领域不断地学习提升。非常敬佩他的谦虚好学。看到季博士的大作《知识产权思维 40 讲》，对其高屋建瓴、举重若轻地将一个行业的规律、方法、精髓结构化、体系化的理论功力，不由得点赞。人生无缺叫富，帮助别人成功叫贵。作者通过本书将 18 年行业深耕的宝贵经验和盘托出，立志帮助更多的人拥有知识产权思维、从知识产权中获得力量，可谓真诚有大爱、富贵有格局。创新是引领发展的第一动力，保护知识产权就是保护创新，推荐广大企业经营者阅读此书。

——王雪（重庆珏盛教育科技有限公司董事长、
《赢销截拳道》课程原创讲师、《赢在路上》作者）

我与季博士结缘于我的《总裁商业思维》课堂。思维是一个人的底层代码。我经常讲，一个人活得好不好主要看心态，发展得好不好主要看思维，一个人能否成功主要取决于他的思维模式和行为方式。看到季博士新书以知识产权思维为主题，很是赞赏。书中强调并从多个角度全面阐述知识产权思维的本质是开发并独享真善美的商业价值，与商业思维有效打通，将阳春白雪的知识产权工作与市场一线的企业管理有机结合，是难得一见的适合企业老板阅读的知识产权书籍。知识经济时代，知识产权成为企业竞争力的重要来源。推荐各位老板早日阅读，早日拥有知识产权思维。

——苏引华（大脑银行创始人）

这是我看到的第一本把知识产权的理论与实践用思维科学加以论述的专著，耳目一新。本书涉及面广、通俗易懂，值得知识产权研究者、实务者认真阅读和收藏。

——董宏伟（国家首批知识产权领军人才、武汉市知识产权局原局长）

思维决定格局，思维决定出路。《知识产权思维40讲》是知识产权领域的最新鸿篇大作，它凝结了作者近20年从知识产权管理机关到运营平台、服务各类创新主体的思想结晶。本书内容极为丰富，涵盖了知识产权全过程、多主体和各热点话题，既有宽度，又有厚度；既有系统化的理论逻辑，又有跳出知识产权看知识产权的实践思考，无论对行业新人，还是从业多年的知识产权工作者均有重要启发。

——刘洋（中国专利信息中心党委委员、北京国专知识产权有限责任公司总经理）

知识产权无疑是比较复杂的：从种类来看，包含专利、商标、著作权等，彼此差异很大；从领域来看，涉及技术、经济、管理、法律等，很难样样精通；从主体来看，企业、高校、科研组织、自然人、行政机关、司法部门、社会组织，几乎全部参与其中。《知识产权思维40讲》一书，将复杂的知识产权抽丝剥茧进行分析，将作者多年的思考全盘托出，深入浅出，丝丝入扣，非常值得一读。

——马鸿雅（中国专利保护协会副秘书长）

知识产权是人类社会发展到一定阶段，在实践的基础上产生和发展起来并规范人类行为的一种规则。这种规则自产生以来对社会的创造、运行起到了积极促进作用，也随人类社会发展而发展。在当今大发展大变革时代，只有从思维的路径切入来思考知识产权规则的适应性变革，才能有新思路、新发展、新格局。《知识产权思维40讲》正是对现行知识产权规则以新的思维方式、新的思维模式来进行诠释。这能进一步洞悉知识产权规则的发展规律，对知识产权强国建设有更加有力的支撑。

——谢小勇（中国知识产权研究会秘书长）

创新是人类的天赋，也是人类进步的原动力。知识产权制度是推动人类进步的最为基础性的生产关系。在人类进入知识经济时代，创新、知识成为发展的第一生产力，第一生产力真正发挥威力，就需要得到与之相适应的知识产权这一生产关系的加持。要解决好创新与知识产权这一对矛盾体，就需要有知识产权思维。季节同志撰写的《知识产权思维40讲》是我从事知识产权行政管理工作10多年来所见到的第一本讲知识产权思维的书。一般讲思维，会给人晦涩难懂的感觉，但季节同志的《知识产权思维40讲》非常通俗易懂，就像听他娓娓道来。这是他从事知识产权工作18年来，在不同岗位对知识产权所思所想所悟的精髓。他用比喻对知识产权本质进行的阐述生动形象贴切，很容易让人理解和接受。这体现了作者对知识产权这一经济关系的深刻领悟。作者创新性地提出知识产权制度十大基本原理，很有新意，虽然有的方面还需要进一步认证，但也体现了作者在知识产权方面的理论功底与真知灼见，让我们从不同维度去更好认知知识产权。本人通读了《知识产权思维40讲》，结合自身管理实践感悟，受益匪浅。本书可以很好地指导当下我国知识产权实务，无论是对知识产权行政管理部门、企业、研究机构，还是对知识产权服务机构开展知识产权相关工作，强化知识产权思维，都有很好的指导和帮助。感谢季节同志给我们提供了这么一本好书！

——施卫兵［苏州市市场监管局（知识产权局）副局长、

苏州大学王健法学院兼职教授］

这是一本知识产权的宝藏书。作者将自己18年知识产权各个岗位的从业经验浓缩成40讲，系统而深刻地从知识产权思维视角展现了知识产权的独特魅力。56个原创理论模型是作者对知识产权的不断求知、思考、实践的记录和总结，也可以说是本书的灵魂所在，读起来更像是一本思维缜密又深入浅出的知识产权大百科全书。不管你是政府官员、企业人员还是高校人士，不管你是知识产权的从业人士还是只想了解一下知识产权的非专业人士，都能从中找到适合指导自己实践的知识产权思维模式和知识产权方法论。我相信作者在书中分享的真知灼见一定会给广大读者带来别样的启发。

——谷永久（北京京成知识产权研究院名誉院长）

作者既有作为政府管理者的丰富工作经验，又有基层从事知识产权服务工作的具体实践体会，对知识产权行业通过独特的政府模块、高校和科研院所模块、企业模块、服务机构模块、创新创业模块进行深入的剖析，实在是让人忍不住拍案叫绝。特别是从知识产权创造、运用、保护、管理、服务和宣教入手的通俗易懂的阐述，对当前全国进行的营商环境评价中知识产权的价值，具有十分重要的点石成金的作用。

——罗占新（新乡市市场监督管理局党组成员、新乡市知识产权维权保护中心主任）

2020年11月30日，习近平总书记在中央政治局第二十五次集体学习时强调：各级党委和政府要落实责任，强化知识产权工作相关协调机制，重视知识产权人才队伍建设，形成工作合力，坚决打击假冒侵权行为，坚决克服地方保护主义；各级领导干部要增强知识产权意识，加强学习，熟悉业务，增强新形势下做好知识产权保护工作的本领，推动我国知识产权保护工作不断迈上新的台阶。当前经济转型升级，促进区域经济发展，激发内生动力，关键是要加强知识产权的运用和保护，问题在于基层政府相关工作者的专业技能如何。基层政府如何整合资源，实现本地知识产权保护工作迈上新的台阶。此书给出了答案。首先是八个章节让从业者对知识产权行业各方面专业有了系统的认知；其次是在政府模块里详细介绍了基层政府如何抓好本职工作，提出了区域知识产权治理的拍电影理论：政府是导演，主要演员就两个，一个是服务机构（供给侧），另一个是企业、高校和科研院所（需求侧）。我认为好好品味此书，对抓好基层知识产权行政管理工作大有帮助。建议基层政府知识产权管理人员早日阅读学习。

——成胤（咸阳市科技局原副局长、咸阳市知识产权局首任局长）

季节博士有在国家知识产权局工作的经历，又领导知识产权运营公司从事了具体的工作。丰富的相关阅历，加上本人的勤奋学习和思考，使得他的视角独特、观点鲜明。近期读了他的专著《知识产权思维 40 讲》，让我这个从事知识产权工作 30 多年的人眼前一亮，很受启发。这本专著，一方面，它侧重通俗化，用易懂的比喻让读者迅速理解较为深奥的知识产权内在含义，比如将企业产品形容成一个人，其心脏为技术专利，其脸蛋为商标品牌，其身材为外观设计，其衣服为版权，其底蕴为地理标志，其内涵为商业秘密等，形象而生动；另一方面，在知识产权深度上又从不同的视角进行了深入的探究，提出知识产权制度十大基本原理、知识产权七大出路等，都是作者跨界融合、综合思考的成果，其广度和深度，对知识产权理论、实践的贡献都是显而易见的。

——吴铁山（包头国家稀土高新技术产业开发区知识产权局局长）

1999 年季节博士刚上大学时，我是他的系主任。大学期间，季节担任系专业兴趣小组组长，与我交往比较多，他的组织能力和创新精神给我留下了深刻的印象。2003 年季节大学毕业至今，与我一直保持联系。我欣慰地见证了季节近 20 年的成长和他在知识产权行业的深耕。我近日获悉季博士的专著《知识产权思维 40 讲》即将出版，由衷地为他感到高兴。作为从事教学、科研工作近 40 年的理工科大学老师，看完此书，很受启发。我们的科研成果如果离开了知识产权的保护和运营，被束之高阁几乎是不可避免的命运。推荐广大科技工作者阅读此书，掌握知识产权思维，为研发成果插上知识产权的"翅膀"，飞越科技成果转化的"死亡之谷"。

——吕新广（暨南大学包装工程学院院长）

世上无难事，只怕有心人。季节同学 1999 年至 2003 年在郑州大学包装工程系读本科（我是他的任课教师），毕业之后的 18 年，他一直从事知识产权的工作。他将要正式出版的独著《知识产权思维 40 讲》，是他在 2021 年至 2022 年初，花了整整一年多的时间创作的。作为从事理工教学和科研 30 余年的教师，在这个寒假中，我有幸阅读了这个书稿，感觉本书的出版恰逢良辰：一是有利于我国知识产权的保护与成果转化率的提升；二是有利于我国知识产权人才的培养和知识产权知识的普及。阅读之后，我感到本书有以下特点：一是本书独创性突出，原创性较强；二是本书适应面较宽，不仅适合政府、高校、科研院所、企业等方面的工作人员阅读，而且也适合大中专的理工科学生学习；三是本书的趣味性较强，通俗易懂。本书虽然是他结合自己 18 年的知识产权实践工作和理论研究的成果，但是在内容的描述上，对一些看似深奥的理论，他采用了许多比喻、形容的手法来阐述（如用到"红娘论""翅膀论""皮毛依附论""无中生有论""水涨船高论"等），使读者读之有味。

——陈金周（郑州大学二级教授）

知识产权既是创新的结晶，也是许多创新的起点。本书从知识产权的原理到知识产权的应用，全面介绍了知识产权领域范畴的众多概念与知识，包揽了知识产权的创造、运用、保护、管理、服务、宣教等方方面面。本书深入浅出的讲解、科普式的讲座，对于多层次和多维度的知识产权的转化和应用具有很强的实践指导性。

——王勇（广东工业大学教授、产业技术研究与开发院副院长、

东莞华南设计创新院院长）

二、学术专家（排名不分先后）

读季节新作感：

横起峻岭纵成峰，知识产权思维通。

十大基本原理彰，六项行业技能重。

理论模型原创多，实务锦囊新潮涌。

七弦琴上奏强音，可化人间宇宙锋！

——陶鑫良（中国法学会知识产权法学研究会副会长、

上海大学知识产权学院名誉院长、大连理工大学知识产权学院名誉院长）

本书以浅显、形象的语言全面展示了专利管理复杂的全过程。从争议解决的角度来说，这本书以技能解析和理论分析相结合的方式，从实务角度涵盖了知识产权的各个领域。本书既可作为企业经营、法律实务工作的参考资料，也可作为专家学者、学生研习知识产权法的素材。

——刘敬东（中国社会科学院国际法研究所国际经济法室主任、研究员、博士生导师，

中国法学会世界贸易组织法研究会副会长，中国仲裁法学研究会副会长）

做教育的，难免关注人才。不经意间，知识产权界的青年才俊季节和他带领的华发七弦琴国家知识产权运营平台在行业内越来越醒目。在国内外做过数十期行业人才"秒聚"，会在潜意识里盘点全球的知识产权人才，总觉得像季节这样拥有从国家知识产权行政管理机关到知识产权服务市场一线宝贵经历的人应该是不一样的"烟火"。看到《知识产权思维40讲》，我看到了不一样的"烟火"，光彩夺目、灿若星河、美不胜收。强烈向大家推荐《知识产权思维40讲》，一本书让你读懂整个行业。

——张楚（中国政法大学教授、博士生导师）

创新是引领发展的第一动力，公平竞争是创新的根本动力。发展知识产权理论、方法，推动知识产权实践发展，必须掌握知识产权思维。季节先生的大作定义了知识产权的价值和属性，论述了知识产权原理，设计了知识产权技能模块，对专利导航、高价值专利培育、知识产权维权、知识产权运营、知识产权金融创新、知识产权管理咨询、政府知识产权治理、高校与科研院所和企业知识产权管理、知识产权服务机构、知识产权创新创业等前沿和热点问题进行了全面思考和深入研究，既注重理论方法的思考，更强调对实践的指导；既富于理性批判，也非常生动活泼。

——宋河发（中国科学院大学知识产权学院副院长、教授、博士生导师）

什么是知识产权思维？为什么知识产权思维能够点亮人生？《知识产权思维40讲》一书会从七大模块告诉你。本书阐述了知识产权思维的基本原理，并揭示了知识产权思维本

质对人生的启发。读了这本书，我觉得每个人如果想要改变命运、成就人生，就应当具有知识产权思维。

——来小鹏（中国政法大学教授、博士生导师）

季节先生所著《知识产权思维40讲》一书，是其用时一年多对其从事知识产权工作18年经验体会的高度浓缩，是对知识产权行业认知的深度萃取。本书所提炼的知识产权思维的本质特征、知识产权制度的十大原理、知识产权行业的六大技能、知识产权人才培养、知识产权战略等，是知识产权创造、运用、管理、保护、服务全链条从业者应当了解和熟知的内容。季节先生创作本书的2021年，是我国知识产权强国建设战略和"十四五"规划的开局之年，正所谓应时之作、应实之作。

——孙国瑞（北京航空航天大学法学院教授、博士生导师，北京知识产权研究会会长）

《知识产权思维40讲》一书内容丰富、精彩纷呈，对于知识产权学术研究和实务应用都很有价值，既可作为理论参考，也可用作实操指南；本书关于知识产权学、知识产权学科特征、知识产权思维、六大技能原理的论述，新意迭出；其主体部分五大模块，把读者带进知识产权各种应用场景，具有很强的实战色彩；从作者的创新思想和激扬文字中，能够领略知识产权闪光的思维！

——宋伟（中国科学技术大学知识产权研究院执行院长）

有的人碎片化学习知识产权知识，有的人系统接受知识产权教育。无论哪种情况，都需要具备知识产权思维。这是学习践行知识产权的灵魂。没有知识产权思维的知识产权人有可能是浑浑噩噩的知识产权从业者。具有丰富知识产权工作经历的季节先生写出了一本关于知识产权思维的著作，对知识产权思维的内涵、外延、本质进行了全面系统的阐述，并独创了知识产权制度十大基本原理，使知识产权学习者、研究者和实操者仿佛灵魂开窍一般豁然开朗，对知识产权认知发生根本性变化，或者以崭新的视角审视学习研究多年的知识产权——原来还可以这样理解。我深信，《知识产权思维40讲》能够给大家带来更新的启迪。

——苏平（重庆理工大学重庆知识产权学院教授、研究生院院长）

从知识产权制度到形成知识产权思维，无疑是知识产权制度全面实施运用的充分体现。本书作者基于自身的政府管理与社会服务的丰富经历，从不同主体视角考察知识产权的作用和影响，诠释了知识产权制度运用的系统和全面性。本书贵在运用大量形象生动的比喻来阐述知识产权业务的逻辑和实现路径，谓之为"思维"，特别推荐阅读，借此在不同情境下更好理解和运用知识产权制度。

——唐恒（江苏大学知识产权学院院长、江苏省知识产权研究中心主任）

从 2000 年初开始接触知识产权，算起来已有 20 个年头。随着对知识产权认识的深入和科技成果转化工作的更高需求，自身学习阅读的相关书籍也在不断地拓展和更新，林林总总已不下百本，但总感觉缺少符合中国国情的、接地气的、可实操的有关知识产权思维、管理、运营方面的书籍。阅读了季节先生的《知识产权思维 40 讲》后，感觉这本书填补了这方面的缺憾。我对此书的出版表示祝贺！

——李红玉（兰州大学技术创新与支持中心主任，教授、博士生导师）

《知识产权思维 40 讲》是作者结合自身多年专业经历对知识产权独到思考的成果，有很多值得称道的创新之举，比如将知识产权的本质界定为"产权化的真善美"，概括了知识产权的"四大支柱"和"四大功能"。本书努力将一些深奥的知识产权道理以直观的形式表达出来，比如将几种典型知识产权对于企业产品的价值比成人的心脏、脸蛋、身材、衣服、底蕴和内涵，形象而生动，具有较强的可读性。本书还针对各类知识产权相关主体的需求对知识产权工作进行差异化的解读，具有较广泛的适应性。

——董新凯（南京理工大学知识产权学院副院长、教授、博士生导师）

创新的根本是创新思维。没有新思维，何来新突破。季节先生的大作，首倡知识产权思维，抓住了新时期推动知识产权创新"上台阶"的根本命脉，阐述了原理，归纳了技能，并分模块为各类知识产权主体提出了指引。相信对每个知识产权人都有启发、有助益。

——刘海波（中国科学院科技战略咨询研究院研究员）

知识产权方面的书籍很多，但季节博士的这本心血之作是知行合一的典范，极具特色和参考价值：一是有战略高度，清晰阐释了知识产权对中国经济发展的重大意义；二是有学术内涵，充分讨论了与知识产权相关的各种主题和微观机理；三是很接地气，通过许多生动的比喻，将复杂问题化繁为简，讲得生动活泼，易读易懂；四是惠及面广，不管是政界、业界还是学界的读者，一册在手，都能深受裨益。强烈推荐这本书。

——寇宗来（复旦大学经济学院教授、副院长）

　　我一生最喜欢的三个字"真善美"，竟然在季节的专著《知识产权思维 40 讲》中找到了新的注脚！技术专利、商业秘密——求真；商标、地理标志——求善；著作权、外观设计——求美。知识产权的本质是对真善美的产权化和商业化。作者以一种全新的思维，重新认识知识产权学的定义、属性、核心价值、学科特征等；在我国经济高质量发展、创新驱动的关键时期，提出知识产权不是刚需是通需；在经济领域，国家、区域、产业、企业竞争力，归根结底来自产品竞争力，并提出产品竞争力的十要素分析法；以及时间价值、空间价值、生态系统、服务本质等十大原理；创新的本质是创造真善美，知识产权思维的本质是开发并独享真善美的商业价值。以此阐明了创新与知识产权的关系。《知识产权思维 40 讲》，处处充满着创意、创新，是真正的创作，在知识高度渗入生产要素的时代，才能彰显其重要价值。

——刘瑛（中国政法大学知识产权研究中心执行主任、教授，

中国科学技术法学会执行秘书长）

　　季节是学理工出身，曾在国家知识产权局做审查、行政管理，后走出京城，远赴南粤，投身市场和产业界，转瞬已近十年。他能一直保持思考、不懈探索，进而下笔著书，实为难得。近日他将待付梓之《知识产权思维 40 讲》，请余作评。其书格局宏大，高论迭出，对中国现今知识产权事业发展有独家见解。书中原理、模块、思维等用语，尺度之猛，令人瞠目。掐指算其已逾不惑，犹叹后生可畏。知识产权为新兴领域，中国学界、业界若过于因循守旧、亦步亦趋、坐守围城，断不能创出自己的知识学问体系。季节之尝试努力，虽为涓涓细流，未来自成江河，亦未可知，要为其点一个赞！

——王岩（华南理工大学法学院、知识产权学院教授）

　　季节先生既有国家知识产权局的重要任职经历，又有多年管理横琴国际知识产权交易中心有限公司的履历。他对知识产权的理解，既有发轫于知识产权实践的勃勃生机，也有源于形而上理论思辨的抽象架构。本书是季节先生多年知识产权管理和运营工作所思所想所悟的结晶，值得一读！

——胡波（暨南大学人文学院教授）

　　思维是个很奇妙的东西，既是起点也是终点。对于初学者而言，思维决定了你对某个事物的最初印象和认知；对于熟知者而言，思维又决定你的日常行为。《知识产权思维 40

讲》一书是季节老师在知识产权领域近 20 年锤炼后的感悟，不同于晦涩难懂的学术专著，也区别于过于浅显的通读读本。实践后的真切感悟、通俗后的简洁明了、思考后的系统呈现，是本书的最大特点。你值得拥有！

——张祥志（华东交通大学知识产权学院常务副院长）

创新是引领发展的第一动力。知识产权将创新成果产权化，从而发挥着保护和激励创新的作用。作为创新成果产权化的知识产权，其客体（创新成果）的非物质性特征，决定着知识产权的创造、运用、管理和保护等工作的开展必须运用不同于传统物质财产的新思维——知识产权思维。本书作者将自己从事知识产权职业 18 年经历中的体会、认知、理解和思考，加以全面、系统、深刻的整理和升华，提出了知识产权制度的十大原理和知识产权行业的六大技能，并结合政府、高等院校、企业、服务机构、创新创业领域的知识产权管理和人才培养问题进行了具体阐释，非常值得知识产权从业者品味。

——张德芬 [郑州大学法学院（知识产权学院）教授]

季节先生基于在政府主管部门和运营公共服务平台 18 年职业生涯的深厚积累和丰富经验，撰写了《知识产权思维 40 讲》，深入浅出、饶有趣味地讲解了知识产权创造、保护、运用、管理和服务各个环节工作中需要具备的知识产权思维、理念和方法，还分别针对政府、高校和科研院所、企业和服务机构总结提炼了它们知识产权工作的基本要求、思路、规律和原则。全书内容翔实、论述深入，兼具理论性和实践性，也融入了季节先生诸多原创观点和深刻感悟。我很高兴将这本书推荐给广大知识产权行业的同行和对知识产权感兴趣的各界人士！

——黄灿（浙江大学管理学院知识产权管理研究所联席所长、教授）

季节先生曾长期在国务院知识产权主管部门从事管理工作，本书为其苦心孤诣近 20 年理论研究和实践工作成果和经验的总结、提炼和升华。本书以知识产权思维为题切入，别出心裁，令人耳目一新、拍案叫绝。作者坚决摒弃了生吞活剥的说教，从需求者的角度，将艰涩的理论和生硬的法条，运用通俗易懂的语言，娓娓道来；行文立意、遣词造句新颖独到，善于另辟蹊径，不乏奇思妙想；案例生动、数据翔实、逻辑严密，将知识产权生态融会贯通、一气呵成，令人读来欲罢不能。掩卷之际，让人有豁然开朗、恍然大悟之通达，实为知识产权从业者必不可少的良师益友。

——薛华（西安交通大学法学院民商法研究中心副主任、法学博士）

本书 40 讲内容兼具理论与实务。在人类为全球经济活动创造出知识产权制度后，相关论述大多数以法律观点阐述权利取得与争议处理，鲜少论及不同群体如何从制度中获得利益，本书内容纳入了知识产权的认知建立与实用方法。作者借由丰富经验与敏锐观察，将创新性知识内容与见解，系统性整理与分类为八大章节与 40 讲，使阅读者容易找寻到有兴趣研读的议题，单讲阅读与全书阅读皆能有所收获。

——耿筠（台湾科技大学专利研究所所长）

《知识产权思维 40 讲》一书内容丰富、精彩纷呈。本书以日常生活中的许多常用概念做比喻，以非常接地气的语言，寓学于乐，帮助读者轻松掌握知识产权的精华内容。全书体系系统严密、结构令人耳目一新、观点新颖务实，是近年来难得一见的优秀的知识产权著作。无论是知识产权专业人员，还是普通读者，相信都能从本书中有所收获！在知识经济、知识产权强国建设的大背景下，愿大家用知识产权思维点亮人生！

——胡元佳（澳门大学副教授）

《知识产权思维 40 讲》有效适应了新时期中国经济高质量转型发展和知识产权强国建设的时代需求，是作者 18 年来基于政府经历和市场实践的思想结晶，为我们对标先进制度经验、立足本国发展实践、挖掘知识产权商业价值的"真善美"提供了参考借鉴。特别向知识产权管理和知识产权政策学习的读者推荐！

——毛昊（同济大学上海国际知识产权学院教授、博士生导师）

三、企业专家（排名不分先后）

知识产权制度理念与我国文化传统的差异较大，加上种种原因，导致我国知识产权行业阳春白雪但高处不胜寒、行业内火热但行业外冷漠的奇怪局面。当下我国经济的增长，正在从资本驱动，切换到创新驱动。知识产权作为国家战略性资源和企业核心竞争要素的作用更加凸显。知识产权工作需要破圈，需要全面、深入、持续地破圈，要让广大企业经营者对待知识产权的态度由"要我做"升级到"我要做"。这需要广大企业经营者建立系统、精准、简单、高效的知识产权思维，更需要知识产权从业者增强自身参与企业研发、经营等相关环节的融合能力，切实解决知识产权在研发、经营环节的"矛"与"盾"的问题。季节博士凝结 18 年多岗位实践经验的专著《知识产权思维 40 讲》正是这样一本好书。

我郑重推荐给广大企业经营者及知识产权的从业者阅读。

——孙然先（合享汇智信息科技集团有限公司董事长兼总裁）

本书是启发知识产权智慧不可多得的优秀作品，阐述了知识产权挖掘布局、维权、导航分析、运营、金融创新、管理咨询六大技能原理，并涵盖政府、高校和科研院所、企业、服务机构、创新创业等各个知识产权行业模块，内容具有现实针对性。本书以通俗易懂的文字将法律理论与实践经验进行了完美的结合与阐释，并通过建立独具匠心的知识产权思维模式分享给大家。本书是中国知识产权人的重要工具书，堪称知识产权从业人员的必备手册。

——李学锋（京信通信系统控股有限公司高级副总裁）

运用知识产权思维、相信知识产权的力量，是这个时代所有的市场主体、创新主体、知识产权团队及从业个体始终保持活力的关键。深读中，我感受到了作者对知识产权事业的热爱、对知识产权力量的笃信，他是一位坦诚的知识产权制度卫士、宣传者和研习导师。独具一格、切中要害的知识抽象和表达，从宏观层面愈发清晰地勾勒出了中国当下知识产权事业的全貌，从中微观层面提供了行动力的方法论。相信知识产权相关组织、相关个体，都能够像我一样从书中找到自己的影子，也能够从中获得成长进步的指引和方向。

——曹军（无线网络安全技术国家工程实验室主任、

西安西电捷通无线网络通信股份有限公司董事长）

创新驱动发展的国家战略在国际竞争大格局的背景下，已然进入深水区。与之匹配的知识产权体系，也承担着更大的责任，面临着更大的挑战，需要有识之士给予更多思考和实践。《知识产权思维40讲》便是在这一时代背景下的点睛之作。本书是长期耕耘在知识产权实践一线的资深专家季节先生倾力写就，以"思维"这一方法论为牵引，一方面从宏观着眼，以制度基本原理，政府、高校和科研院所、企业管理，创新成果转化等诸多视角全面阐述了知识产权体系的基本内涵；另一方面在微观落地，厘清本源、纠正谬识，并提供诸多实现知识产权意图的有用方法和工具。细读下来，令人耳目一新，在诸多问题的剖析上，也有效引发了更多新的思考，的确是一本让人不忍释卷的好书。

——王海波（深圳市华夏泰和科技有限公司董事长、

深圳市艾诺信射频电路有限公司董事长）

如果有企业家朋友让我推荐一本书来快速提升对知识产权的认知，那我会推荐季节先生写的这本《知识产权思维40讲》。好的知识产权书籍不仅应当是专业的，更应当是使人阅读愉悦的。季节先生用通俗易懂的语言，辅以商业中常见的案例，帮助读者提升对专利、商标、版权、地理标志和商业秘密的认知和理解，深入浅出，启发思考。

——庄喆（广州视源电子科技股份有限公司首席法务官兼副总经理）

依靠知识产权"跑马圈地"，是企业获取竞争优势的重要手段。知识产权学科经过多年发展，目前已经具有较为完备的体系，但每个行业、每家企业均不相同，具有各自的特点与问题，很难一概而论。本书作者另辟蹊径，从知识产权思维、使命、主要工作及能力等角度出发，对知识产权在不同业务模块中的相同点进行了提炼，体系完整、内容丰富，为读者打开了一扇了解知识产权思想理论的大门。期待读者能从书中感受到知识产权的魅力，让知识产权的成长孕育出企业新的希望。

——文旷瑜（珠海格力电器股份有限公司知识产权办公室主任）

知识产权思维的建立，是一个规划与创建制度的过程，也是一个培养的过程。正确地运用知识产权思维，从企业的长远目标出发，运用好知识产权制度才能紧跟时代，更好地保护企业的核心竞争力。《知识产权思维40讲》能够帮助企业家与员工从知识产权的基本知识出发，帮助企业全面认识知识产权保护的必要性，增强知识产权风险防控，保护企业无形资产，从而提升企业的核心竞争力，促进企业高质量发展。

——郑智伟（陕西新润企业集团有限公司董事长）

从企业经营过程来讲，知识产权贯穿研发、生产、销售全过程；从知识体系来讲，知识产权又涉及技术、法律、管理、经济等多个学科。对于企业而言，知识产权工作在本质上讲就是站位于企业商业战略层面，一方面落实好企业知识产权合规要求，有效管控经营过程中的知识产权侵权风险；另一方面提升内部研发效率和效益，在保护自身创新成果的同时，建立起与竞争对手之间的壁垒。《知识产权思维40讲》通过形象生动的语言和事例，普及知识产权相关基本原理及政府、高校和科研院所、服务机构等模块工作理念，可以有效提升行业从业人员知识产权意识，增强运用知识产权思维的能力，为锤炼和提升企业知识产权实操能力打下基础。

——刘雷（江苏恩华药业股份有限公司知识产权管理中心执行总监）

随着经济全球化的不断深入，中国阐述知识产权的书籍已数不胜数，但真正做到以鸟瞰的角度梳理整个知识产权生态的著作却寥寥无几。季节先生作为中国知识产权运营工作的先行者，将他近 20 年的从业心得凝聚在本书中，从政府、高校和科研院所、企业、机构和创新创业五个角度对从业者的思维和技能进行了总结。理论与案例结合，深入浅出，通俗易懂，堪称中国知识产权从业者的红宝书！

——胡阳（江苏百赛飞生物科技有限公司副总裁）

《知识产权思维 40 讲》一书清晰、透彻，理论同生活逻辑贯通，可以说是我所接触的知识产权类经典的图书。无论是对生活的参悟，通过通俗易懂的道理阐述知识产权的知识，还是对知识产权认知的宽广视野进行深度的剖析，对企业，特别是创业者在防范风险，或者建立知识产权的"护城河"有很大的助力。本书给我很大启发，非常值得一读！

——杨明理军（珠海派诺科技股份有限公司总工程师）

从毕昇发明印刷术以来，我国古籍上就有"已申上司，不许覆板"来保护知识产权。知识产权是创作、创新的基石，也是企业、行业甚至是国家发展的重要资源和竞争力的核心要素，正如季节老师所讲"可帮企业仗剑走天涯、也助企业行稳致远"。不掌握自主知识产权，就谈不上真正的自主创新，而核心专利是自主创新的脊梁，一项核心专利可以成就一个企业，形成一个产业。在当前经济发展的形势下，重视知识产权、利用知识产权、保护知识产权尤为重要，季节老师此书可让更多的创作、创新成为强大的发展动力，也让那些用知识提升力量的践行者，有激情、有信心、有底气，用知识改变命运！

——赵军（全国工商联物联网专委会委员）

我们和硅谷的差距其中一部分是在于对知识产权的认知和思维，人家太重视，而我们太不重视。此书实操性很强，通俗易懂，看了之后受益良多，对季博士有一种相见恨晚的感觉，建议年轻的创业者，或者准备创业的年轻人，先把此书看看，一定会收获到一种无形力量，不会再走我们那个时代人的弯路。

——杨国雷（广东日日顺名家居有限公司联合创始人、执行董事）

在我看来，季节先生是一个既严谨，又智慧的人。在澳科大工商管理博士的课堂上，他尖锐和幽默的提问以及追问，总是让同学们忍俊不禁，哄堂大笑之后，又耐人寻味。鉴于亦政亦商的工作背景，再加上逻辑严密，融会贯通的思维习惯，季节总结其 18 年的知识产权工作经验和不断地跨学科思考的成果，端出这么一份"大餐"，干货满满，有色有料，这是必然。本书充满了简洁、风趣、高度凝练的"季氏语言"，纵横开阖，有体有用，不仅是知识产权的百科全书，还是一本可以指导全域工作的操作手册；无论是政府工作人员、科研人员、企业、投资机构、高校，还是一般从业者，都能从这本书里找到启发思维、发现问题、解决问题的答案或者指引线索。由于本书中原创的理论模型、图表以及实操案例等"珠玉"太多，需要慢慢消化，建议读者将本书置于案头，常常翻阅。

——谢毅［中康创业投资基金管理（珠海）有限公司董事长］

作为一个知识产权为核心孵化的科技型企业，我们发展面临知识产权构建的陷阱。一方面，大量的专利，需要高昂的维护成本，还不能保证是否构建了足够密实的保护墙。另一方面，在知识产权类型选择，保护与保密之间的权衡，没有一个思想指导。《知识产权思维40讲》从真善美角度给出了方向指引，并从专利导航、专利布局、专利运营等角度，给出了丰富和形象的实例，让知识产权为创新和成果转化保驾护航。

——杨志军（佛山市华道超精科技有限公司总经理）

四、法律实务专家（排名不分先后）

因为律师工作的原因，经常会阅读一些知识产权的理论书籍和实务案例。但专门从知识产权思维的角度认识知识产权学、阐释知识产权基本原理的专著还是第一次看到，《知识产权思维40讲》令人有眼前一亮、不读不快的感觉。全书不仅架构脉络清晰、层层递进、逻辑严谨，而且文字生动，把枯燥的法律名词描述得惟妙惟肖，通俗易懂。本书既是一部内容翔实的专业著作，也是一本颇接地气的科普读物。我和季节先生相识于工作交往中，他儒雅的学者气质给我留下深刻的印象。他在国家知识产权局工作多年，对知识产权保护有着高屋建瓴的独到认识和丰富的实践经验。他把对知识产权行业深层次的系统认知整理成书，相信一定能够达到让更多的人关注和了解知识产权、树立知识产权思维、自觉尊重和保护知识产权的目的。

——张文京［北京德恒（珠海）律师事务所主任］

做好一件事情或研究一门学问，主要是两个方面，一是认识问题，二是方法问题。相对而言，认识问题更加重要，认识问题解决了，接下来就是具体落实的方法问题了。《知识产权思维 40 讲》是一本关于知识产权认识论和和方法论的书。作者根据自己近 20 年的经验，对知识产权学的核心价值、属性、生态体系、学科特征等进行了再思考，对知识产权学科进行了全面梳理，独创性地提出了十大知识产权基本原理、六大知识产权行业技能、五大知识产权行业模块，创造性地提出了知识产权思维的本质是开发并独享真善美的商业价值。书中很多观点十分新颖，既通俗易懂，又深入浅出，是知识产权从业者一本难得的进阶指南。

——董宜东（广东太平洋联合律师事务所的主任律师、广东省商标事务所原所长）

知识产权，特别是专利权，离普通人的生活通常较远，如同太平洋里的马里亚纳海沟，既远、又深、且窄。然而，下一次工业革命近在眼前，借保护知识产权以促进创新的法律制度和工作方法在当前有着重要的时代意义。季节老师凭借多年的实践经验和理论研究，特别是多年来讲求实效的培训实践，总结、分享《知识产权思维 40 讲》。我认为，这本书可以迅速地拉近人们与知识产权的距离，相信大多数读者阅读时，会有"津津有味"的感觉。

——马德刚（北京市环球律师事务所合伙人）

从事知识产权审判与法律服务工作多年，我发现自己与大多数人一样，都比较关注具体的"事儿"，一款规定应如何理解，一个案件应如何办理，一个转让或者许可应如何定价等。在我们只看到眼前的景象时，作者更关心景象后面的本源。季节集多年之心血与投入，潜心研究知识产权的"道"，我理解就是知识产权的世界观和方法论。由此，他提出了知识产权思维的内涵：专利是求真，探寻事物的发展规律；商标是求善，源于企业和企业家的商业道德；版权是求美，人类求美的内在动力促进了创作和文化的发展。本书从十个方面阐述了知识产权的制度原理，特别是创造性地提出了"皮毛依附原理""生态系统原理""服务本质原理"等，为知识产权制度的完善和升级给出了方向。另外，本书在高屋建瓴的同时，也并未忽略现实的状况，作者提出的国内目前专利权保护的突出问题，切中肯綮。特别是对高校和科研院所专利运营，在研究世界各国最先进模式的基础上，给出了"七弦琴模式"。知识产权领域从事行政管理、司法审判、法律服务、学术研究、行业管理等各个方面的人员，相信在阅读本书后，都可以重新思考、定位、定义自己的工作。这，就是我眼中本书最大的价值。

——张学军（北京市金杜律师事务所高级顾问）

　　《知识产权思维40讲》让人耳目一新！虽然早就认识才华横溢的季节老师，但看到如此新颖、全面、深刻剖析知识产权的作品，还是惊讶之前对他的认知过于肤浅只停留于表面。本书的信息量大、知识点多、思考范围广，把知识产权说得透彻而不孤立、细致而不琐碎，难得是语言通俗风趣、结构清晰自然，易读易懂也易于传播。

——王正志（北京高文律师事务所主任、

中华全国律师协会知识产权专业委员会主任）

　　套用作者说的，品牌就是"洗脑"，这本书是用知识产权思维来"洗脑"，及时且全面。我从业20多年，书里不少东西对于我仍然是新的，比如区域、城市、县域知识产权的治理策略。最有意思的是书里充满了大量形象生动的说法，完全是作者的创新，不仅通俗易懂，更重要的是真正切中知识产权的关键要害。作者长期从事知识产权成果转化工作，这方面的国内外经验教训的总结和梳理尤其难能可贵。虎年里看这本书，知识产权工作如虎添翼！

——何菁（北京己任律师事务所高级顾问、

中关村知识产权战略研究院执行院长）

　　本书独创性地以知识产权思维俯瞰整个知识产权产业链的各个环节。全书以知识产权思维为主线，将知识产权的内涵、外延、价值、管理以及应用串联在一起，给人醍醐灌顶之感。另外，本书的作者将复杂的知识产权理论具象为生活中的例子，深入浅出地对何为知识产权以及其在产业链上各环节的运行进行了系统性的阐释，并且为知识产权在运行层面上提供了诸多可借鉴的理论模型。相信本书不仅能够成为知识产权从业者的"手边书"，更可以帮助有意了解知识产权的非从业人员一窥知识产权产业链的全貌。在我国建设知识产权强国的时代背景下，是一本值得推荐给所有人的好书。

——张汉国（北京市海问律师事务所合伙人）

　　知识经济时代需要《知识产权思维40讲》。本书以作者近20年从业经历对知识产权的深度感知为基础，深入、系统地对知识产权的基本原理、基本技能、政府管理、企业知识产权管理、知识产权法律服务进行了梳理和提炼，语言风趣，类比形象，俏皮又不失严谨、全面又不失深度，既有助于知识产权入门者上手，又有助于从业者精进。学习知识产权思维，建议从本书开始。

——何伦健（北京汉迪律师事务所主任、知识产权资深律师）

季节在国家知识产权局的时候就是青年英才，多个重要岗位历练，又毅然投身商海，建设国家级知识产权公共服务平台，实践良多。难得的是季节一直勤于总结和思考，能将多年工作的感受和思考体系化，写下他的感受和思维。无论是对于初出茅庐的知识产权新手，还是久经沙场的老手，无论是知识产权管理部门、司法部门，还是实务部门的同人，推荐大家读一下这本书，定能有所裨益。

——鄢志波（湖北高韬律师事务所合伙人）

知识产权简称 IP，被戏称"挨批"，意思是知识产权工作很难做，做不好总挨批评。做不好是因为实在有些难：首先，知识产权的内容多，包括专利、商标、版权、地理标志等，每一项都是一个专业；其次，知识产权涉及技术创新、法律问题、运营问题等，面很广，每个问题都要不同的知识。这么多的内容，这么广的面，多数从业者只能专注一个专业、一个问题的技术。季节先生的《知识产权思维 40 讲》讲解了知识产权的各个方面，从思维层面促进知识产权从业人员全面提升。

——王瑜（北京市炜衡律师事务所律师）

五、服务机构专家（排名不分先后）

本书强化理论与实务结合，设问准确科学，直击争议焦点，洞悉探讨价值。通过精选典型、疑难问题，剖析和提炼了大量知识产权相关理念、方法，具有很强的实用性，无论对知识产权从业者还是爱好者都会大有裨益，是提升对知识产权制度理性认识的重要读物。

——徐宏（中华全国专利代理师协会副会长、

四川九鼎天元集团有限公司董事长）

《知识产权思维 40 讲》是一本以独特视角审视并解构知识产权生态的知识产权科普著作。本书以知识产权思维洞悉知识产权制度、知识产权行业、知识产权人才培养的本质并提出建设性的理论模型，深入浅出，是一本值得知识产权从业者参考借鉴的理论与实践指南！

——郝传鑫（中华全国专利代理师协会副会长、广东专利代理协会会长）

我认真读了此书，收获颇丰，感触良多，可以简要概括为四个词：第一个词是"教材"。此书通俗易懂，不但有逻辑思维，还有形象思维，可作为知识产权从业者的经典入门

"教材"。第二个词是"词典"。此书既对知识产权客体涉及的主要种类和规律都有介绍，又可成为知识产权从业者的"词典"。第三个词是"索引"。此书对中国知识产权现实存在的问题提炼得比较恰当，还可成为知识产权从业者寻找问题的"索引"。第四个词是"风向标"。此书还提出了知识产权现存问题的解决思路，所以它又是解决上述问题的"风向标"。总之，它是一本值得知识产权从业者一读的好书。

——岳泉清（中华全国专利代理师协会常务理事、

哈尔滨市松花江专利商标事务所董事长）

这是一本关于知识产权的书，但又不是一本只谈知识产权的书。确权、维权、用权构成知识产权的主要业态，确权是基础，维权是手段，用权是目的。通过知识产权的有效运营，实现知识产权与金融、科技创新、产业等深度融合，让知识产权成为一个国家、一个地区或一个企业的核心竞争力，成为当下最受关注的领域之一。目前，正是百年不遇的机遇期，在逐步加强知识产权保护的条件下，谁拥有技术谁就可以获得巨大收益，拥有技术的知识产权人就可能变成富翁。人类社会从农业时代到工业时代再到信息时代、智能时代，每一次里程碑式的突破背后都是科技的进步与革新。未来的竞争既是科技的竞争，也是知识产权的竞争。如何发挥知识产权的力量，为"基础研究＋技术攻关＋科技成果转移转化＋科技金融＋人才支撑"科技创新生态链提供专业的知识产权服务，成为知识产权行业的重要命题。本书思考问题新颖，阐述问题的语言风趣幽默，提出的问题内涵深刻，是知识产权创新时代不可多得的重要参考指南。

——黄卫家［中国（南方）知识产权运营中心董事长、

深圳市精英知识产权集团有限公司董事长、深圳市商标协会会长］

本书作者凭借其宽广的阅历和丰富的经历，以专业的视角，用形象的比喻，深入浅出、层叠递进等通俗易懂方式，以知识产权思维诠释了知识产权的十大基本原理、六大技能、七个模块等，让人耳目一新。书中对知识产权思维从宏观、中观、微观上的精彩阐述，读后让人酣畅淋漓。个人认为这是政府、高校和科研院所、企业与服务机构及深耕者值得一阅的好书，故推荐。

——尉伟敏（杭州杭诚专利事务所有限公司董事长、

浙江省专利代理师协会会长）

知识产权已经成为当今世界各国竞争的最有力的武器之一，我国现在也进入知识产权蓬勃发展、百花齐放的阶段。有关知识产权的书籍很多，但是其学术研究和实践应用还很难融合，多数作品关注的是处在应用层面的诸多问题。本书作者以其独特的视角，从不同角度对知识产权进行了解读，把一些知识产权现象上升到理论层面，使人们更容易加深对知识产权的理解，是一本不可多得的好书。

——张全文（深圳中一联合知识产权代理有限公司创始人、

广东专利代理协会原会长）

当今世界正经历百年未有之大变局，新一轮科技革命和产业变革深入发展，我国进入"十四五"时期，也是实现中华民族伟大复兴的关键时期，经济由高速增长阶段转向高质量发展阶段，创新驱动发展战略深入实施。知识产权保护工作关系国家治理体系和治理能力现代化，关系高质量发展，关系国家对外开放大局……知识产权人深刻感受到前所未有的、澎湃汹涌的知识产权新浪潮！季节先生的《知识产权思维 40 讲》应时而生。本书从法律思维扩展到科学思维与经济思维，能够从新观念、新视角、新维度中整合思维，以多元的、动态的、灵活的方式系统性、指引性阐述知识产权，仔细读来，饶有趣味。坐有此书，会得个中趣，即是秋空霁海，便成石室丹丘。

——任重（广州粤高专利商标代理有限公司董事长、

中华全国专利代理师协会常务理事、广东专利代理协会副会长）

中国未来经济增长之路任重道远。无论是供给侧改革，还是内外两个循环的平衡，创新作为内生动力，以创新驱动经济发展和社会进步，已经取得了全社会的共识，而知识产权保护是鼓励和确保创新增长的不二法门。《知识产权思维 40 讲》全面、系统地介绍了知识产权法律原理和这套制度在中国的落地、发展与实践，特别是结合作者本人在专利审查、专利行政执法、知识产权运营机构管理者等多个知识产权相关岗位的工作实践和思考，总结和提炼出实操性很强的以知识产权思维出发的方法论，是知识产权从业者、企业管理者、科技创新者学习掌握知识产权思维和技能的难得的工具指导书。

——张杰 [三聚环保（300072）联合创始人、中关村百人会天使投资联盟副理事长、

北京三聚阳光知识产权服务集团有限公司董事长]

我最初认识季节是十几年前他在原国家知识产权局专利管理司工作的时候，那时他给

我的印象是工作非常努力、虚心好学、喜欢思考钻研、对知识产权事业充满热情。后来他和一群小伙伴跳出体制外，到华发七弦琴国家知识产权运营平台开创一片新天地也是很有勇气和热情的做法。从那以后，他深刻体会了创业和知识产权服务业的酸甜苦辣。这本书反映了一路上他不断学习知识产权和不懈努力的结果，有很多是他的原创思考，对知识产权行业的相关各界人员应该很有启发。对于使用知识产权的人来说，知识产权的本质很简单，就是一个商业工具，唯一的目的就是要产生商业价值；对于政府管理部门而言，知识产权则是在保持其商业价值本质属性的前提下，鼓励创新、平衡和利用好社会资源的一种工具。对照这个本质来看，就会发现知识产权工作在中国有很多奇怪的现象和做法，偏离或者背离了知识产权必须要产生商业价值的本质。这本书对这些现象也作出了一些很好的总结和概括。如果要提出一些建议，我想说知识产权的各项内容如专利、商标、版权等各有其独特的原则和运营之道，相互之间的差别极大，希望作者在后续再版的时候能够将各项内容分开阐述，这样会更加条理清晰，更有助于读者理解。

——纵刚［上海盛知华知识产权服务有限公司董事长，

曾任美国得克萨斯大学 MD Anderson 癌症中心技术转移经理、

国际技术许可高级管理人员协会（LESI）官产学研交易委员会副主席］

季节的讲座曾听过几次，短视频偶尔也能刷到，其中包含一些独特的思维方式。初次接触季节的《知识产权思维 40 讲》这本书，真的让人大开眼界。本书采用了类似外观设计立体图的观察方法，对知识产权领域常用的概念、原理、方法、思想等，在深入领会的基础上，作出通俗易懂的解释。同时本书也对这些内容的运用进行了分析，并且提供了有力的实例，可以使我们长期记忆、理解和运用。书中运用了大量的类比、对照、想象，不仅使单一的概念容易被抓住关键点，而且使概念之间的综合关系也一目了然，点线面体结合，展现出了知识产权领域概念之间的新型结构，可称为知识产权领域框架描绘的创新发明。通读下来，本书令人耳目一新，趣味横生，可增加对基本知识的新认识。本书观点新颖独特，涉及面广，给我们提供了解决问题的方法，具有很强的实用性，可以作为知识产权保护、服务、运营的启发参考。

——李改平（北京棘龙知识产权代理有限公司总经理）

《知识产权思维 40 讲》一书与其书名一样秉承创新精神，崭新的结构、视角、观点。本书在梳理知识产权基本原理以及主流服务品种运行的原理基础上，根据知识产权产生、运用、管理活动中的不同角色——政府、高校和科研院所、企业以及服务机构构建自成体系的论述模块,对这些角色的定位、工作方法以及运作机制等分别进行分类、分析、归纳、概括。阅读本书,不仅能全面深入理解知识产权领域中不同角色的功能和相互之间的关系,对于提升具体的工作水平亦是颇有裨益。

——刘芳(全国知识产权领军人才、北京同立钧成知识产权代理有限公司总经理)

《知识产权思维 40 讲》的作者,以较为通俗易懂,甚至部分诙谐的语言,对知识产权的整体概念、价值等作出了一些具有新意的解读。譬如将专利、商标、版权、地理标志等知识产权形象比喻成人体组成部分,将企业知识产权的水平划分为五个层次,其中的"花瓶"级,形象生动,直击某些现实情况,是一本较为全面的有关知识产权方面的科普性教材。相信本书对中小型创新企业、社会公众等知识产权意识传播和推广可以起到一定的启发和引导作用。当然,本书对企业知识产权保护及知识产权代理服务等实务层面还稍显不足,有待进一步丰富完善。

——段淑华(珠海智专专利商标代理有限公司执行董事)

我从 1991 年吉林工业大学科技情报工程专业毕业进入知识产权行业,至今已经有 31 个年头了,前 11 年从事地方知识产权行政管理工作,后 20 年从事知识产权服务工作。这些年来,一直有一个梦想:让每个人都能理解知识产权、运用知识产权创造财富,将知识变成人生发展的力量。看完季节博士的《知识产权思维 40 讲》,于我心有戚戚焉——相似的经历、共同的梦想!郑重推荐知识产权从业者阅读本书,让我们共同努力,为实现运用知识产权创造美好未来的共同梦想而奋斗!

——张明(广东专利代理协会监事长、东莞市华南专利商标事务所有限公司所长)

"纸上得来终觉浅,绝知此事要躬行。"知识产权是典型的实践性学科,没有长期的深耕很难有深度的洞察。我郑重向知识产权从业者推荐季节博士的大作《知识产权思维 40 讲》。本书凝结了一个勤于思考、终身学习、多岗位实践、深耕行业 18 年的有志之士的热爱和心血,是一部快速洞悉知识产权行业逻辑和规律的倾心倾力之作。

——母洪(超凡知识产权服务股份有限公司董事长兼首席执行官)

本书将知识产权行业诸多要素、原理和本质用如此精炼、清晰、形象的语言阐释和剖析,没有长期对业务的深度思考和对行业的清醒观察是难以做到的。作者作为知识产权界的两栖"老兵"，在政府和企业多年的管理工作实践中，做了诸多开创性的前瞻探索，在政策与制度层面的理解上，有宏观的宽广视角；在业务与案件的实务操作上，有微观的敏锐洞察。本书对知识产权从业者时用而不知的诸多思维、原理、方法论的结构化阐述，清晰、透彻；对知识产权布局、管理、运营的原则和理念阐述到位，深入浅出；对知识产权金融创新、咨询管理、区域发展的原理透视与要素总结全面，条理清晰。字里行间透射出作者在行业深耕多年孜孜探索的深刻体悟与潜心思考，很期待这样一本专著如期出版。希望本书能激发从业者对知识产权底层思维更多的思考和运用，理解知识产权的精髓，进而发挥出更大的价值。

——谢志为［赛恩倍吉科技顾问（深圳）有限公司董事长兼首席执行官］

近期，得知季节老师所著的新书《知识产权思维40讲》即将出版。这本专业书籍的出版，是我们知识产权人的幸事。这本干货满满的专业书籍，对当今中国知识产权进行了全方位的解剖与分析。整本书所涉及的专业知识点不仅让我感慨季节老师强大的专业知识储备，也对这个行业有了更新的认知。在知识产权越来越普及的今天，作者作为一名在知识产权行业奋斗近20年的"老兵"，对知识产权的方方面面进行了深入浅出的剖析，使不同行业的读者都能从中感受到知识产权的魅力和力量。

——闵桂祥（北京品源知识产权代理有限公司总经理）

这是一本有见地又接地气的好书。知识产权强国建设早已成为国家的发展战略，但各领域各行业如何践行如何落地，却是一个迫在眉睫的实务问题。知识产权作为"年轻"的舶来品，做好该项工作需要更多可操作的工具指导书。遗憾的是，当前的知识产权领域，理论与实务脱节严重，做理论的不熟悉实务，做实务的不重视理论的概括和总结，有价值能指导知识产权实务工作的书籍十分鲜见，着实让知识产权一线工作的朋友们很痛苦好纠结。本书作者有着知识产权领域多方面多层次的实践经验，尤为可贵的是理论功底深厚扎实，善于结合知识产权领域的实际情况，借助生动形象的语言，来描绘"高大上"的知识产权领域的各种问题现象及概念观点；在此基础上，同时又能为读者的实务工作提供极具指导性、操作性的落地解决方案。本书阅读起来朗朗上口、生动活泼，满纸浸透了作者多年来对知识产权实务工作的深刻认识、理解和思考，是难得的有见地而又接地气的好书，值得知识产权实务领域的人士参考和学习。

——刘文求［深圳市企业科技创新促进会执行会长、深圳市工程师联合会常务副会长、

深圳市君胜知识产权代理事务所（普通合伙）创始合伙人］

感谢季节，将自己从业近 20 年的经验，从知识产权多角度，例如宏观的、中观的、微观的角色角度，从创造、运用、保护、管理、服务、宣教等工作角度，以及政府、高校和科研院所、企业、服务机构等参与主体角度，利用浅显易懂、丰富多彩的比喻小故事和高度提炼的语言对知识产权行业深层次的规律、方法、理念、思维进行了系统的梳理，读来受益匪浅，使我对于行业有了更深的理解。知识产权非小事，涉及产业生命，也涉及国家安全，期待能够有更多的人看到此书，深读此书，并且能够因此加入我们的行列。

——何青瓦［深圳市威世博知识产权代理事务所（普通合伙）所长、创始合伙人］

季节用激情、专业的理论功底、丰富的实践经验、深邃的洞察力、幽默的比喻，将一门高深的知识产权学问，用精练和有趣的方式展示给读者，用浓缩的思想和精准的总结与大家分享，真正做到了"一书在手，速成知识产权能手"。希望大家都能在季节的知识产权思想海洋中共同徜徉提升，感受到知识产权的魅力和力量，并将其转化成打造创新型国家和企业前进的动力。

——安波［国家（青岛）版权交易中心创始人、
青岛国版控股集团有限公司董事长］

在这样一个科技创新引领的数字经济和知识经济大变革的时代，面对不确定的危机与挑战，每一位追求成长的知识工作者都应拥有知识产权思维，用知识产权思维和理念武装自己，拥抱变化、拥抱创新，创造价值，把对人类共性追求的真善美融入我们人生奋斗之路。只有坚持追求真理、保持善良本质、创造美的价值，才能达到中国人处世讲究的立德、立功、立言的境界，立言可谓是最高境界。此书是老友季节特定人生阶段对自己知识产权事业的"立言"之作；是他以多年的实操经验，系统深度独立思考的一部自成体系、能让人产生强烈共鸣的具有哲学思想和方法论的独到灼见和亮点佳作。此书无论从行业理论还是产业思想维度，都有深刻的认知和洞见。全书也体现了作者人生的体悟、理性的自我修养、远大的格局观、丰富而善良的生命状态，他对知识产权的系统的"内观"和"外观"，使他成为知识产权这个领域少有的"知产思想艺术家"。这本有远见还有智慧之书将成为知产行业学习知识产权的经典，对各行业人员都有启发和深有裨益。

——武东兴［国家版权贸易基地（越秀）、国家商标品牌创新创业（广州）
基地运营机构广州市华南版权贸易股份有限公司副董事长兼总经理］

　　知识产权理想季、逻辑思维节节高。多次聆听季节老师《知识产权思维 40 讲》，验证了知识产权行业、创新创业团队、金融服务机构对知识产权体系的认知能力综合提升；多次深入研究探讨，验证了季节老师在知识产权评估、知识产权保险、知识产权基金、知识产权证券化等知识产权金融创新领域的贡献。希望《知识产权思维 40 讲》是未来知识产权培训界殿堂级的存在，好雨知季节，润物细无声！

——丁坚（北京智慧财富资本管理集团有限公司董事长）

　　当前我国进入新发展阶段，知识产权作为国家发展战略性资源和国际竞争力核心要素的作用更加凸显。新技术、新经济、新形势下加快推进知识产权改革发展，需要建设促进知识产权高质量发展的人文社会环境，培养新时代知识产权文化自觉和文化自信。这一过程并非一蹴而就，不但需要国家大政方针的指引，也需要著名专家以及行业从业人员的大力宣导。季节先生作为知识产权领域的引领者和探索者，近年来围绕我国知识产权发展提出了许多新的观点和见解，有幸聆听，感觉观点新颖并切合实际，非常期待《知识产权思维 40 讲》这么一个体系化的理论成果早日出版。

——杨保刚（弘毅天承知识产权股份有限公司创始人、董事长）

　　季节先生的专著《知识产权思维 40 讲》令人耳目一新。真善美是生命永恒的追求，知识产权是思维提升的核心。作为在一线工作了 20 多年的专利代理师，我梳理了国内外知识产权相关著述，发现作者大多是从法律、市场、技术的角度介绍和研究知识产权，或者是基于政、产、学的视角来揭示和审视知识产权，鲜有著述能跨越这些边界。本书从生命和思维的全新视角，观察与运用知识产权，引导读者快速了解知识产权的大千世界，以及大千世界中的知识产权，有助于我们在新的时代背景下，用知识产权提升思维、点亮人生。

——孙明科（广州高炬知识产权代理有限公司总经理、资深专利代理师）

　　面对百年未有之大变局，企业发展面临巨大的挑战。有人讲，企业创新是找死，不创新是等死。在我看来，企业不创新没有出路，企业创新是必由之路。在从"创新"出发通往"企业竞争力、现实生产力"的必由之路上，要跨越"死亡之谷"，离不开知识产权这个桥梁！如何建设好这个桥梁，《知识产权思维 40 讲》给了我们很好的参考答案。推荐广大创新创业者阅读此书，运用知识产权思维为创新之火添加利益之油！

——孙凯（上海新诤信知识产权服务股份有限公司首席执行官）

知识产权是实践性学科，知道远比问道重要。好友季节的专著《知识产权思维 40 讲》是对近年来我国知识产权理论与实践较为全面的总结。本书从不同的视角对知识产权脉络和内在逻辑进行体系化梳理，语言深入浅出、形象生动，极大拓展了知识产权思维的广度和深度，是难得的知识产权参考书，也是知识产权相关人员不可缺少的工具书。

——梁田（行之知识产权服务集团有限公司董事长）

知识产权是一个新词，在我国出现仅 50 余年；知识产权是一个热点之词，新闻网络报端会议上高频率出现；知识产权是一个科学之词，形成、应用与创新结伴而行；知识产权是一个经济之词，能给世界带来财富；知识产权是一个焦点之词，是国家、机构、个人之间合作或冲突的聚焦点；知识产权是一个法律之词，是权利保护、案件调查、判决中的依据和遵循；知识产权是一个信誉之词、哲学之词、美学之词、地域之词、时间之词、发展之词、战略之词，内涵丰富、外延广阔；知识产权也是一个陌生之词，有时候人们还不能完全理解它、把握它、应用它，显得束手无策、缩手缩脚，缺乏知识产权思维。我期待早日能手捧一册《知识产权思维 40 讲》研读，增长知识、开阔视野，同时也对作者多年从事该项工作中的积累和感悟、激情与执着有更深的了解。

——王小绪（南京理工大学教授、南京中高知识产权运营平台总经理）

近几年随着国家对知识产权多元化运用的重视和推动，知识产权的业态呈现百花齐放的态势，但鲜有人能把这种新态势进行清晰的系统表述。季节的专著《知识产权思维 40 讲》对基本概念、不同管理领域、新业态运用等均作了系统阐述，是不可多得的知识产权入门和进阶读物。季节在知识产权领域从业多年，从事的职位均兼具全局性和专业性的特点。这本书浓缩了季总近 20 年的从业经验和管理心得，尤为钦佩，特此推荐学习。

——陈胜杰（广东知识产权保护协会副会长兼秘书长）

21 世纪，知识经济已成为后工业化时代的标志。近几年来科技发展遭遇的"卡脖子"现象、"出海"企业的专利遭遇战、文创 IP 近乎无穷的价值潜力……也让我国社会各界的知识产权意识快速觉醒。然而，近几年知识产权行业各种泥沙俱下的怪现象，又让外界对知识产权充满了疑虑。对于知识产权这一特殊资产，到底该如何看待、管理、运用、保护、服务、运营，时代在呼唤一套体系化的"知识产权思维"。而《知识产权思维 40 讲》作为一本以知识产权思维为主题的图书，基于季节先生 18 年来涉猎专利审查、执法管理、行政管理、平台建设运营等领域的实践经验加以生态视角与系统思维凝练而成的结晶，无疑会给知识产权各方面主体——政府、高校和科研院所、企业、服务机构等从业者，带来前所未有的思维盛宴与思想共鸣。朋友们，让我们做好准备，共享这智慧的馈赠吧！

——倪浩（广东博士科技有限公司董事长）

多角度阐述知识产权行业的书很少见，尤其是在知识产权服务业、知识产权管理机关、知识产权权利人这几方都有较强实践视角的书籍很难得。就好像下围棋，刚进入棋盘的时候需要整体对行业作个概览，然后才能在某一个方向开展具体争夺。知识产权从业人士常常是一头扎入了某个具体方向，缺乏抬头看看整体天气的机会。我觉得这本书是一本提纲挈领的指导书，适合初学者选择方向，也适合资深者进一步了解大盘形式，调整方向。我与季节认识很久了，他的职业跨度之大也算是少有旁人能比了，这种复合型的实务背景是能够写出来本书的关键，所以也验证了本书在多角度的实务指导方面的价值。

——李银惠（广东科才律师事务所主任律师、专利代理师）

与季节认识多年，基于大家对于知识产权运营服务工作的热爱，有了多个项目的合作。他丰富的知识产权经验、渊博的学识、坚韧的毅力，让我由衷的钦佩。《知识产权思维 40 讲》是他结合近 20 年一线实践经验，从宏观到微观，系统性、深入浅出地将理念、方法、知识总结提炼，并结构化、体系化的宝贵成果，对知识产权领域的个人提升，企业、高校、科研院所在知识产权创造、运用、保护、管理等方面的工作，都提供了极有价值的参考。

——邓韵霖（广东聚智诚科技有限公司总经理、高级工程师）

本书在行业内首创像电影一样通过 40 个场景片段有机组合为一体，纵横交错，用原创思维精辟表达知识产权观点和逻辑；本书在行业内首次提出"收费站""红娘"等 56 个活灵活现的理论模型，栩栩如生，是作者覆盖 360°知识产权经验升华的智慧结晶。本书是一本难得的教科书式的经典之作，非常适合阅读和研习。

——张帅（暨南大学特聘教授、广州科沃园专利代理有限公司董事长）

结合作者近 20 年的知识产权从业经验，《知识产权思维 40 讲》无私分享了许多见解独到的知识产权思维与实务秘诀。本书既有知识产权理论、原理与体系的完整性，又非常注重实务和实操，且根据不同对象进行了精心编排。全文内容全面丰富、图文并茂，语言形象生动、深入浅出，甚至有时类比生动、妙语如珠，令人拍案叫绝！非常适合政府、高校和科研院所、企事业单位和服务机构的知识产权工作者，可以作为从业指南、经验手册和培训教材使用。

——罗林波［中部知光技术转移有限公司董事长兼总经理、

国家知识产权运营公共服务平台高校运营（武汉）试点平台负责人］

在为客户提供知识产权服务的过程中，我们深切体会到保护知识产权就是保护创新，而知识产权思维则是影响全行业的关键因素。《知识产权思维 40 讲》既总结了知识产权行业的发展现状，又提出了新的原理和概念，涵盖政产知研等各个模块。本书包含了作者的宝贵经验和独到见解，特别是关于知识产权服务机构使命、七心价值观的论述引起了我的强烈共鸣。

——余秀旸（浙江裕阳知识产权代理有限公司董事长）

虎年第一天，读到季节的大作《知识产权思维 40 讲》，初阅之即觉清新之风扑面而来，反复读之，真可谓知识产权领域蔚为大观之作！读后感想，归纳为三新。一是框架新。从知识产权制度十大基本原理出发，以实证角度深入论述知识产权行业六大技能，并以鸟瞰视角审视知识产权行业各个主体。二是理论新。从知识产权的原创新定义到全书 56 个原创理论模型，充分体现了原创新理论。三是文字新。今读季节之文，初看面目可爱，可手不释卷一气呵成，读完则觉得言之有物，而又意犹未尽，就想回头细细研读、推敲。盼此作面世，成千千万万知识产权工作者之案头必备！

——李迎春（宁波甬致专利代理有限公司总经理，博士，宁波市政协委员）

从知识产权思维认知的原理切入，再提炼政府、高校和科研院所、企业、服务机构的知识产权实战经验，最后将知识产权应用到创新创业的场景。季节兄的这本《知识产权思维 40 讲》得益于其丰富的职业经历与深度思考。建议广大的知识产权从业者和创业者阅读借鉴，开启知识产权新征程！

——黄向城（中央企业科技成果转化和创新创业咨询专家、

中国青年创业导师团副秘书长、启迪之星创投合伙人、北京向诚科技有限公司董事长）

《知识产权思维 40 讲》是一本兼具高度、广度和专业度的书籍，也是难得一见的知识产权知识普及读物。知识产权从业者能从书中看到行业的高度和广度，开阔视野；能站在多个视角看知识产权行业的不同角色，厘清行业逻辑，看清行业全貌。此书尤其适合知识产权专业的在校生，其通过本书可以看清行业概况，便于从业选择。社会公众通过本书可以全面了解知识产权，理解知识产权对国家、企业、公众和个人的意义和价值，学会知识产权思维，更准确地选择专业服务和服务机构，少走弯路。

——华冰 ["华冰聊专利" 主笔，知乾知识产权咨询（北京）有限公司总经理]

国内市场上不乏知识产权类别技能提升和学术研究的优秀作品，而《知识产权思维40讲》另辟蹊径，呈现出了另一种能力，这就是透过现象看本质的洞察力。在本书中，你不会看到知识产权相关技能和法理知识的阐述，而原理和模块单元却把知识产权的场景通过系统化的思维剥离并具现出来，这是理论和实践结合的一次突破。我们需要这样一本著作，因为认知在任何时候都是底层逻辑。

——杨熙（北京熙说信息科技有限公司首席执行官）

当我手捧着并浏览了季节撰写的《知识产权思维40讲》一书时，它给我第一视觉的冲击力就让我惊讶、肃然起敬，一种发自内心的敬佩。试想如果没有强烈的使命担当，没有深厚的知识产权素养和实操经验，不可能写出内容那么全面、事例如此经典、视角多维独特的作品。尤其是季节对知识产权事业，对待所从事的工作，用心、用情、用力、用功的精神很值得我们学习。本书的出版发行，对于我们同行是一个喜讯，让我们学习有了好书读，培训有了好资料，工作有了好参考，身边又多了一个难得的良师益友！

——杨雄（广东高航知识产权运营有限公司董事长）

谋而不思易滞，思而不谋则虚。在国家部委管理机关和市场一线都有多年工作经验的季节，对整个知识产权行业有着他人不曾有过的串联式思考，从宏观、中观到微观，无不是理论到实践再到理论的创新与升华。我读此书后收益良多，当真耳目一新。相信此书能启发业界更多灵感，也会为实践工作带来更多裨益。

——李扩拉 [国家知识产权运营公共服务平台军民融合（西安）试点平台负责人]

什么是知识产权思维？季节先生用40讲，把知识产权的内在逻辑讲透了，体现了一个知识产权人专业修炼的深度思考，真的把论文写在了祖国的大地上。遵循40讲的逻辑脉络，极具可执行性，对每个知识产权从业者都有参考价值，这40讲就是一本教科书级的专业书。

——关志峰（广东海科创新控股有限公司董事长）

阅读本书后，能感受到季节的思如泉涌是对真理的不懈追求，思维缜密是多年主动实践的沉淀。本书既能帮助身处不同领域的个体打开思路，推动个体去思考、去实践；又能让个体明悟彼此职责与角色，然后经纬交织、团结起来照亮知识产权的未来。作为知识产权行业的工作者，我们创造着、见证着这个大时代的知识产权一幕幕波澜壮阔的成就，以始为终，方不会因为我们走得太远，而忘了我们为什么出发。

——胡水华（深圳市中港星知识产权有限公司总经理)

作者不仅是知识产权行业的"老兵"，而且是一位对知识产权创造、运用、保护、管理、服务、宣教等各方面均有实际接触和思考的"老兵"。这里的"老"是富有经验的意思。多年的职业生涯中，作者既是一位实干家，也是一位思想者。他拥有一颗致力于推动中国知识产权事业蓬勃发展的"真善美"的红心，并将这颗红心融入了本书。本书是作者长期工作思考的结晶，它为我们打开了远观、近琢知识产权行业的两扇大门。内文通俗易懂、真实、系统，又具有趣味。它既可作为内行反思、工作迭代、能力优化的启示教材，也可作为业外了解知识产权行业全貌的"桥梁"之书。

——陈劲松（广州恒成智道信息科技有限公司董事长)

知识产权竞争在企业之间竞争，甚至是国家之间竞争中的重要性正变得越来越突出。知识产权竞争的胜利需要在正确的战略指导下进行系列战术运用。本书作者总结其近 20 年、纵跨宏观和微观的工作经验，提出知识产权制度十大基本原理、知识产权行业六大技能以及 56 个理论模型，还原了知识产权制度的本质，将战略和战术在统一的知识产权思维下有机融合，有助于解决战略和战术"两张皮"的弊端，无疑会对提升国家和企业知识产权工作成效具有极大的帮助。

——李中奎（北京思格颂知识产权代理有限公司总经理)

用最通俗易懂的语言、最发人深思的哲理把知识产权讲得通透酣畅，本书为我们提供了新范例。季节先生作为知识产权界年轻的老前辈，不仅有丰富的管理经验和专业能力，更是一位勤于思考、善于总结的业界翘楚。这次将其近 20 年的功力发于本书，是阅读本书之人的福缘。在众多的知识产权专业论著中，本书定位在思维，抓住了本质和核心，且多为原创理论和独家观点，实属难能可贵。作为一本人人可读的轻松科普著作，强烈推荐大家阅读。

——李飞 [哈尔滨工业大学（深圳）知识产权研究中心主任、

深圳高智量知识产权运营有限公司董事长]

我读过很多关于知识产权方面的书籍，以知识产权思维为切入点的却唯独这一本。这本书重新定义知识产权学，同时分七大模块对知识产权行业进行了深入的剖析。无论你处于政府、高校和科研院所、企业、服务机构还是正在创新创业的途中，都能从中定位到你独特的思维模式。尤其是中国走入新时代，站在知识产权大国向知识产权强国迈进的重要历史节点，这本书值得阅读。让每位读书人拥有知识产权思维！

——袁小琼（才标网一站式知识产权服务平台创始人）

本书基于作者对知识产权各领域知识的深度认知与理解，通过有趣易懂的语言、形象简洁的图表娓娓道来，实在是一本值得行业内外人士细细品味的好书。

——Limit（"专利茶馆"公众号主理人）

这本书给我的第一感觉是"全"。市面上知识产权书不少，但大多数是单写某一个分支，如专利、商标或战略。这本书基本涵盖了知识产权的所有分支，同时从企业、政府、服务机构等多个主体角度进行了探讨，实操性非常强。第二感觉是"趣"。全书运用了很多生动、有趣的比喻对知识产权的全生命周期进行了阐述，就算是"知识产权白板"也依然可以通过这本书，对知识产权有个全面认识，可读性非常强。本书有理论、有案例、有指导方向、有解决方案，非常值得收藏！

——朱丽利［国家中小微企业知识产权培训（苏州）基地负责人、
江苏省知识产权领军人才］

每个人都可以拥有知识产权，却往往不擅长保护、管理和经营知识产权，能够把知识产权转化为财富的则更少，雾里看花、水中望月，玩不转知识产权的"攻防战"。在市场经济和知识经济时代，让更多人拥有知识产权思维，了解知识产权本质，就有了把知识变为产权的可能，就拥有了打开财富密码的钥匙。《知识产权思维40讲》立足中国改革开放知识产权事业40年伟大实践，通过生动形象、深入浅出的总结和分享，把知识产权讲得通透，让普通读者看得明白，专业人员受启发，满怀知识产权人使命感、价值观和方法论，是为四亿读书人准备的一本"智慧宝典"和"致富真经"。

——黄贤涛（全国知识产权领军人才、北京海中知识产权咨询有限公司总经理）

《知识产权强国建设纲要（2021—2035年）》已经发布，知识产权大保护时代已经来临，但全民知识产权思维还有待加强。季节是我从事知识产权工作以来接触交流比较多的一个知识产权"发烧友"，有情怀、有思考、有创新，在华发七弦琴国家知识产权运营公共服务平台建设和运营中展现了独特的才华。《知识产权思维 40 讲》是季节在具体工作中理论与实践反复磨炼成果的体现。本书对知识产权全链条进行了系统全面阐述，不仅理论性高、实践性强，而且对知识产权有独特的理解和认识，对构建知识产权思维有很好的指导意义，是开展知识产权宣传、人才培养和全链条服务特别重要的指导文献。

——马克军 ［中国（甘肃）知识产权保护中心主任］

《知识产权思维 40 讲》是赋能新时代创新者和创业者的最佳读本。该著作选题广、题材新，上至政府政策、创新创业，下至基本理论、企业运营，涵盖知识产权工作的微观到宏观，满满的原创和诚意。很开心看到好友季节先生的多年心血即将付梓，浓重的时代烙印和季节丰富的知识产权阅历，已渗透于书中，让阅读者感受到知识产权的时代进步和变迁，也感受到了知识产权人的成长和成熟。

——王朋飞（国家知识产权专家库专家、北京睿阳联合知识产权代理有限公司董事长）

记忆力从来都不是智力的核心，思维能力才是。升维思考才能降维打击，可见思维能力的重要性。知识产权是热点话题，其本质是什么？发展知识产权事业需要具备什么样的思维方式和思维能力？应该如何培养？具备这些思维能力之后如何形成知识产权战略助力个人和企业发展？季节的《知识产权思维 40 讲》很好地回答了上述问题。通过阅读本书，能提高洞察知识产权本质的能力（底层逻辑），养成正确的知识产权思维（方法论）。可以说这本书是"底层逻辑＋环境变量＝方法论"这一论断最好的体现之一。我和季节先生相识于 7 年前，他领导华发七弦琴国家知识产权运营公共服务平台之初。他的睿智博学、深思敏行、勇于探索的个性特征给我留下了极为深刻的印象。可以说一见如故，惺惺相惜。这 7 年如切如磋、如琢如磨的交流，季节先生对知识产权服务业点线面体四种发展模式的独到思维，使我获益颇多。我所在的重庆强大知识产权集团的业务就是从单一的专利代理、商标代理事务所发展为知识产权全领域、全链条的综合服务商，在西部地区独树一帜，品牌效益突出。非常感谢季节先生的助力。我将此书郑重推荐给所有知识产权界的朋友：季节出品，实属精品；开卷有益，如逢故友。

——黄书凯（重庆强大知识产权集团董事长）

本书作者季节具有知识产权管理部门和市场化运作的双重经验，巧妙地将知识产权全产业生命周期划分为七大模块，开创性地从知识产权各种实操中概括出来知识产权十大基本原理，给出政企高校全新的定位，总结出从业人才六大技能，结合全产业链条立体描绘出崭新的知识产权版图。此书，为知识产权行业专家开辟新视角，为资深从业者锤炼新思考，为行业新人开拓新思路，阅读者可以从中深刻感受到知识产权强国建设时代的历史使命与责任感。

——李中强（北京隆达恒晟知识产权代理有限公司总经理、资深专利代理师）

如果你听过季节老师的培训讲课，相信你一定会被季节老师的专业、博学和幽默深深吸引！季节老师的讲课总让人有一种没听够还想听、意犹未尽的感觉！如今，季节老师把他多年来对知识产权的高度研究和深度思考，总结提炼形成了这本《知识产权思维40讲》。在此书中，季节老师用生动、易懂的语言，系统、全面地阐述了知识产权之美。更难能可贵和彰显深厚功力的是，季节老师还用了许多非常独特的知识产权管理模型把知识产权各个模块的知识和原理讲得通透至极。这本凝聚了季节老师近20年知识产权经验的佳作，你绝对不要错过！

——梁杰亮（深圳市权大师科技有限公司合伙人、"知财梁言"公众号主理人）

近几年常有机会与季节先生一同参加知识产权界的各类研讨会，每每到他主讲的环节都搬好小板凳坐前排生怕错过。他的演讲理论新颖超前，语言风趣幽默；他的见解独到，是其从事相关工作多年的沉淀与升华；他的观点从业界专业人士的文章或是象牙塔里学者的专著里从来没有读到过。又出于对其知识产权的尊重多次都无法得到其手稿，总遗憾连重温的机会都没有。现终于等到了他出版专著，有机会拿在手上慢慢研读了。强烈建议读一读这本书，去与季节先生这个优秀的知识产权人进行心灵对话，从其独特的视角去了解中国知识产权发展的趋势，用其"知识产权思维点亮人生"。

——王爱民（澳门商标协会会长）

我们生活在一个被大部分人所"默认"了的世界，生活在默认的世界让我们感觉安全、踏实，但与此同时也就不自知地杀死了很多新鲜的想法和创新的可能性。季节这本《知识产权思维40讲》，用一些创新模型将自己多年理论和实务的经验进行整理归纳，让人眼前一亮，值得好好学习。

——董新蕊（高粱资本创始合伙人）

六、境外 * 专家（排名不分先后）

21 世纪是科技和知识为主要推动力的知识经济时代。在知识经济社会，知识是重要的资源，甚至是战略资源；知识产权的竞争也随之成为企业之间，乃至国家之间竞争的重中之重。本人在 19 年前成为一名知识产权人，并有幸从国家知识产权局到世界知识产权组织，见证着知识产权发展的大时代。我的"老战友"——《知识产权思维 40 讲》的作者，是一名务实的知识产权工作者，本书正是其近二十年如一日的执着和精益求精的体现。本书不但有理论的介绍，而且有知识产权各相关主体参与和实践的探讨；不但有知识产权保护、应用的现状描述，还有发展趋势的分析，是一本难得的知识产权工具书。

——吴殷（世界知识产权组织海牙注册部协调员）

我多次听过季节博士的演讲，每次都印象深刻。他的知识产权思想原创而独到、深刻而简洁、严谨而生动。每次都能给我这样一个钻研知识产权法律 30 多年的资深律师带来很多的启发和滋养。《知识产权思维 40 讲》是季节博士从业 18 年学习、实践、思考、研究成果的集大成之作。隆重推荐中美知识产权从业者阅读。

——陈伟杰（中美知识产权协会创始会长、美国纽约陈伟杰律师事务所创始人）

这是一本对知识产权从业人员而言的必备之书！作者长年从事包含专利、商标、著作权的各种知识产权的创作、教育，与国内外专家相互合作，其将由此得到的见识、累积的经验都凝聚在这本书中。另外，作者通过引用易懂的事例对难以理解的法律法规进行了解说，这一点能获得高度评价。这本书，无论是对于企业的知识产权专业人员、律师以及专利代理师，还是对于从现在开始学习知识产权的学生来说，在对知识产权的全面理解上都是一本非常有用的好书。

——河野英仁（日本河野专利事务所所长、日本专利代理师）

在第四次产业革命和数字转换时代下，知识产权的创造、运用及保护正在成为左右企业竞争力乃至国家竞争力的核心要素。在中国的多个省份中，我认为广东省在这个时代背

　＊ 以国籍或工作单位为划分标准。

景下发挥着提高中国竞争力的尖兵作用。我在韩国驻广州总领事馆担任知识产权领事期间（2016年5月至2019年8月）访问了广东省多家创新机构。在最具创新性的机构之一的华发七弦琴国家知识产权运营平台，我遇到了对知识产权具有深刻理解和创新性思考的季节总经理。我对季总出版《知识产权思维40讲》表示祝贺，认为此次他的力作能够进一步提升中国的知识产权水平，也希望更多的人关注知识产权、了解知识产权、从知识产权中获得力量。

——朴柱渊（韩国驻广州总领事馆前知识产权领事、

韩国知识产权局商标审查局商标政策课长）

本书的最大特色在于，不同于学校传授知识产权知识时按不同知识产权类型区分的论述方式，作者用独特的观点并发挥其在审查单位工作多年的经验，以独有的世界观，以崭新的轮廓呈现知识产权实务运作上更应注意的重点与底层逻辑，提供更深、更广的洞见。区分五大模块的写作方式，便于不同读者清楚寻找贴近自己课题的思考方向。书中提及的知识产权人才应具备的六大技能，更是无论行业人士自我提升，或是进行引才时，除了实体知识的含量外，都应留意的判断标准。同在知识产权业界耕耘多年的我，特别推荐这样一本同时符合各种需求的优秀书籍。无论是知识产权的入门者、业界的中流砥柱，甚或已位居行业翘楚的佼佼者，这本书所蕴含的知识的广度和深度，都值得一读，更值得收藏。

——吴鹏君（新加坡睿加知识产权科技公司创始人兼首席执行官）

培育知识产权文化、打造促进良好知识产权高质量发展的人文社会环境、提倡并实施有效的知识产权政策和健全的知识产权法律、完善行政和执法机制、奠定良好的软硬环境与生态激励和保障是打造一个国际一流营商环境的要素。本书的语言风格简朴，以浅显易懂的例证阐明知识产权各方面相关的原理和中国与国际知识产权的发展趋势，非常值得一读！对于在海外从事知识产权服务的专业人士认识中国知识产权环境和未来的发展方向，也有很高的参考价值。

——蔡燕玲（加拿大加华律师事务所创始人、加拿大知识产权协会打假委员会副主席、

国际商标协会中小型企业品牌成长战略委员会前任主席、

加拿大知识产权协会知识产权贸易政策委员会前主席）

季节先生的《知识产权思维40讲》，言简意赅，讲明了中国知识产权制度是如何运作的。本书集成了季节先生近20年在知识产权管理和运营经验中总结出的一些深刻见解，具

有他个人鲜明的语言风格，读起来很有趣。季节先生曾多次在中国政府和社会团体举办的活动中发表演讲，传播知识产权理念。对外国的知识产权服务机构专业人士而言，这本书也是习获季节先生宝贵经验的绝佳资源。

——萨瑟（泰国 SIIP 律师事务所创始人、首席执行官）

这是一本综合性的知识产权领域的书籍，从不同角度涵盖了几乎该领域的所有主要问题，作者需要具有深厚的知识、广阔的视野、广博的阅历，以及科学理性的头脑才能完成此书。书中提出的"实事求是、市场导向、战略引领、未雨绸缪"的理念给我们留下了深刻的印象，任何企业的成功发展都适用这个理念。所有在本书中提出的理论模型都是很系统化的，并以直观的方式呈现出来。特别是，高校的七弦琴模型，对于非专业人士来说很容易理解，清晰而简单，一目了然。本书不仅对中国政府官员、企业、知识产权公司、知识产权律师、大学的相关人员很有价值，而且对国外有类似知识产权制度国家的机构也很有价值。

——阮和平（越南 DAITIN & ASSOCIATES 公司副总经理）

知识是人类智慧的结晶，对知识的尊重与保护驱动着社会的进步与发展。每个人都应培养知识产权思维，顺应规律与规则，方能点亮美好人生。本书深入浅出，为广大读者朋友烹饪出一席知识产权盛宴，内容丰富翔实，从知识产权的基本原理、制度、趋势到其在各社会单元中的运用，无疑是一道道美味佳肴。

——韩达［约旦塔拉勒阿布格拉扎集团（北京）公司总经理］

七、好友推荐（排名不分先后）

2015 年《促进科技成果转化法》修订实施以来，我国高校的科技成果转化工作取得了明显的进步，但截至目前似乎尚未取得模式的突破和可复制、可推广的经验。季节博士新书《知识产权思维 40 讲》对此问题有较多的论述。季节博士在总结国家级知识产权运营平台多年实际工作经验的基础上，借鉴美国、德国、英国等国家的先进经验，研究提出的"四部曲方法论""红娘理论""高校和科研院所知识产权管理模型""生态赋能模型"等理论创新，使我颇受启发，相信会对我国高校院所科技成果转化工作发挥积极的作用。

——范洪波（东莞理工学院科技处处长）

季节先生拥有 12 年政府知识产权工作经历和 6 年企业知识产权市场化工作经历，在知识产权理论和实践方面都浸润颇深。我与他在横琴国际知识产权交易中心有限公司搭档多年，获益良多。本书是他从自身丰富工作经验中提炼出来的精华，是他多年来对知识产权事业不懈追求思考的结晶。本书既有通俗易懂的知识产权理论宣导，也有知识产权工作实践的宝贵总结，值得政府、高校和科研院所、企业、服务机构从业人员以及高校学生等个体深入学习和借鉴，是不可多得的知识产权实务论著。

——夏德兴（横琴国际知识产权交易中心有限公司董事长）

知识产权是品牌建设的基础和基石，处在瞬息万变的全球化变革时代，中国企业打造知名品牌、应对市场挑战，更需要知识产权作支撑。具备知识产权思维，方能打造品牌持久创新力和核心竞争力。本书作者是知识产权领域专家，其在本书中对知识产权行业深层次规律、方法、理念、思维等作了系统梳理和深度科普，推荐品牌工作者学习研究借鉴。

——王满平（广东省企业品牌建设促进会常务会长、
品牌中国战略规划院广东研究中心主任）

手捧季节兄心血之作《知识产权思维 40 讲》，研读再三，感受良多。站在读者和使用者的角度，此书明显有三大特色及获益。一是专。作者 18 载专业心得的厚积薄发，此书将会让你感受到专业的价值与力量，特别是书中关于知识产权基本原理及知识产权行业技能分类的系统阐述，更是为行业认知的原创突破创造了独到的价值。二是全。从原理到理念、从规律到方法、从趋势到布局、从综合技能到系统模块、从理论模型到从业者的修炼，是一套关于知识产权体系综合完备的科学工具书。三是实。资料翔实，文学朴实，作风扎实。作者的那份"让人人都看得懂、学得会、记得住、用得上"的匠心，让这本源自实干实悟的专业书，显得更加的实效实用。

——谭文浩（珠海市演讲与口才协会会长）

作为一个在品牌战略策划领域干了 30 年、甲方乙方都干过的老咨询人，看完季节先生的《知识产权思维 40 讲》一书，还是颇有感触。本书视角超脱，跳出行业看行业，以知识产权思维为线索将甲方、乙方、政府、创新者、创业者的核心逻辑一一解剖开来，读起来有庖丁解牛的快感。我经常讲品牌第一性原理是要在用户心智中建立独有的第一认知，我祝愿并相信本书将成为知识产权思维理论的第一品牌。

——李锦魁（壹串通品牌营销策划机构董事长、中国策划十大风云人物）

"实体经济 + 知识产权 = 如虎添翼"，本书通俗易懂地阐述了实体企业如何运用知识产权。这是新时代市场竞争中，实体企业主必须要掌握的能力。

——肖杰（《老板做老板的事 员工做员工的事》作者、

广州市卖货邦教育科技有限公司董事长）

知识产权代表着企业或个人的创新思维及创新能力，其本质也正是阳明心学"心即理""知行合一"的实践体现。我与季节先生认识多年，非常敬佩他在知识产权行业长达18 年"唯精唯一"的专注与坚守。在本书中，他不仅将知识产权的原理、结构、工具等讲解清晰，还有大量自主原创的模型架构与思维方式，无论是对知识产权行业人士，还是对自主创新之个人或企业，都有着极其重要的学习价值。

——江波（"阳明山人"品牌创始人，畅销书《良知的力量：王阳明》作者）

总是有人问我从事知识产权工作读什么书，现在我可以非常郑重地推荐季节老师的这本《知识产权思维 40 讲》。这本书的特色在于立足中国知识产权现状，全面介绍和探讨了取得的成绩、面临的问题，并给出了做好知识产权工作实操性很强的方法和建议。书中梳理了已被广泛接纳的知识产权权威理论，也有作者根据中国国情提出的创设性的新理论，并从政府、高校和科研院所、企业、服务机构等不同角度，分别阐述了开展知识产权工作的重点和途径。真正是一书在手，知识全有，可学可用，事业成就。

——张月梅（《张月梅的商标文》作者）

《知识产权思维 40 讲》是一本很有意思的知识产权读物。作者不厌其烦地从知识产权常识及制度基本原理开始，谈到知识产权创造、保护、运营、管理和服务全链条的知识产权思维构建，对政府、高校和科研院所、企业、服务机构等工作都提出建议。全书虽然没有教科书式的严谨，却是作者多年从事知识产权管理咨询和运营工作的独家心得，文字充满对知识产权事业的真诚热爱和思考。相信对从事知识产权工作的初阶、中阶、高阶人士，均不无裨益。思维模式的改变，科学思维模式的养成，能够提升思想高度，而思想的高度决定事业发展的高度。从这一角度出发，我推荐《知识产权思维 40 讲》。

——顾奇志（广东省知识经济发展促进会会长、

广东省华南知识产权文化促进中心理事长）

中国知识产权，一路发展演进至此，每个细分的专业著述均已不鲜见。而能将知识产权视作一项系统工程，以创新的思维模式看待和解决问题，无疑为我们提供了一种前所未有的新思路。季节老师凝练自身18年的工作实践，从宏观、中观到微观角度剖析出知识产权最原本的奥义，这恰恰是当前信息过剩时代所缺少的朴素和本真。读完此书，我们无论处于或懵懂，或踟蹰，或高亢等各种不同状态，都会有一种不同以往的豁然开朗。

——张继哲（《中国知识产权》杂志总裁、主编）

季节将其从事多年知识产权工作的经验及对知识产权行业深层次规律、方法、理念、思维的系统认知著成《知识产权思维40讲》。这本著作为知识产权从业者提供了指引、借鉴，为研发者和企业管理人员提供了知识产权深度科普，为我们在关注、了解、运用知识产权方面提供了很多的帮助和启发，值得我们去品味精读。作为广东省侨界海归协会创始人，我推动协会积极打造全链条的海内外科技和人才专业服务平台，帮助海内外侨界精英、海外海归人才在粤港澳大湾区重大历史机遇下，充分发挥大湾区知识产权服务业集聚优势，依靠知识产权创新合作机制来助推大湾区经济创新发展。我希望能把此书推荐给广大侨界精英及海归阅读借鉴，从而帮助其掌握如何实施知识产权战略、提高企业国际竞争力的有效方法。

——黄诗琳（广东省侨界海归协会创始人、常务副会长兼秘书长）

《知识产权思维40讲》读后，深刻体会到知识产权是通需。季节老师基于18年的知识产权从业经验，对知识产权全链条各环节中的创造、运用、保护、管理和服务的认知和了解非常深入全面。本书文风朴实，通俗易懂，尤其是对知识产权学十大基本原理和知识产权六大技能的分析透彻，视角独特，是知识产权从业者的必读之书。

——高松（南昌市科技成果转化协会会长）

作为一个热爱读书的连续创业者，我很早以前就有知识产权的意识，但也仅限于开公司要注册商标、研发成果要申请专利，至于再深的内容，例如，企业应该选择什么样的知识产权战略、企业实施知识产权战略的时机、知识产权服务机构的选择、如何建设企业知识产权团队、企业知识产权管理的底层逻辑、知识产权制度的基本原理与本质、如何培养企业知识产权人才等问题还是不甚明了。曾尝试查阅能够回答这些问题的书籍学习，一直没有找到满意的图书——要么是深奥艰涩的大部头学术书籍，要么是介绍微观操作技能的技法之书。看了季节博士的专著《知识产权思维40讲》，拍手称快，就是它！知识经济时代，企业在很多场景下的竞争是知识产权的竞争。隆重推荐广大创业者和樊登书友早日阅读本书，本书能够帮你打通企业知识产权管理的任督二脉！

——罗泓（珠海市引力智造教育咨询有限公司董事长、

珠海养正堂文化传播有限公司总经理、樊登读书珠海运营中心负责人）

季节同学是我得到高研院广州校区的校友，2019 年 10 月第五期高研院开学时立下 flag 要写一本知识产权思维的书，经过不懈努力，他做到了！真心为他的自律和坚韧点赞！读完这本书，最大的感受是举重若轻、深入浅出、通俗易懂地将门槛较高的知识产权行业全貌刻画出来。作为一个知识产权的门外汉，通过这本书我对知识产权行业有了深切的把握。

——曾川（得到高研院第三届广州校友会秘书长、

广州星空众联信息技术有限公司总经理）

创新是引领发展的第一动力。当代中国正在经历人类历史上最为宏大而独特的实践创新，知识产权作为国家发展战略性资源和国际竞争力核心要素的作用更加凸显。季节新书《知识产权思维 40 讲》洞察世界政治经济发展大势，通观国际国内知识产权保护格局变迁，集作者近 20 年中央和地方工作实践、管理思考，深入辨析解答知识产权多领域、多方面、多环节的突出思想问题和迫切实践难题。党员干部阅读学习本书，将极有助于打通知识产权创造、运用、保护、管理、服务全链条，加强思维淬炼、实践锻炼和专业训练，培育与知识产权强国战略相适配的现代化治理能力。

——张少义（《求是》杂志社副编审）

老朋友季节写了一本知识产权的好书《知识产权思维 40 讲》。这是对 2021 年国家推出《知识产权强国建设纲要（2021—2035 年）》的献礼！知识产权体系庞杂，很多法律条款细致复杂，有时让人望而却步。但是本书从知识产权思维的角度出发，仔细梳理，创新总结，深入浅出，是适合政府公务员、高校和科研院所研究人员、企业管理人员、服务机构服务人员、创新创业弄潮儿的一本实用、好用的书。这得益于季节广泛的经历、对知识产权事业的热爱和积极创新的精神。衷心希望季节的这本书能够帮助更多的人拥有知识产权思维、运用知识产权思维点亮人生！

——严淑芬（北京临界管理咨询有限公司执行总监）

思维是无形的，但是为了创造出有形的具有时代气息的东西，就有必要将思想表达出来。什么是知识产权思维？我们也许很少聊到，但这确实是一个有趣的话题。这本《知识产权思维40讲》让我们重新认识知识产权，将思维具象分析，把贯穿于知识产权的各个环节进行了形象化比喻，理性认知知识产权能力、规律、思维方式、思维模式。知识产权不再枯燥乏味，在阅读中，我们可以发现"真善美"的全新价值理解，发现对更多知识产权名词意想不到的解读方式，感受一场新奇的体验。

——周鹏（北京知人善用信息技术有限公司董事长、创始人）

伴随改革开放，我国建立并实行知识产权制度已近40年。40年从无到有、筚路蓝缕，一路走来虽成绩显著，但仍不免尚存遗憾。最大的遗憾，是知识产权规则尚未彻底融入经济社会发展体系、社会大众知识产权意识仍较为淡薄。知识产权源于西方，与我们的传统文化相去甚远，要在中国生根发芽、佳木葱茏，不仅需要立足国情，更需要社会大众的广泛认知、理解和支持。本书定位于面向社会大众的知识产权普及性读物，以作者自身丰富的经历和实践认知为基础，论述了知识产权体系的方方面面，适合所有对知识产权领域感兴趣的企业和大众人士。值得推荐的是，本书诸多观点和事实的表述，力求深入浅出，多用各种生活化的鲜活比喻，一定程度上降低了非知识产权专业人士的阅读障碍。

——董庆伟（北京知翌科技有限公司常务副总）

在新时代的经济发展和产业升级中，知识产权的作用愈发突出。而企业要创新发展、个人要认知升级，具备知识产权思维显得尤为重要。本书作者从知识产权的根本认知出发，通过丰富的形象比喻，深入浅出地论述了知识产权价值、属性、趋势和外延等各个方面，不论是知识产权门外汉还是资深专业人士，读来都受益匪浅。同时，书中还有作者根据多年从业经验所提出的理论和原理，比如"翅膀论""政府方法论""知识产权需求金字塔"等，独创性很高，对于政府、高校、企业和服务机构开展知识产权工作具有非常好的指导意义。

——李祎（横琴国际知识产权交易中心有限公司副总经理）

我和季节总经理，相识于北京，相知相熟于珠海。和季总共事多年，朝夕相处，跟着季总一起摸爬滚打探索知识产权运营平台建设。季总深爱知识产权事业，工作中爱学习、爱思考、爱研究、爱总结。正因为季总丰富的从业经验和上述品质，才形成了这本《知识产权思维40讲》。本书是季总在近20年知识产权工作经验中形成的最精华、最核心的内容。本书包括对知识产权理论性、系统性的思考，对于一些知识产权根本性问题、底层逻辑给出了深入浅出的阐述。特别难能可贵的是，本书在具有较强理论性的同时，对于知识产权工作实务同样具有很强的指导意义，因为本书的主要观点都来自季总的一线知识产权实践经验。很荣幸，我也亲历了本书很多观点的形成，深知书中很多内容都是在季总遇到问题、分析问题、解决问题的过程中的总结提炼。希望所有知识产权从业人员可以将本书放于枕边案头，遇到知识产权问题随时拿出来翻一翻，定会对您解决问题大有裨益。

——柴鹏（横琴国际知识产权交易中心有限公司副总经理）

知识产权作为概念和词汇，在中国正被越来越多的人知悉。然而在行业最深处的专业从业者却惊讶地发现，许多人对于知识产权的认知，距离知识产权本身的真正意义相差实在太远。究其原因，既复杂又简单，归结起来，正是本书主题"知识产权思维"的缺失。作者结合自身近 20 年的行业多领域工作经历，用适合读者阅读的语言、逻辑，著成《知识产权思维 40 讲》并付梓，可谓恰逢其时！相信一定能够为知识产权思维在我国更大范围的传播与形成作出重要贡献。

——刘斌强（东莞市优赛诺知识产权服务有限公司创始人、

东莞市技术转移促进会创会会长）

《知识产权思维 40 讲》是作者在专利审查、执法、管理、运营多岗位浸淫近 20 载的得"道"之作，大量运用比喻、拟人、象征等手法，既标新立异，又深入浅出，揭开知识产权神秘面纱，带领从业者走出误区；同时，分门别类，可供知识产权界不同从业者按图索骥，汲取养分，实在是一本难得的知识产权行业工作者必备工具书。参透本书，会让你从根本上理解知识产权，获得知识的力量。本书具有非常强的可读性，我郑重推荐。

——王剑宇［中知高德知识产权运营管理（苏州）有限公司总经理、

泰州专利战略推进与服务中心有限公司总经理］

本书直击知识产权的本质，由抽象到具象，深入浅出地阐述了知识产权在经济社会发展中的重要作用、在企业经营中的核心价值，以及知识产权相关工作的方法和思维。本书是季总近 20 年知识产权工作不断思考的结晶！是积极探索理论联系实际的升华！愿人人都拥有知识产权思维！用思维指导实践，插上腾飞的翅膀！

——毛雨田（北京力量国际知识产权服务有限公司董事长）

过去的几十年，中国的知识产权事业经历了波澜壮阔、飞速发展的阶段。知识产权制度也从无到有，从引进、消化、吸收到再创新，把中国推向了世界知识产权第一大国。当然，这个"大"只是数量的大，离质量的"强"还有一定的距离，需要全社会的共同努力。这"努力"从何做起？季节的《知识产权思维40讲》给出了很好的回答。作为一名前政府官员再到国家级知识产权运营公共服务平台的负责人，季节将他多年的从业经历和职业思考，浓缩成这一本书，引导读者从知识产权的"术"走向创新思维的"道"，逐渐深入，读完让人醍醐灌顶，豁然开朗。

——陈建明（厦门市知识产权协会秘书长）

自觉、自省、自强不息，是我信奉的人生哲学。而我的好友季节，将这个价值观演绎得淋漓尽致。在知识产权领域工作18年，他不断学习与总结，写了这本《知识产权思维40讲》，相信对每个想要了解知识产权领域的人，都是必读必参的。

——陈富满（天使投资人、广东省专利信息协会副会长、

头条账号"看破烦恼悦青云"主理人）

在中国倡导知识产权作为重中之重的时代，读完本书深受启发。本书将为企业了解知识产权、使用知识产权、利用知识产权提供实践指导与现实意义，更让我们从不同的场景深入了解知识产权的应用。作者通过本书引领我们走进知识产权的世界，走入知识产权的思维，让我们真正了解知识产权如何推动新时代发展！

——肖樱丹（广东省人力资源研究会副会长，

广州锐库企业管理咨询有限公司创始人、董事长）

2021年9月，中共中央、国务院印发《知识产权强国建设纲要（2021—2035年）》，确立发展目标：到2035年，我国知识产权综合竞争力跻身世界前列，知识产权制度系统完备，知识产权促进创新创业蓬勃发展，全社会知识产权文化自觉基本形成，全方位、多层次参与知识产权全球治理的国际合作格局基本形成，中国特色、世界水平的知识产权强国基本建成。从国内政策的实施到华为和TikTok在国外诉讼的遭遇，无不彰显了知识产权思维的重要性。季节让四亿读书人拥有知识产权思维的理念适逢其时，在书中以"牵牛花"和"翅膀理论"比喻"实体经济＋知识产权"是如虎添翼，此比喻深入浅出、通俗易懂。所谓"玉不琢不成器，人不学不知道"，专精特新企业需要拥有知识产权思维来提升价值。

季节在书中预言知识产权思维是未来风险投资人的必备能力，知识产权运营基金是知识产权行业转型升级的重要出路，更是高瞻远瞩。建议投资机构及感兴趣的个人品读。

——周伟雄（香港上市联盟粤港澳大湾区主席、香港资讯财务师协会副会长）

世间发明创造要得以蓬勃发展，知识产权的保护至为重要，舍此不能激活创新发明者的意欲、激情。发明创造过程中之艰辛、煎熬之考验，犹如母体孕育之重。季节先生所著的《知识产权思维 40 讲》有序、条理地阐析了有关方面的重要意义。该著作是瀚海明灯，是每位创新发明者必须了解和拥有的专著！它为创造者打造一把"宝剑"，让创新者先富起来！每位创新发明者拥有它，行使它，则等于配备了战斗的武器和自保的盔甲，使自己行稳致远。好著作，值得推荐！

——黎栢强（澳门创新发明协会、粤港澳大湾区创新发明协会、

澳门国际点子创新发明孵化协会会长）